蕴 籍

——重庆市区域性公共图书馆联盟论文集（第二辑）

杨毅 蒲克玲 吴密

主编

吉林大学出版社

·长春·

图书在版编目（CIP）数据

蕴籍：重庆市区域性公共图书馆联盟论文集．第二
辑 / 杨毅, 蒲克玲, 吴密主编． -- 长春：吉林大学出
版社, 2020.6
　　ISBN 978-7-5692-6629-0

　　Ⅰ.①蕴… Ⅱ.①杨… ②蒲… ③吴… Ⅲ.①公共图
书馆—图书馆工作—文集 Ⅳ.①G258.2-53

　　中国版本图书馆 CIP 数据核字 (2020) 第 105478 号

书　　名：蕴籍：重庆市区域性公共图书馆联盟论文集（第二辑）
　　　　　 YUNJI: CHONGQING SHI QUYUXING GONGGONG TUSHUGUAN LIANMENG LUNWENJI（DI-ER JI）
作　　者：杨毅　蒲克玲　吴密　主编
策划编辑：赵莹
责任编辑：赵莹
责任校对：代景丽
装帧设计：白伟
出版发行：吉林大学出版社
社　　址：长春市人民大街 4059 号
邮政编码：130021
发行电话：0431-89580028/29/21
网　　址：http://www.jlup.com.cn
电子邮箱：jdcbs@jlu.edu.cn
印　　刷：北京军迪印刷有限责任公司
开　　本：787mm×1092mm 1/16
印　　张：18
字　　数：370 千字
版　　次：2020 年 6 月　第 1 版
印　　次：2020 年 6 月　第 1 次
书　　号：ISBN 978-7-5692-6629-0
定　　价：78.00 元

《蕴籍——重庆市区域性公共图书馆联盟论文集》
（第二辑）

序

公共图书馆事业的发展是公共文化服务可持续发展的关键。近年来，公共图书馆的社会声誉获得快速提升，首先得益于国家对公共文化服务的大力支持和帮扶，其次是与公共图书馆队伍建设，特别是重视业务研究密不可分。实践证明，促进公共图书馆专业化发展，离不开专业队伍在工作中不断地进行思考与研究，并通过撰写论文进行学术理论的提升。

重庆市区域性公共图书馆联盟十二个成员馆致力于公共图书馆事业的发展，馆员们不但有工作上的热情，更有对公共图书馆事业认识上的高度和对专业理解上的深度。他们在紧张纷繁的日常工作之余，笔耕不辍，将自己的思考与研究写成论文，其中有许多已经在专业学术刊物上公开发表或者在不同级别的论文评比中获奖。这不单是公共图书馆事业从业者的工作反思、经验总结的过程记录，更是他们实践工作的智慧结晶，是公共图书馆理论研究的一笔宝贵财富。

为了珍惜和保护这笔财富，加强优秀论文成果的交流和推广，让更多从业者得惠于此，同时，也为了感谢公共图书馆工作者们的辛勤付出，营造更加浓厚的理论研究氛围，鼓励更多从业人员积极地、深入地开展学术理论研究，让更多人养成实践、反思、总结的习惯，促进从业人员专业水平的提升，真正推动公共图书馆事业的内涵发展，重庆市区域性公共图书馆联盟在成功编印《蕴籍——重庆市区域性公共图书馆联盟论文集》首辑之后，继续在深入推进公共图书馆理论实践、积极向文化和旅游融合迈进的征途中，收集整理编印《蕴籍——重庆市区域性公共图书馆联盟论文集》（第二辑），它虽然算不上鸿篇巨制，甚至在某种程度上还显得不够成熟，但它确实凝聚了公共图书馆工作者潜心研究的点点心血，映现出他们求真务实、不懈求索、奋进创新的感人风采。

本辑分为服务研究、工作探索、理论探讨、他山之石、各抒己见五大板块。

由于时间仓促，加之篇幅有限，还有许多优秀论文未及收录，是为憾！"路漫漫其修远兮，吾将上下而求索"，我们联盟将继续大兴学术研讨之风，克难奋进、开拓创新，共同铸造重庆市区域性公共图书馆联盟的辉煌明天！

目　录

服务研究

公共图书馆开展少儿绘本阅读推广服务的实践与探索……………… 杨　毅 001

面向特殊群体的公共图书馆公益阅读推广服务体系构建研究……… 杨　毅 008

试论公共图书馆提升服务效能的途径……………………………… 谢洪卫 015

公共图书馆现代文化服务体系的优化建设策略…………………… 蒲克玲 019

基于个性化服务的公共图书馆社会职能拓展与创新……………… 胡祖国 024

我国公共图书馆公共服务的现状及完善…………………………… 闫阳陵 028

营造传统阅读的环境与氛围………………………………………… 周义钦 035

关于图书外借处实施全面质量管理的思考………………………… 宫晓红 040

我国公共图书馆服务均等化问题研究综述………………………… 李　杰 046

浅析网络环境下图书馆服务创新研究……………………………… 刘小红 050

基层图书馆馆员人文服务意识建设………………………………… 刘倩宏 054

初探未成年人阅读与公共图书馆服务……………………………… 王春华 058

全民阅读活动在公共文化服务中的作用…………………………… 李红梅 063

全民阅读环境下的读者工作再提高………………………………… 刘倩宏 068

农村图书馆信息服务模式的研究………………………… 刘小红　陈寒秋 072

工作探索

浅析图书馆公共电子阅览室的建设与管理

　　——以重庆市沙坪坝区图书馆公共电子阅览室实践为例………向霓虹 077

公共图书馆讲座工作的实践与思考…………………………………陈华洪 083

大数据环境下的区县公共图书馆智能管理服务平台构建探讨………梁小红 090

区县级公共图书馆少儿工作如何发挥社会教育职能作用……………胡祖国 096

面向文化共享工程的公共电子阅览室管理系统设计与实现…………周薇薇 102

基层公共电子阅览室管理问题与建设………………………………肖世琴 106

公共图书馆推行"5S"管理模式的探讨………………………………何　斌 111

浅析公共图书馆对幼儿阅读的影响…………………………………郑　婷 118

浅论电子阅览室开展休闲娱乐性服务的合理性与必要性…………周薇薇 123

快发展时代的数字图书馆建设………………………………………舒　春 127

理论探讨

关于公共图书馆有声读物的利用和建设研究…………………………宗　杰 133

全面二胎政策对公共图书馆的影响及对策分析………………………王　珑 141

论公共图书馆在构建公共文化服务体系中的作用……………………刘　杰 145

新农村建设中公共图书馆可持续发展初探……………………………向春昱 150

浅析公共图书馆管理中的问题及措施…………………………………胡祖国 154

新形势下的数字图书馆知识产权保护问题研究…………闫阳陵　张　弛 158

浅论大数据环境下公共图书馆媒体数据库的建设与利用…………吴　密 165

浅析我国文化信息资源共享工程资源建设的特点及其保障………周薇薇 169

论农家书屋运行中存在的问题及对策……………………………宫晓红 173

浅探基层公共图书馆编目人员的发展之路………………………汤番番 178

图书馆复合型人才队伍建设及培养机制探索……………………杨才友 183

以地方特色理念构筑全国文化信息资源共享工程资源建设与

　　服务体系…………………………………………………………周薇薇 186

数据智能过滤在数字图书馆中的应用研究………………………周江焱 189

浅议立法推动全民阅读活动………………………………………刘倩宏 193

公共图书馆公益性与社会影响力浅析……………………………朱　霞 197

他山之石

浅议沙坪坝区图书馆少儿阅读推广的探索………………………霍　量 202

深化校地合作　共建书香北碚………………………喻赛蓝　谢洪卫 208

不忘初心，我们是"红色文艺轻骑兵"

　　——涪陵区图书馆红色文艺轻骑兵阅读推广小分队活动纪实…熊世琼 213

全民阅读汇聚前行力量　先进文化引领社会风尚

　　——以潼南区图书馆推进全民阅读活动为例……………………胡祖国 217

各抒己见

公共图书馆如何推广经典阅读的思考……………………………王艳红 222

"互联网 +"时代公共图书馆的服务创新研究 …………………胡祖国 228

浅析现代公共文化服务体系中的公共图书馆……………………谢洪卫 235

公共图书馆在阅读推广中的社会责任……………………………何　斌 239

公共图书馆的和谐管理……………………………………………肖　强 244

浅析新时代读者阅读方式多元化对图书馆员素养的要求⋯⋯⋯⋯⋯代小波 249

论著作权法对图书馆工作的积极影响⋯⋯⋯⋯⋯⋯⋯⋯⋯⋯⋯吕成伯 254

论创新与体验的时代给图书馆的启示⋯⋯⋯⋯⋯⋯⋯⋯⋯⋯⋯王　海 263

新型阅读模式——阅报栏与直属图书分馆建设的探索⋯⋯⋯⋯⋯文志刚 268

云计算模式下的图书馆信息共享空间发展⋯⋯⋯⋯⋯⋯⋯⋯⋯李　杰 272

后　记⋯⋯⋯⋯⋯⋯⋯⋯⋯⋯⋯⋯⋯⋯⋯⋯⋯⋯⋯⋯⋯⋯⋯⋯⋯ 276

服务研究

公共图书馆开展少儿绘本阅读
推广服务的实践与探索

杨　毅（荣昌图书馆　重庆　荣昌　402460）

［摘　要］本篇分析了公共图书馆开展少儿绘本阅读推广服务的优势与当前存在的问题，对现在公共图书馆开展少儿绘本阅读推广服务的特色实践做了简要的介绍，最后着重提出了公共图书馆开展少儿绘本特色服务的创新之路。

［关键词］公共图书馆　少儿绘本　阅读推广

［分类号］G251

绘本是一种以图画为主，以文字为辅，将图画和语言描述紧密结合的表现形式。它不仅以较强的叙事性和巧妙的细节设计给人以鲜明的视觉感受，还通过形象、生动的表现手法成为少儿喜爱的读物。公共图书馆作为传播知识的重要场所，在少儿阅读推广中承担着重要角色。近年来公共图书馆正如火如荼地开展少儿阅读推广服务，绘本作为少儿喜爱的图书种类之一，成为图书馆少儿阅读推广的重要项目。

1. 开展少儿绘本阅读推广服务的优势

1.1 环境资源优势

研究表明阅读环境的好坏会影响人们的阅读质量，有效率的阅读需要良好的阅读环境。艾登·钱伯斯认为阅读的乐趣不仅取决于阅读的书目，还取决于阅读的场所和阅读的心情。公共图书馆的阅读环境包括软环境和硬环境，绘本为少儿阅读创造了良好的软硬环境，让少儿在轻松自由的氛围中阅读。首先从硬性环境的布置上，公共图书馆充分利用三维的立体空间，结合绘本内容布置整个少儿阅读场所。无论是在室内装修还是在桌椅摆放上都采用鲜明的色彩和不规则的形状，灯光的设置尽量柔和，周围墙壁采用卡通形象的装饰物，营造舒适温馨的氛围。这种环境的设计充分考虑到了少儿活泼好动、对色彩感觉敏锐的特点，让少儿产生一种亲切感和归属感。其次是在软环境的建设上，图书馆会根据少儿的年龄阶段和阅读兴趣摆放适合的绘本读物，满足了少儿的阅读需求。图书馆还会根据季节变化、时间变化定时更新绘本图书资源，为少儿提供更多、更好的选择。

1.2 文献资源优势

图书馆最基础的资源就是丰富的馆藏，近年来为了增强少儿绘本阅读推广服务，绘本资源也在不断扩充。其中包括纸质图书资料、多媒体资料和网络资源，无论是与学校图书室还是民间私人图书馆相比，公共图书馆在收藏绘本上都有绝对的优势，因此理应承担起少儿绘本阅读推广的任务。其次公共图书馆的绘本书目会定期更新，紧跟时代步伐。对于一些经典或热门的绘本读物，图书馆往往都采取复本购买的方式，充分满足读者的阅读和借阅要求。另外根据现在全方位培养人才的目标，还会适时地引进双语和全英文版绘本读物。绘本的种类繁多，内容齐全，主要以少儿喜爱的童话故事、科普故事、益智故事等绘本为主导。

1.3 人力资源优势

公共图书馆有一批专业的馆员队伍对少儿绘本部分进行管理，无论是在服务意识，还是专业素养等方面都为少儿绘本阅读推广做出了重要贡献。图书馆专门负责少儿绘本的馆员具有较强的职业素养，他们深谙少儿的阅读心理，无论是在绘本的选择，还是在绘本的导读方面都能给予少儿适当的建议和引导。而其中馆员扮演的"故事姐姐"更是在辅助少儿阅读绘本的同时让他们产生亲近感。此外，图书馆还会适时邀请一些著名的少儿阅读专家和绘本作者到馆内对少儿和家长进行讲解，这正是其他民间机构所缺乏的地方。

2. 少儿绘本阅读推广服务中存在的问题

2.1 馆员的专业素质不足

虽然说图书馆内负责少儿绘本阅读推广服务的人员都是图书馆内的专业人才，但是馆员的素质水平也是参差不齐的。少儿馆员不仅要负责日常的图书借阅与整理工作，更重要的是引导少儿有效地阅读绘本。这要求馆员不仅要有一定的图书馆管理水平，还要深谙少儿心理学和少儿教育学，时刻保持微笑，给孩子们鼓励，并且能够与家长沟通。但图书馆馆员大都只是精通图书管理学，而不是幼儿教育专业出身，很多馆员都没有接受过系统的教育学和心理学教育培训，在对待少儿阅读上可能会引导失当，不能准确把握少儿心理，明确少儿的阅读需求，进而不能够很好地开展绘本读物的阅读推广活动。部分馆员都只是为了完成工作任务，对扰乱阅读秩序的少儿不能进行耐心引导，而是严加呵斥。馆员的专业素质直接影响到了图书馆的人气和少儿读者来源，从而影响绘本读物的阅读推广。因此应不断提高馆员的专业素养，让少儿在图书馆中能够得到科学合理的阅读指导。

2.2 开放时间受到限制

公共图书馆为了满足人们的阅读需求，实行全年开放。但是对于少儿阅览室，只有少量的公共图书馆实行全天候开放，大多数在晚上是闭馆的，这就缩短了少儿阅读的时间。少儿只有在双休日和寒暑假的时间可以尽情阅读，平时的阅读时间除了在课堂上，晚上时间没有得到很好的利用。而夜晚正是许多孩子的最佳阅读时间，却受制于图书馆的开放时间，这严重阻碍了图书馆绘本阅读推广工作的有效开展。

2.3 少儿绘本缺乏维护

公共图书馆每天接待的人数较多，难免有图书损坏的情况。阅读绘本读物的少儿大多处于学龄前阶段，对于图画丰富、色彩鲜明的绘本总会情不自禁地翻阅、触摸。而此时很多少儿还未形成良好的规范阅读习惯，有一些家长对少儿损毁图书的行为也没有加以制止，更加大了图书的损坏程度。此外，由于图书馆对图书的监管和维护力度不够，也造成了图书的损毁，如图书馆的一些规章制度只是象征性地贴在墙上，而没有对少儿和家长进行明示，许多人违反了规定而不自知。还有的在进行绘本导读时，只注重对少儿阅读知识的传授，而不重视德育的培养，没有在导读之前向少儿说明要养成良好的阅读习惯。

3. 开展少儿绘本阅读推广服务的特色实践

3.1 绘本推介

图书馆对绘本阅读的推广服务首先从绘本推介开始，这是少儿了解绘本信息的渠道之一。图书馆应定期将更新或热门的绘本读物以海报或是手册的形式发出，推介时附上推介书目和配套图画以及馆员的书评，让少儿读者和家长能够及时了解绘本信息，促进绘本的阅读。此外，图书馆还可以制作精美的网页推介，让家长和少儿读者在网上就能及时了解到图书馆绘本推介书目的信息，以便随时关注绘本书目动态，有计划地进行阅读。

3.2 绘本演绎

绘本推介是吸引少儿阅读的第一步，而绘本演绎则是阅读的主要过程，这决定着少儿读者的阅读效果。图书馆应不仅积极鼓励少儿阅读绘本，还鼓励少儿将绘本读活，让少儿读者从绘本故事中走出来，通过真实的故事演绎传达绘本所要表达的主题，同时也让少儿读者在演绎中获得不同的感受。绘本的演绎形式很多，主要有故事演绎、情景演绎、数字化演绎等。故事演绎就是图书馆馆员以讲故事的形式将绘本内容生动地讲述出来，通过声情并茂的讲解，少儿读者们不仅听得入神，而且体会更深。此外，图书馆还会在阅读课堂上定期组织故事阅读大赛，让少儿们将自己看过的绘本读物给大家讲出来，供大家分享。少儿通过亲身参与增加了对绘本知识的理解，也通过讲故事锻炼了自己的演讲才能。情景演绎则是故事演绎的拓展，在故事讲述的基础之上，加上了肢体语言的配合。情景演绎结合舞台道具、表演技能，更能展示绘本所要表达的内容，让绘本故事在情景演绎中得到升华。少儿在情景表演中不仅锻炼了表演技能、社交技能，还让他们在表演中增强了对绘本的领悟。最后是数字化演绎，现代科技为绘本的演绎提供了多样的选择，网络技术将图片、影像等要素都集合在一起，制作出精美的绘本影像作品，馆员在对少儿进行阅读培养时，可以适当地将绘本的影像或录音作品播放出来，这样由专业人员制作出来的作品，效果更佳逼真，也使少儿更能体会到绘本阅读的乐趣。

3.3 绘本制作

除了绘本的演绎之外，馆员还会引导少儿亲自参与到绘本的制作当中，激发学生的想象力。馆员们可以通过引导少儿对自己喜爱的一部绘本进行"续作"，充分发挥其想象力，来设置人物与情节。此外，馆员也可以鼓励学生独立完成绘本制作，锻炼少儿的动手能力和独立完成作业的能力。为此，图书馆还专门开展了亲子阅读的教学课程，让家长和孩子一起努力，共同配合，完成图书绘本的制作。这样不仅增加了孩子和家长的默契程度，在对孩子进行引导的同时，也教会家长在教育少儿方面的一些方法，从家庭氛围上让孩子感受到读书的乐趣。

4. 开展少儿绘本阅读推广服务的创新之路

4.1 优化阅读环境，打造少儿自身的阅读乐园

良好的阅读环境是进行绘本阅读的第一步，尤其是少儿处于幼年时期，对外界事物没有抵抗力和辨识力，更需要营造优良的环境，确保少儿接触环境的纯洁。表1是对某公共图书馆的家长、馆员和少儿对环境的重视程度进行的调查。

表 1 对某公共图书馆内环境的重视程度调查

	少儿室内设置	桌椅	书架	灯光	卫生间★
馆员	★★★	★★★★	★★★★★	★★★★	★★★
家长	★★★★	★★★★★	★★★★	★★★★★	★★★★
少儿	★★★★★	★★★★★	★★★★	★★★	★★★

注：★★★★★表示非常重要；★★★★表示很重要；★★★表示重要；★★表示不重要；★表示完全不重要

由表1看出无论是馆员、家长还是少儿，都认为图书馆内的环境对少儿绘本阅读很重要，馆员和家长更侧重于灯光和桌椅的安全，而少儿则更加侧重于对室内陈设的布置，新奇有趣的布置总是能引起少儿的好奇心和探知欲。因此，公共图书馆在布置少儿绘本时，要多方面考虑到这些因素，诸如色彩的搭配既要鲜明个性，又不能杂乱无章，桌椅的设计既要童真童趣，又要坚固实用，灯光尽量选用柔和的光线，还可以加入一些创新的元素。总之图书馆在设计少儿馆时，要注意结合少儿的生理和心理特点，为少儿量身打造一个充满童趣的乐园。

4.2 选择阅读内容，推介适宜的少儿绘本读物

少儿绘本书目繁多，种类齐全，图书馆作为少儿绘本阅读的引导者，承担起为少儿推荐书目的重大责任，因此在推荐书目的时候，要遵从一定的原则。一是适合性原则，即推荐的书目要符合少儿所在年龄阶段的思维特征与心智发育。二是适度性原则，由于少儿的接受能力有限，太多的书目反而会增加少儿的负担，使其产生厌烦心理，因此在推荐书目的时候要精益求精，不能贪多。三是意愿性原则，绘本推荐不是强制性阅读，更多的是应该结合少儿的兴趣和

心智发育为少儿量身定制个性化的书单。四是品质性原则，经典流传的绘本自有其深刻的道理，但也不能盲目地只引进经典，而是应该将那些流传度不高但同样立意创新、形式活泼的高品质绘本介绍给小读者。除了要遵从这些原则外，图书馆推荐书目最重要的就是要明确培养少儿的目标。表 2 为 ×× 省的公共图书馆曾对少儿培养目标做的调查。

表 2 XX 省公共图书馆对少儿培养目标的调查报告

人群	爱的体验	励志与成长	智慧与梦想	生命与尊严	性格和情绪	人与自然
馆员	60%	81%	87%	67%	62%	79%
家长	65%	84%	90%	71%	78%	72%
少儿	78%	88%	92%	58%	60%	85%

由表 2 的初步探查得知图书馆主要希望培养少儿的智力与智慧，让少儿在绘本故事中得到成长及探索人与自然的奥秘。而家长除了希望绘本带给孩子良好的智力发展的同时，还注重绘本对少儿性格的塑造和对生命的珍惜与尊重。而少儿除了对知识的探求之外，更多的是对人与自然世界的好奇和探索以及对爱的需求。因此图书馆在推荐绘本的时候要将社会的培养目标与家长的期望和少儿的需求结合起来，在对少儿智力培养的同时更加注重对少儿的关爱和对世界的感知。

4.3 强化组织方式，加强绘本的宣传与合作

在应试教育的影响下，很多家长将绘本视为不务正业的闲书，并不提倡少儿阅读，即使是阅读，也是选择对少儿应试有帮助的书目，这使得少儿失去了许多阅读绘本的机会。而图书馆要加强绘本的阅读推广，就要努力消除家长对绘本的偏见和误解，加大对绘本读物的宣传。图书馆可以邀请家长和孩子一起参加绘本的普及讲座，向家长和少儿宣传普及绘本的益处。还可以发放宣传手册或是海报，鼓励少儿走进绘本的阅读课堂。其次，绘本的宣传不能仅靠图书馆的努力，还要联合多方面的力量，与政府、媒体、企业、幼儿园、出版机构及民间的阅读组织等合作，不断促进少儿的绘本阅读。

5. 结语

绘本阅读是少儿早期教育的一种有效方式，它不仅在内容上适合少儿阅读，

符合少儿的认知心理，而且在形式上也活泼多样，满足少儿的求知欲和新鲜感。我国公共图书馆开展的绘本阅读推广服务起步晚，经验不足，因此还应充分借鉴外国的经验，同时也要结合当地情况，以多种形式挖掘绘本阅读的活动形式，并与多方机构建立联盟，联合推广，促进少儿绘本阅读推广工作的顺利开展。

参考文献

［1］陈蔚.基于绘本的公共图书馆少儿阅读推广研究［D］.南京大学，2012.

［2］吴翠红.由绘本爱上阅读——广州图书馆绘本阅读推广实践研究综述［J］.图书馆杂志，2011，（9）:105-109.

［3］车文文，陈蒙.幼儿绘本阅读指导问题解析与发展策略研究［J］.河北科技图苑，2014，（4）:58-60.

［4］刘新菊.浅谈公共图书馆的少儿读者特色服务——以重庆图书馆少儿部读者服务工作为例［J］.科技情报开发与经济，2014，（20）:44-45+50.

［5］程焕文.绘本阅读:公共图书馆的活力与使命——《阅读 创意 互动——绘本阅读推广多元化策略》序［J］.图书馆研究与工作，2013，（1）:2-4.

［6］王蓉.论图书馆绘本阅读活动的策划与开展——以广州图书馆为例［J］.河南图书馆学刊，2012，（6）:81-83.

［7］田野.公共图书馆:少儿阅读推广的重要力量[J].图书馆学刊，2014，（12）:95-97.

［8］段运.国家一级少儿图书馆基于绘本的早期阅读推广活动研究[J].新世纪图书馆，2016，（2）:31-33.

★作者简介

杨　毅，1967年生，女，重庆市荣昌区图书馆馆长、副研究馆员。研究方向:图书馆管理和阅读推广。

面向特殊群体的公共图书馆公益阅读
推广服务体系构建研究

杨　毅（荣昌图书馆　重庆　荣昌　402460）

［摘　要］特殊群体是公共图书馆阅读推广的重点和难点，结合公益阅读能够更好地实现相关服务。本篇通过阐释公益阅读的兴起与发展，探究面向特殊群体的公共图书馆公益阅读推广服务的必要性，进一步分析构建面向特殊群体的公共图书馆公益阅读推广服务体系的要素，最后提出面向特殊群体的公共图书馆公益阅读推广服务体系构建路径，为今后公共图书馆公益阅读推广服务提供借鉴。

［关键词］特殊群体　公益阅读　体系构建

［分类号］G251

业界一般认为，特殊群体是在阅读方面存在缺陷或者困难的人群，主要包括阅读的弱势群体，例如，残疾人、老年人等，此外还包括在社会中受经济条件制约或法律制度限制的群体，如外来务工人员、城市低收入人群、服刑人员，等等。由于种种现实情况的限制，公共图书馆对特殊群体的阅读服务工作尚有欠缺，将公益阅读引进图书馆中，构建面向特殊群体的公共图书馆公益阅读推广服务体系，是完善对特殊群体服务的有效措施。

1. 公益阅读的兴起与发展

公益阅读概念相对陌生，为了更好地理解面向特殊群体的公共图书馆公益阅读推广服务体系，本节注重阐释公益阅读的兴起与发展现状。

1.1 公益阅读推广的概念

公益阅读推广是指由公益组织承担阅读推广的任务，激发人们对阅读的热爱，促使更多人关注阅读的乐趣，这也是公益组织推广的目的。由于图书馆的推广方式、推广内容有限，往往力不从心，公益组织凭借其独特的组织形式与广泛的人员构成和强大的社会影响，能够弥补图书馆在阅读推广方面的不足。公益阅读推广由主体、客体、推广对象和推广方式四个方面组成，主体是指阅读推广人，客体则指阅读推广的内容，可以是书籍，也可以是阅读理念，推广对象指接受书籍或理念的群体，推广方式则指阅读推广过程中采用的方法和手段，往往是多种多样的。

1.2 公益阅读组织的性质与特点

民间的公益组织最显著的特征是公益性，公共图书馆也是免费为广大市民开放的社会机构，公益性也是实现公共图书馆与公益阅读相结合的基础。此外，民间公益组织在资金来源上，大多源于基金会支持，其人员构成多为广大志愿者，由于没有高额的工资待遇，因此提供免费志愿服务的往往是时间充裕的学生、自由职业者、退休人员，等等。公共图书馆公益阅读组织的上述特点决定了其性质是自发的、公益的和广泛的，对特殊群体而言，既不为他们带来额外的经济负担，又有利于保障他们阅读的权益；对图书馆而言，有利于拓展图书馆的服务范围，提高图书馆利用率；对社会而言，公益阅读有利于推进全民阅读的风气，提高特殊群体的阅读素养。

1.3 面向特殊群体的公益阅读组织整体数量

目前在我国已有的公益阅读组织数量较少，大多数公益组织的服务对象局限于偏僻乡村的留守儿童，在笔者检索到的114家公益阅读推广组织中有27家是专门从事儿童阅读推广的，其中有4家是与公共图书馆合作并初具规模的（见表1）。其中"快乐小陶子"教育公益工作室专门开设了儿童流动图书馆，进一步明确了公益阅读推广的概念。

表1 部分公益阅读推广组织与其合作图书馆

公益阅读推广组织	合作图书馆
"快乐小陶子"教育公益工作室	北京市昌平区公共图书馆开设儿童流动图书馆
中国滋根乡村教育与发展促进会	贵州、云南、四川等地共计200余个公共图书馆
"满天星"青少年公益发展中心	广州市海珠区公共图书馆 兴仁图书馆

续表

公益阅读推广组织	合作图书馆
明德图书馆基金会	背景首都图书馆、大连少儿图书馆 柳州市图书馆、南京金陵图书馆 通州纽带图书馆、咸阳少儿图书馆

2. 公益阅读推广服务的必要性

构建面向特殊群体的公共图书馆公益阅读推广服务体系是由现实环境决定的。首先，现有的公共图书馆发展不均衡。其次，人们对特殊群体的关注度日益增加。最后，我国公益慈善的发展水平也促进了其与图书馆的结合。

2.1 公共图书馆发展不均衡

公共图书馆的使命是为广大公民提供免费的、公益的文化服务，是我国构建学习型社会的关键，然而由于公共图书馆的资金来源主要由当地政府负责，不同地区的财政拨款亦不相同，因此在一线、二线城市的公共图书馆普遍馆藏丰富、设施完备。相反，一些落后地区、偏远城市的公共图书馆数量少、质量差，很难真正做到满足广大群众的需求。此外，东西部的公共图书馆差距也很大，普遍来说，东部沿海城市的公共图书馆建设优于西部地区，然而实际的情况是，西部地区的特殊群体多于东部地区，这就造成了资源分配与实际需求之间的矛盾。公共图书馆发展不平衡，造成了一系列的弊端。首先，加剧了不同地区市民知识水平的"两级分化"，不利于构建社会主义和谐社会。其次，造成了"高端图书馆"资源的闲置和浪费与"低端图书馆"的供不应求和缺失。最后，突出体现在特殊群体方面，特殊群体本身就处于知识获取的底层，不完善的图书馆更制约了特殊群体的阅读权益，不利于他们的发展。而民间公益组织的服务范围大多选取在偏远贫困的农村地区，正好弥补了公共图书馆这方面的不足。

2.2 人们对特殊群体的关注

特殊群体不仅包括盲人、聋哑人等残疾人士，还包括老年人、未成年人、城市低收入人群和服刑人员，等等。以往对特殊群体的研究主要集中在残疾人士方面，实际上老年人与未成年人等群体也属于特殊群体。越来越多的未成年人成为公益阅读推广服务的对象，阅读作为一个良好的生活习惯，应该从小被养成，未成年阶段正是树立良好行为习惯的关键期，因此，家长、老师、社会都比较关注未成年人的阅读情况。老年人由于视力、听力下降等问题，阅读往往存在困难，如何丰富老年人的精神生活成为公益阅读推广服务的重点。服刑人员又是特殊群体中更为特殊的，加强对服刑人员的思想教育至关重要，能够有效避免他们二次犯错误。2012 年 1 月至 2013 年 12 月，公共图书馆在网站上曾发布三百余条面向特殊群体的阅读推广活动类新闻，占同时期推广新闻总数量的 3.61%，2014 年，此类推广信息更是增加至 523 条，2015 年，各类型公共图书馆举办了"4·23"全民读书节活动。由此可见，无论是公共图书馆还是广大市民，对特殊群体的关注都有所加强。

2.3 公益慈善力量的发展

我国的民间慈善事业起步较晚，与西方发达资本主义国家相比，我国的公益慈善组织具有与政府部门存在血缘关系的特点。一方面，有政府政策的支持，公益慈善力量可以发展得更快速、更壮大；另一方面，公共图书馆也属于政府构成的一部分，有利于两者的合作。随着公益慈善力量的发展，一些公益阅读推广组织也随之产生，例如，春晖青年公益发展中心、爱心传递慈善基金会等。

3. 公益阅读推广服务体系的要素

资金、组织和推广对象是构建面向特殊群体的公共图书馆公益阅读推广服务体系的三大要素，本节将从这三个方面逐一探讨，为公益阅读推广发展提供借鉴。

3.1 资金：以公益基金会捐赠为主

基金会是民间公益组织资金的主要来源，民间公益组织的公益性决定了它不能像营利机构一样获取利润，然而阅读推广活动是需要一定的资金支持的，因此，公益组织必须找到资金来源。其中大额的基金会提供的基金是资金的主要构成，此外，还有零散的个人捐赠，无论是基金会资金还是个人捐赠，民间公益组织都会进行记录并公布，以保证资金流向的透明。一般来说，资金的分配依据不同公益组织性质、推广情况而有所不同，每一个阅读推广所占的比例也略有差异。有的公益阅读推广组织会把大量的资金用在图书捐赠和图书馆建设等主要业务活动上来，后续的维护费用与前期的准备费用以及图书的维护费用也必不可少。有的公益阅读推广组织虽然业务成本占主导地位，其管理费用所占比重也较大，比如对阅读推广的人员发放一定比例的工资，以提高工作人员在阅读推广方面的积极性。

3.2 组织：以广泛志愿者为主

公益阅读推广组织主要包括人员的管理和资金的管理。在人员的管理方面，民间的公益组织普遍有高层发起人与核心领导者的理事会与监管委员会，管理中层包括具体的任务执行团队，他们也是公益阅读推广事业的实际管理者，基层的组织则包括人们熟悉的志愿者、人事行政管理部门，等等。在以上的组织中，以志愿者人数最多，为阅读推广工作的顺利实施提供了保障。在面向特殊群体的公共图书馆公益阅读推广服务体系构建过程中，志愿者与特殊群体的接触最为亲密，由志愿者组成的团队代表图书馆与公益组织将书籍和阅读理念推广到每一个未成年人、老年人、留守儿童、残疾人、低收入群体面前，激发他们对阅读的兴趣，保障他们阅读的权利。为了更好地落实阅读推广工作，公益阅读推广组织往往对志愿者提出了具体的工作要求：首先，志愿者必须是成年人，能够对自己的言行负责，同时有服务于阅读推广事业的热情；其次，志愿者需要有一定的文化水平，能够与特殊群体进行沟通，并感染读者，使其对阅读产生兴趣；最后，是根据不同推广对象制订细节要求，例如，表2是"满天星"青少年公益志愿者的明确岗位分工。

表2 "满天星"青少年公益志愿者岗位表

教学组	负责阅读教材收集整理、课程的设计、阅读教法的研究
后勤组	为教学组和其他组人员提供服务，人员和资金的管理，具体包括生活物资、医疗卫生、人员行为规范制订与监督等
策划组	为阅读推广出谋划策，组织与开展各种推广活动
宣传组	负责阅读推广的宣传工作，岗位设定上包括文字记录、美术设计、摄影摄像等

3.3 对象：有阅读障碍的特殊群体

公益阅读推广活动的对象为存在阅读障碍的特殊群体，实际上公共图书馆对残疾人，特别是盲人的阅读推广活动也比较多，大多数公共图书馆都建立了盲人阅读室，此外还有专门的残疾人阅览室。据统计，我国已有47个地市级以上图书馆开设了视障阅览室。然而对老年人、城市低收入人群和外来务工人员子女的阅读推广则很少，公益阅读推广应发展公共图书馆推广工作的薄弱环节，着重做好受教育程度低、经济状况差、或忙于生计无心阅读、或由于疾病等客观原因造成的阅读困难的特殊群体的阅读推广工作，确保每一个群体都不被忽视，全面构建学习型社会。

4. 公益阅读推广服务体系构建路径

基于上述分析，笔者认为只有完善组织管理，增加项目筹款；扩大公益阅读影响，创造良好社会环境；增强图书馆主动性，加强公益组织合作，才能构建公益阅读推广服务体系。

4.1 完善组织管理，增加项目筹款

大部分民间公益组织都存在资金与物质短缺的问题，虽然我国民间公益组织在特殊群体阅读推广方面做出了卓越贡献，服务了较为偏僻和贫困的地区以及阅读障碍者，但对于我国众多的特殊阅读群体而言，这些组织的服务还远远不够。因此，笔者认为，首先要完善组织管理，增加公益阅读推广组织的数量。其次，要增加已有的公益阅读推广组织的项目筹款，发动更多的人力、物力，筹集资金与物质。在这方面，国家机构作为领导的主体，应该起到模范带头作用，例如，发动与政府相关的公益基金会，如中国少年儿童基金会、红十字基金会，向贫困地区捐赠大量图书。国家机构还应当发挥其社会引导的真正职能，把特殊群体阅读推广落实到法律法规层面，保障特殊群体阅读推广的永久权益。

4.2 扩大公益阅读影响，创造良好社会环境

目前，我国全民阅读推广意识还不到位，虽然阅读推广工作在许多公益性组织中运行良好，但全民意识还尚有缺失。笔者认为，要想深化面向特殊群体的阅读推广工作，必须要扩大公益阅读的影响，加强人们对特殊群体的关注，创造良好的社会环境，使全民阅读成为人们生活的一部分。社会民众应该理解和尊重民间阅读推广事业，并在公益事业上支持与关爱特殊群体，为公益阅读推广贡献出自己的一份力量。

4.3 增强图书馆的主动性，加强公益组织合作

从公共图书馆层面而言，要主动与公益组织合作，为更多的城市民间读书会提供场地、书籍资料和阅读推广服务。对于偏远的公共图书馆而言，民间公益组织往往以学校为依托建立阅览室等设施，因此，图书馆要主动出击，寻求与公益组织合作的机会，利用自身特有的资源、空间优势和政府政策的强大后盾，促进公益阅读推广工作的发展。民间公益组织也应不断地完善自身并加强管理，制订激励和评估机制，保障阅读推广的高效真实。

5. 结语

综上所述，随着我国经济日益发展，人们的物质水平已得到基本满足，逐渐追求精神上的充实与享受，特殊群体的问题受到了广泛关注。公共图书馆应打破固有的封闭性，主动与民间公益机构合作，构建面向特殊群体的公共图书馆公益阅读推广服务体系。

参考文献

[1]张迁葳.国内弱势儿童阅读现状与建议[J].现代交际，2014，（10）:103-104.

[2]华海燕.全民阅读背景下的民间公益图书馆发展[J].高校图书馆工作，2015，（3）:38-41.

[3]李云.全民公益阅读背后的推手们[J].法人，2014，（3）:81-83.

[4]徐家连.坚持公益办馆，提高全民阅读力[J].中小学图书情报世界，2009，（4）:34-36.

[5]赵文.二十一世纪出版社集团举办"新孩子乡村阅读公益行"活动[J].出版参考，2015，（12）:46.

[6]黄悦深.公益文化服务新模式：青番茄网络图书馆实践研究[J].公共图书馆，2013，（2）:10-13.

- -

★作者简介

杨　毅，1967年生，女，重庆市荣昌区图书馆馆长、副研究馆员。研究方向：图书馆管理与阅读推广。

试论公共图书馆提升服务效能的途径

谢洪卫（永川图书馆　重庆　永川　402160　）

［摘　要］随着社会的不断发展，国民对自身的综合素质要求也逐渐提高，越来越注重对文化的学习。公共图书馆作为学习的最佳场所，其建设受到了各界人士的广泛关注。本篇从国内公共图书馆服务效能的现状分析影响公共图书馆服务效能的因素，从中探索提升公共图书馆服务效能的途径。

［关键词］公共图书馆　服务效能　途径
［分类号］G258.22

公共图书馆是指由中央或地方政府管理工作并提供资金、技术、人才支持，为社会公众提供文化服务的公益性图书馆，我国现已建立的图书馆高达数千所，其中公共图书馆所占的份额不断增加，我国的公共图书馆发展状况良好，但其服务效能还有待提高。

1. 国内公共图书馆服务效能的现状

从 20 世纪初我国的第一所公共图书馆产生到新中国成立之前，公共图书馆的发展都一直处于雏形阶段，没有建立规范的管理制度，各地在公共图书馆的管理方法上各持己见，大部分公共图书馆按照自己的意愿进行管理，造成了公共图书馆管理上的秩序混乱。直到新中国成立之后才结束这一混乱格局。党中央根据我国国情和各地区具体实际情况综合考虑，建立了第一个全国通用的公共图书馆管理系统，为我国的公共图书馆发展注入了新的活力。2011 年我国的公共图书馆事业取得了突破性发展，全国所有公共图书馆实现无条件限制入馆。从党的十八大以来，习近平总书记把公共图书馆建设纳入现代文化服务体系的重点工程，使公共图书馆再一次活跃在人们的视野中。

2.影响公共图书馆服务效能的因素

效能是指人们有目的、有组织地进行活动所展示出来的效率和所取得的效果，根据它的高低可以从侧面反映出活动目标的完成程度，是衡量工作成果的标尺。效能的评判依据包括效率、效果和效益三方面指标。效率是指在特定资源范围的条件下所创造出的资源最大化利用。效果是指由于某种因素造成的后果，该词词性为褒义，一般指好的结果。效益是指进行某项活动而得到的效果与利益，包括直接效益和最终能归属于活动的间接效益。在这三方面指标中，效益占据核心地位，它的指标数值最接近效能指标的数值。那么对应到公共图书馆服务效能上，影响公共图书馆服务效能的因素就是服务效率、服务效果和服务效益三方面指标。

公共图书馆文献资源丰富，但真正投入使用的资源还是占少数，资源服务效率低下。造成这一现象的主要原因是互联网技术发展带来的冲击。互联网技术的快速发展，使信息能够快速、大容量、大范围地传输共享。人们的目光渐渐转向网络书籍、电子期刊等方面。而我国多数公共图书馆还是以传统服务模式为主，这加剧了人流量的流失，使得大部分文献资料无人问津，资源服务效率得不到提升。

通过阅读者在公共图书馆阅读的情况可以有效反映公共图书馆的服务取得何种效果。为阅读者提供全面、综合、科学的文化资源，满足其需求，并在此基础上，进一步提升为阅读者提供的有效资源，这是公共图书馆追求的效果。

公共图书馆的服务效益主要来源于社会效益、经济效益和文化效益。从党的十八大以来，"全民阅读"活动吸引了多数民众的积极参与，通过全国国民在图书馆的静心潜读，民众修身养性，使整个社会处于一种安稳、和谐的状态，这便是公共图书馆的社会效应的体现。公共图书馆具有环境优美、布局精致、充满文化气息等一系列优点，使它成为读者的最佳文化讲堂。通过图书馆的知识洗礼，引导国民学习积极向上的文化，有利于优秀文化的传播，带来除了提高自身文化效益之外的更多的经济效益，增加了其附加值。

3. 提升公共图书馆服务效能的途径

3.1 完善馆内设施，优化馆内环境

馆内布局应根据阅读人群合理分配，使阅读者能在自己的阅读领域获得更专业的服务。例如，在儿童阅读区铺垫柔软的地毯，书桌选用圆形桌面，防止儿童碰撞而造成损伤。四周墙壁可粘贴卡通画报，营造一个充满童真的世界，激发儿童阅读的兴趣。老年人阅读区可为老年人无偿提供眼镜、靠背、茶叶等适合老年人的物品，让其能够安心舒适地阅读。环境对人的行为活动影响巨大，一个积极向上的环境能为人提供向上的动力，而消极的环境则会使人心生沮丧，造成敌人未攻，自先弃城的后果。另外，人很容易被外界环境所同化，从这一点出发，我们更应为阅读者打造一个优美的阅读环境。

3.2 坚持发展定位，深化公益性服务

在十八大报告中，明确将公共图书馆定位为公益服务性机构。公共图书馆在实现无条件限制入馆的同时，还应积极创新管理发展模式。现阶段，快递行业十分发达，几乎承包了我们的衣食住行，成了与我们日常生活息息相关的一部分。公共图书馆可提供免费快递书籍的服务，但前提是借阅者必须在公共图书馆中留有有效的身份证明及各项必要信息，如电话号码、居住地等。这样方便了如老人、残疾人士等不方便出行的特殊群体进行阅读，使其在家也能享受到公共图书馆的温馨服务。这充分体现了人文主义关怀，还有助于提升公共图书馆的社会效益。

3.3 结合科技发展，紧随时代步伐

我们正处于一个大数据时代，新的生产力不断产生。互联网技术作为新的生产力逐渐应用于各行各业中，从目前的应用情况来看，已取得了显著效果。公共图书馆也应跟随时代发展的步伐，将互联网技术与公共图书馆融合发展。公共图书馆可利用互联网技术开设电子阅览区域，提高资源的共享性，使人人都能得到优秀文化的滋养，极大程度地满足人们日益增长的精神文化需求。

4. 结语

互联网的迅猛发展对公共图书馆的发展造成了冲击的同时，也提供了发展的机遇，提升公共图书馆的服务效能是抓住机遇、规避挑战的有效途径，这个重大任务需要个人、社会和国家的共同努力。

参考文献

［1］邱冠华.公共图书馆提升服务效能的途径［J］.中国图书馆学报，2015，（4）:14-24.

［2］秦娜.公共图书馆提升服务效能的途径［J］.信息记录材料，2018，（7）:187-188.

［3］陈丽萍.公共图书馆提升服务效能的途径［J］.文化创新比较研究，2017，（1）:74-75.

［4］董桂娟.公共图书馆提升服务效能的途径［J］.现代交际，2017，（19）:190+189.

［5］张云湘.浅析公共图书馆提升自身的服务效能途径［J］.建材与装饰，2016，（29）:142-143.

★作者简介

谢洪卫，1964 年生，男，重庆市永川区图书馆馆长、馆员。研究方向：图书馆管理与服务，已发表文章数篇。

公共图书馆现代文化服务体系的优化建设策略

蒲克玲（铜梁图书馆　重庆　铜梁　402560）

［摘　要］公共图书馆的建设工作是提升现代社会文化服务质量的关键性工作，本篇从现代文化服务体系建设的角度出发，针对公共图书馆建设工作存在的具体问题进行了研究分析，并制订了公共图书馆建设的优化策略，对提升公共图书馆的综合建设质量具有十分积极的意义。

［关键词］公共图书馆　现代文化服务体系　建设策略

［分类号］G258.22

公共图书馆的建设工作对于提升新时期公共文化服务体系建设质量具有十分积极的意义，因此，从现代服务体系建设方面推进公共图书馆建设工作的优化，已经成为目前从事现代社会文化服务领域人员高度关注的问题。

1. 公共图书馆现代文化服务体系建设存在的不足

1.1 公共图书馆建设的设施布局问题

目前，一些公共图书馆在执行建设工作的过程中，对于基础性设施的布局重视程度不足，并没有按照公共图书馆建设的传统文化资源特点进行图书馆最新建设需求的分析。在这样的情况下，城镇化建设工作体系的推进无法保证与公共图书馆的建设需要相适应，十分不利于城镇化建设工作体系的有效完善。一些公共图书馆的建设策略缺乏对产业集聚问题的重视，在这样的情况下，很多人口集聚因素的产生难以为公共图书馆的建设提供必要的支持，一些人员跨区域流动工作的特点也很难凭借自身的业务优势实现与公共图书馆建设需要的对接，难以保证图书馆在行政性管理工作执行的过程中，更好地适应图书馆建设主体战略的需要，不利于工业园区和公共文化体系建设过程中图书馆设施布局的优化。

1.2 公共图书馆建设机制存在不合理因素

建设机制是决定公共图书馆可持续发展质量的关键性因素。目前，很多公共文化服务机制的建设工作重视程度不足，并没有结合图书馆建设工作的实际需要进行行政化工作体系的分析，这就使得一些公共文化服务机制的建设工作与图书馆建设策略的对接存在不足，难以使图书馆建设的有利因素适应现代文化服务体系的建设需要，很大程度上降低了公共文化服务体系的综合性建设质量。还有一些公共图书馆建设工作对于行政化因素的关注不足，并没有在当前社会环境存在特权因素的情况下，适应图书馆建设工作的具体要求。因此，一些公共图书馆建设容易受到民间传统因素的阻碍，难以保证文化服务体系在实践经验的积累过程中实现自我完善。一些图书馆建设机制的调整对于公益服务的定位缺乏合理性，这就使得公益性质的文化服务容易与市场环境中的盈利诉求形成矛盾，难以保证图书馆的文化服务可以在新时期的市场环境中发挥的更积极的影响。

1.3 公共图书馆常规服务滞后

目前，一些公共图书馆在执行常规服务工作体系建设的过程中，缺乏对服务方式的关注，使得很多公共图书馆建设业务很难充分适应现代文化服务体系的建设要求，导致一些图书馆的基础性建设业务难以适应网络技术环境资源的优化处理要求，无法为现代文化服务体系的建设提供必要的支持。一些公共图书馆建设业务的执行对于数字网络技术的运用重视度不高，并没有在网络技术环境发展的过程中，具备与公众节约管理工作相适应的能力，部分常规服务体系的建设也没有结合公共图书馆建设的具体要求进行设计处理，难以保证电子图书资源在信息业务体系运行的过程中，具备与图书馆常规业务相适应的能力，降低了服务性质业务的综合执行水平。还有一些常规服务机制的建设工作缺乏对活动组织业务的关注，使得公共服务仅仅局限于图书资源借阅方面，并没有结合当前社会环境中丰富多彩的文化服务形式和特点进行图书馆常规服务体系的创新，这就使得图书馆的常规服务创新工作存在较大的局限性，难以保证服务体系的建设为现代文化事业的发展提供高质量的支持。

2. 公共图书馆现代文化服务体系优化建设策略

2.1 提升公共图书馆建设设施布局合理性

首先，要深化对公共图书馆建设战略的研究，结合图书馆设施的布局特点，对各类提升图书馆使用性能的最新布局战略予以优化，以便图书馆的建设战略可以更加完整地适应产业集聚过程中的人口管理需要，并且保证各类型跨区域图书馆建设战略可以在社会发展的过程中具备更强的业务运行能力。要结合公共图书馆建设战略执行过程中的设施布局需要，对城镇化推进过程中图书馆的硬件资源质量加以分析，并且根据图书馆建设活动的实际特点，对更多人口集聚过程中图书馆的建设战略加以分析，以便更多的图书馆建设活动都可以在产业集聚的过程中，按照公共文化体系的综合性建设要求，保证公共图书馆可以为社会文化服务体系的优化提供有力支持。公共图书馆设施布局的优化还需要结合新时期社区建设战略的实际需要加以处理，并且结合人口大规模聚集过程中跨区域流动的需要，对社会领域公共服务的实际需求予以明确，保证公共图书馆建设工作可以在公共文化需求得到满足的情况下顺利进行。

2.2 提升公共图书馆建设体系的合理性

要结合现代文化服务工作体系建设的需要，对图书馆的建设策略加以研究，以便公共图书馆的建设工作可以较为全面地适应图书馆建设机制的优化运作特点，并为图书馆建设工作综合质量的优化提供有力保障。在推进公共图书馆建设战略的过程中，必须对图书馆建设体系的实际运作要求予以分析，并且根据公共文化服务体系的可持续发展要求，对图书馆的具体建设需要进行明确，以便各项行政化因素的调整控制可以更好地适应公共图书馆的常规业务建设要求，为图书馆发展机制的进一步优化提供全面的基础支持。在公共图书馆建设性工作模式设计的过程中，必须结合行政化因素影响的特点，对图书馆建设机制的不足进行分析，使各类具体建设工作的优化可以在公共图书馆建设战略得到明确的情况下，适应建设机制的优化处理要求；以便图书馆的建设战略可以在建设体系得到优化处置的情况下，具备与现代文化服务体系进行业务对接的能力；保证公共图书馆可以在建设体系得到调整、优化的情况下，适应社会各领域的文化服务需求。

2.3 提升公共图书馆常规服务质量

在执行图书馆基础性服务机制设计的过程中，必须将文化性质业务服务体系的建设作为一项基础性工作，并且根据公共图书馆服务模式的建设特点，对服务体系滞后问题的分析加以研究，使不同方式的服务活动适应数字网络资源的技术控制要求，并且保证先进的技术资源可以为服务体系的建设提供必要的帮助。公共图书馆服务业务机制的建设还需要结合当前社会各领域的最新文化资源需求进行创新处理，可以借助电子书籍或掌上阅读等最新文化获取形式，对图书馆的文化服务体系进行创新，保证公共图书馆可以在最新的社会环境中发挥较强的社会价值，并使文化体系建设工作得到全面的优化。

3. 结论

公共服务文化体系的建设工作是提升社会精神文明建设水平的关键性工作，对公共图书馆建设业务存在的不足进行总结研究，并且针对公共图书馆建设工作的实际需要，对现代文化服务体系建设的实际问题加以研究，制订符合实际情况的图书馆建设工作优化策略，对提升现代文化服务体系的综合建设水平具有十分重要的意义。

参考文献

［1］金武刚.农家书屋与农村公共图书馆服务体系融合发展探析［J］.中国图书馆学报，2014，（1）:84-92.

［2］魏群义，袁芳，贾欢，霍然，侯桂楠，杨新涯.我国移动图书馆服务现状调查——以国家图书馆和省级公共图书馆为对象［J］.中国图书馆学报，2014，（3）:50-63.

［3］魏大威，李春明，温泉，薛尧予.万物互联背景下我国公共图书馆新业态发展思考［J］.中国图书馆学报，2014，（6）:22-32.

［4］巫志南，冯佳.现代公共文化服务体系中的公共图书馆［J］.中国图书馆学报，2015，（3）:34.

［5］邱冠华.公共图书馆提升服务效能的途径［J］.中国图书馆学报，2015，（4）:14-24.

［6］吴正荆，孙顾，吕少妮.美国公共图书馆评价方法在我国区域图书馆评价中的应用［J］.中国图书馆学报，2013，（4）:74–82.

★作者简介

蒲克玲，1972年生，女，重庆市铜梁区图书馆馆长、副研究馆员。研究方向：服务体系建设。

基于个性化服务的公共图书馆社会职能拓展与创新

胡祖国（潼南图书馆　重庆　潼南　402660）

［摘　要］个性化服务是图书馆发展过程中提出的一种新的服务理念，个性化服务理念改变了图书馆的传统服务模式，通过分析当前公共图书馆出现的图书馆资源共享、情报分析、多平台兼容与虚拟社区等新服务方式，探讨个性化服务引起的图书馆职能演变，提出新的智能定位，为公共图书馆改革发展提供借鉴。

［关键词］个性化服务　公共图书馆　拓展与创新

［分类号］G258.22

21世纪是竞争激烈的世纪，而公共图书馆作为服务性质的行业，其竞争核心就是人员素质。图书馆馆员的各项专业水平都关系到图书馆竞争力的高低，馆员所具备的职业道德、心理素质、知识水平等都尤为重要。随着公共图书馆的不断发展，对馆员的基本素质的要求也在不断提高，服务的创新程度成为制约图书馆发展的重要因素。因此，要求在公共图书馆内部创建一个带有学习性质的小型组织，培养工作人员的服务能力、科研能力，更新馆员的管理思想和知识体系，提高馆员的职业素质，才能使我国公共图书馆的发展跟上世界文化服务的脚步。

1.公共图书馆个性化服务的核心理念

1.1 智能化

个性化服务的第一步在于信息资源的个性化聚合，将大数据环境中的信息进行智能化的聚类，将纷繁的网络信息变成用户的个人数据库。个人数据库中的信息是经过处理的结构化数据，以资源描述框架的方式向用户提供资料，并支持网络远程操作。其中，图书馆利用语义技术来拓展数据的语义范围，实现互联网上非结构化数据的采集与整理，甚至是对零散的文档数据也能以渐进式的信息聚合方式进行挖掘与整理，利用新的信息技术为用户创造大数据环境下个性化的智能检索平台。

1.2　知识化

个性化服务的第二步在于信息资源的个性化析取，图书馆的文献服务不再局限于提供文献的出处与检索，更重要的是为用户提供符合其信息偏好的知识化信息，即为用户提供面向知识的基于某个领域、某个事件或某个知识点的逻辑获取的系统知识服务。图书馆个性化服务需要深度分析用户的信息需求，并考虑用户的应用环境与知识背景，通过对检索结果集进行析取与重组，生成符合用户需求的知识产品，能向用户提供该类知识产品的生成报告与质量报告。

1.3　人性化

个性化服务的宗旨是围绕"以用户为中心"的服务理念，充分考虑用户的个人偏好，设计图书馆服务项目与服务方式，为用户提供贴心的个性化服务体验。大数据时代为图书馆个性化服务指明了道路，基于日益多元化的数据，向用户提供针对其信息偏好的特定信息与知识，实现每个知识有其用户，每个用户有其知识。依据用户提供的知识脉络，为用户快速地发现知识，并基于用户信息偏好对知识进行聚类和整理，把生成的知识以用户指定的方式与路径向其推送。图书馆要在硬件和软件上为开展个性化服务提供必要支持。

2. 个性化服务带来的图书馆变革

2.1　个性化服务被越来越多的公共图书馆所关注与接受

在推进个性化服务的进程中，产生了一系列新的服务内容与服务方式，在不断取得成果的同时，也不断改变着图书馆的面貌。个性化服务带给图书馆的变革表现在以下几点：（1）图书馆资源的有效共享。（2）个性化服务不仅能对用户需求进行分析和主动检索，还能通过多种方式向用户推送信息。除此之外，个性化服务的信息聚合对象还将包括用户创建的信息，让用户参与到资源建设中，丰富资源的同时也为其他用户提供了更多的知识获取方案，实现了图书馆信息资源的有效利用。

2.2　情报分析的人性化

情报分析的人性化体现在情报获取的全面性以及情报分析的智能性，商业搜索引擎在检索全面性上有良好的表现，但是它们在检索结果的分析、整理方面还存在不足。图书馆情报分析的人性化在于情报分析人员对检索结果的人工干预与处理，在利用信息情报分析工具的基础上对结果集进一步去伪存真。

2.3 多平台环境的兼容

用户的终端设备不再局限于个人计算机，目前，最受用户欢迎的终端设备包括智能手机、平板电脑以及各种无线设备，这些设备的共同特点就是能实现资源的无缝接入，让用户随时随地地获取图书馆的资源与服务。图书馆应当满足对多种主流设备以及平台的支持，最大限度降低用户无线接入的门槛。

2.4 构建图书馆虚拟社区

基于大数据的信息环境，用户越来越倾向于通过网络来获取数字化信息。网络中存储的信息量俨然成了一个无比巨大的信息资源库，网络社会已然形成，我们称之为虚拟社区。图书馆构建属于自己的虚拟社区，有利于社区的知识共享、梳理馆藏以及组织信息。

3. 公共图书馆社会职能新定位

公共图书馆传统的社会职能主要在于整理社会文献、保护人类文化遗产以及传递情报信息三个方面。在强调个性化服务的今天，上述职能已然不能满足用户的需求，在个性化服务引发的服务变革下，公共图书馆社会职能有了新的变化。

3.1 终身教育职能

现代社会的竞争是个人知识储备的竞争，人们迫切需要一个文化机构来提供正规或非正规的教育。公共图书馆不仅要做好对儿童阅读习惯与创造力的培养，还要为成人提供自学服务，并为各种正规教育提供支持。

3.2 情报服务职能

现代科技让公众能够获取大量的开放信息，图书馆不再局限于对信息进行收集整理，还要承担起一定程度的情报服务，为当地的个人、组织、社会团体以及企业提供信息情报服务和决策支持。

3.3 文化娱乐职能

公共图书馆在现代社会还扮演着文化娱乐中心的角色，公共图书馆往往代表了当地的文化特色，形成了独特的社区文化。一方面为各种文艺活动提供展示机会，另一方面支持不同文化的交流，实现文娱创新。

促进社会和谐。图书馆通过教育服务，消除了不同阶层的阅读困难，为公众提供自学平台和人机交流平台。图书馆通过信息服务，缩短不同阶层人群的信息贫富差距，实现信息资源的人人平等。

4. 结语

公共图书馆作为人类历史文化遗产的保护机构，能促进信息知识的传播，引导大众有效查阅，推动了社会稳定发展，使每一个人都有阅读书籍的机会。这样一个具有优秀职能的公益性文化机构，不应在时代的发展长河中被湮没，督促公共图书馆服务创新，加快提升其服务职能，是保护国家文化财产的重要内容之一。

参考文献

［1］朱筱翠.基于新时期的公共图书馆服务创新［J］.内蒙古科技与经济，2011，（8）.

［2］段静.创新是公共图书馆发展的根本出路［J］.科技致富向导，2012，（3）.

- -

★作者简介

胡祖国，1969年生，男，重庆市潼南区图书馆馆长、副研究馆员。研究方向：图书馆管理与服务。

我国公共图书馆公共服务的现状及完善

闫阳陵（涪陵图书馆　重庆　涪陵　408000）

［摘　要］中国公共图书馆发展至今已逾百年，作为公共产品，最主要的职能即是面向大众提供公益性的服务。随着经济生活品质的提高，人们对文化生活的需求也越来越旺盛，因此，这对于图书馆的公共服务提出了更高的要求。本篇通过对图书馆公共服务之内涵进行解析，进而提出完善图书馆公共服务需要着重建设的几个方面，以求有所裨益。

［关键字］公共图书馆　公共服务　平等权利

［分类号］G258.22

1. 图书馆的公共服务职能解析

20 世纪初的中国正处于社会的巨变之中，各种思潮激烈碰撞，改革的呼声不绝于耳。在这样一个历史浪潮中，建立图书馆成为许多学人志士启迪民智、拯救民族的希望所在。因此，可以说现代意义上的图书馆在中国之建立本身就蕴含了其公共的属性。马宗荣先生在其著作中曾经做了类似的表述："图书馆即为公开之机关，而人所读之书籍又可影响其思想与行为，则其因读物选择之适当，而提高此社会教育程度、道德标准或培养群众知识，指挥社会趋势亦固其所。"李大钊先生在任北京大学图书馆主任期间，于《北京大学日刊》发布了一则《募捐启事》，具体贯彻了李大钊先生为劳动人民服务的办馆方针。它开宗明义地宣布："我们必须要使人人均有读书之机会，领受一点新知识、新学说。""我们最崇敬的工人日出而作，日落而息，饥则耕而食，寒则织而衣，劳则筑而居，人类之能够生存，皆藉赖他们之力。乃因为没有智识的缘故，致为他人所鄙视，且所应得之幸福，均为强有力者所夺去。我们若要援助他们，最好是增加他们的智识，使他们能自己觉悟。"可见，现代图书馆的一个重要职能即是公共服务。

那么，什么是图书馆公共服务？《中国大百科全书·图书馆学情报学档案学》和《图书馆学百科全书》中对"图书馆服务"的定义是："图书馆利用馆藏和设施直接向读者提供文献和情报的一系列活动，有时也称图书馆读者工作。现代图书馆不仅通过阅览和外借的方式向读者提供印刷型书刊资料，而且还提供文献缩微复制、参考咨询、编译报道、情报检索、情报服务、定题情报检索以及宣传文献情报知识的专题讲座、展览等服务。"换言之，各种类型的图书馆面向用户和读者开展服务项目的总和就是图书馆的公共服务。随着社会的不断发展，图书馆的服务方式还会产生不断的改进和变化，图书馆的公共服务也会不断发展和延伸的。

2. 图书馆公共服务之现状分析

在这个极其广博的概念之下，笔者试图在目前的中国国情下，解析图书馆公共服务的几个重要内涵，并就其发展现状进行分析。

2.1 全民读书之平等、自由权利

在联合国教科文组织发布的《图书宪章》中指出："每个人都有阅读的权利。社会有责任保证每个人都有机会享有阅读的利益。"在《公共图书馆宣言》中指出："公共图书馆应该在人人享有平等利用权利的基础上，不分年龄、种族、性别、宗教信仰、国籍、语言或社会地位，向所有的人提供服务。"

然而，作为发展中国家，我国图书馆事业发展还远远不能满足国民文化的需要，人口大国、地域差别、城乡二元化的结构都使得图书馆的发展呈现不平衡态势。据统计，相较于发达国家的人均图书馆占有量，我国每46万人才拥有一个公共图书馆。2014年全国公共图书馆人均购书经费仅0.33元，从区域分布看，无购书经费的县级馆80%在西部。虽然从2010年免费开放以来，国家的大力投入在一定程度上解决了覆盖的问题，但是实现均等化仍然任重道远。具体来说就是指同城的均等、城乡的均等、地区的均等，以及服务群体细分的均等，从而让公共文化服务体系在质的提升中使全体公民就近、便捷地利用公共图书馆，使他们真正得到普惠性的基本文化权益的保障。另外，图书馆不仅要提供普遍阅读服务，还要满足人们多样化的需求，针对不同人群

提供特色化服务。

2.2 社会教育

图书馆的公共属性决定了图书馆面向大众传播知识的媒介作用。这其中既包含了大众的自发性选择，也包含了作为公共机构的导向性选择。在图书馆学研究上做出重要贡献的马宗荣先生始终坚持着这样一种社会教育理念：现世的图书馆，除尽力于其本身的教育外，兼致力于社会教育。而在马先生眼中，这种社会教育体现在对来馆读者的阅读推荐、馆员的辅导责任以及举办各种讲演会、展览会、开办夏季学校、实施成人教育等。

按此标准进行衡量的话，我国的图书馆服务仍然处于图书馆知识积压、等读者上门的阶段，而广大的读者乃至图书馆从业者本身并不了解图书馆的这一重要社会教育职能，只是简单地将之视为一个借书、读报的场所，缺乏普遍的认知。造成这一问题的原因主要有以下几个方面：一是图书馆从业人员缺乏主动性，定位模糊；二是缺乏有力的经费支持举办各项社会教育活动；三是阅读率的下降影响图书馆社会教育功能的发挥。

2.3 建立便捷的数字化图书馆

随着技术的革新，网络已经成为人们获取知识的首要渠道，其便捷性正是现代技术所带来的重大革新。传统图书馆作为公共产品，拥有固定的场所，无形中为人们获取知识设置了地域的限制，其便捷性大打折扣，进而影响到图书馆所提供的公共服务。因此，怎样打破地域的限制，使人们能够自由、便捷地享受图书馆服务成为一个亟待解决的问题。除了提高图书馆网点的覆盖率以外，建立数字化图书馆，利用新兴媒体技术，为读者提供便捷的数字化服务体验更是题中应有之义。

与国外大规模地进行各种数字化图书馆的研究和建设相比，我国数字化图书馆的研究起步相对较晚，中国数字化图书馆建设以1997年的"中国试验型数字式图书馆项目"为开端。从此以后，先后开展了国家试验型数字图书馆项目、中国数字图书馆工程、"中国数字图书馆联盟"、中小学数字图书馆等项目。经过近十年的运作，我国数字图书馆的建设已初具规模，但仍然面临诸多的问题，如知识产权的保护、技术障碍的跨越、新技术的引入、技术人才队伍的建设等。

综上所述，笔者就图书馆公共服务职能中的几个重要方面进行了解析，可以看出，要想充分发挥图书馆的公共服务职能，还需要解决以上诸方面的问题，以求更好地满足人民的精神文化生活。下面将就上述所论及的几个问题提出应对之策，并希冀这些意见对中国图书馆的发展和建设有所裨益。

3. 应对之策

3.1 加大资金投入力度，促进图书馆均等化发展

3.1.1 加快图书馆的建设。按照国际图联的标准：每两万人应拥有一间图书馆。那么我国的图书馆保有量是远远不够的。因此，还需要加大对图书馆的资金投入，设立乡村图书馆、社区图书室等基层图书阅览场所，特别是对于西部偏远山区等弱势地区的投入需要加强，才可以实现图书馆事业发展的均等化，保障公民的平等权利。

3.1.2 建立流动图书馆模式。流动图书馆是指那些由大图书馆按时派往小乡镇或其他缺乏图书馆的特定社区的一种服务，常常是一部小货车或者大型车辆，其中装满书籍、卡带、录影带等。以广东省为例，从 2009 年开始，广东流动图书馆已在省内欠发达地区建立了 65 个分馆，共接待读者 2100 万人次，借阅图书 4300 万册次，在一定程度上缓解了农村图书馆公共服务藏书短缺、农村群众看书难的问题。

3.1.3 加强图书馆的经费支撑。图书馆作为公共文化机构，其经费开支完全来自政府的投入。其公益性质决定了图书馆在商业环境下生存困难，主要体现在两个方面：（1）书籍采购。随着物价的攀升，书籍的采购经费也节节攀升。因此，缺乏有力资金支持的图书馆往往不能及时更新书籍，难以满足读者对于新兴资讯的需求；（2）举办活动。实现图书馆社会教育职能的重要途径是及时举办读书会、座谈、演讲等活动，这也需要大笔的经费支持。在解决这一问题上笔者认为除了加大政府的预算经费外，图书馆也可以通过一些有偿服务扩充经费，如复印、定题服务、课题检索等收取适当的费用，以维持图书馆的运营。

3.2 加强图书馆人才队伍建设，构建优质服务平台

3.2.1 加强干部队伍的自身认识。在实现图书馆公共服务的目标过程中，图书馆自身的建设、定位显得尤其重要，而这就需要决策层清醒地思考和完善管理制度。因此，需要加强干部队伍的建设，特别是使图书馆管理层级人员对

图书馆的未来发展、功能意义以及特色建设有一个清晰明确的定位。"特色馆藏、特色服务、特色品牌"是图书馆在满足普遍需求以后，立足于自身的优势所在，提供特色化的服务。作为管理群体的一个重要工作即是把握本馆的优势所在，了解辖区受众的阅读习惯，有针对性地开展图书馆的各项工作，使其更深入当地的文化生活层面。

3.2.2 图书馆员的业务技能培训。进入 21 世纪以来，中外图书馆界曾提出将图书馆建成以知识导航为核心的信息枢纽，这一理念至今仍然具有指导意义。图书馆要提供知识导航，就需要有知识导航员这一群体，就是具有专业品质的参考馆员群体，他们不仅熟悉自身馆藏，而且熟悉自己专业领域的国内外馆藏；他们不仅能胜任阵地服务，还能自如地为读者提供网上服务；他们不仅能施展个人的才华，还能充分发挥团队的合力。微笑、主动、温馨、耐心和方便读者的一体化服务是他们的服务准则和服务承诺，这是公共图书馆提高读者满意度的关键所在，特别是要在工作中强调图书馆员的辅助性义务：在为读者办理借阅的过程中，主动推荐相关书目，介绍书籍内容，向读者告知新书信息等，即马宗荣先生所言的"辅导责任"。

3.2.3 技术复合型人才队伍建设。目前，图书馆员队伍整体现状是专业知识和技能普遍不能适应数字图书馆发展的要求。传统图书馆是以纸质的出版物为媒介向读者传播知识，而在数字图书馆时代，图书馆员的工作是要通过计算机技术和计算机通信网络来获取信息，进而为读者提供信息服务。数字时代图书馆员既要有扎实的传统图书馆学知识，又要兼备计算机技术、网络技术、通信技术知识。因此，图书馆要实施数字化建设，首先要解决人力资源这条"短腿"问题，必须注重对现有人员的信息素质的培养，突出图书馆信息技术、网络技术的专业教育，使之紧跟信息化的发展步伐。

3.3 加快新技术的应用，建立多种服务平台

数字图书馆即是对有高度价值的图像、文本、语音、音响、影视、软件和科学数据等多媒体信息进行收集，组织规范性的加工，进行高质量的保存和管理，实现知识增值，并提供在广域网上高速、横向、跨库、链接的电子存取服务信息资源库。归纳来讲，数字图书馆就是超大规模的、可以跨库检索的海量数字化信息资源库，能为读者提供方便、快捷的信息服务。要建立完善的数字图书馆体系，就要加快对新技术的应用，为公众的阅读提供更高效、快捷的服务。主要应从以下三个方面着手。

3.3.1 开放网络平台，供公众在线浏览，允许收费性的下载。目前，我国的大型图书馆网络在线平台已经基本搭建完毕，读者已经可以通过点击进入专门的图书馆网上平台，了解图书的最新资讯、图书馆的相关活动，以及在线浏览有关图书。但是中小型城市以及农村的图书馆舍还没有普及。因此，应加快铺排的速度，使只要具备了硬件条件的图书馆都能够建立起自己的网上平台。另一方面，读者如果需要从图书馆将图书以电子数据的方式下载到电脑中，则应开发相应的支付平台，支持读者有偿下载。而这一部分收入则可以作为知识产权费用支付给著作权人以解决网络时代的知识产权纠纷，以及用以进行日常的系统维护。不过，这是一个比较复杂的系统性问题，涉及图书馆、读者、著作权人三方知识产权分享，其如何达成合作协议、怎样进行支付、收费标准如何定都有待相关的立法进行解决。

3.3.2 利用手机、网络等新兴传播平台。随着手机上网业务的兴起，截至2015年11月底，中国手机上网用户已达9.05亿，呈现出稳定增长的趋势。如果能使公众在日常的闲暇时间，如上班途中或课余时间等空当利用手机访问图书馆网络平台，不仅是公众有效利用时间的可行途径，也是图书馆提高阅读率的重要手段。同时，图书馆也可以为读者提供短信定制服务，使读者可以通过手机短信查询相关书籍的在架情况，了解最新书籍的上架情况等。

3.3.3 数字电视的阅读体验。三网融合是未来我国科技发展的基础战略之一，数字电视的推广将使读者足不出户运用大屏幕进行阅览成为可能。在许多试点城市，公众已经可以通过数字电视的界面享受预定航班、缴纳水、电、煤气费等服务。图书馆也可以利用这一发展契机，深入宣导图书馆的各项功能，为读者提供更为便捷、舒适的服务。

4. 结语

图书馆的公共服务职能是一个动态开放的系统性概念，怎样能够为公众提供更优质的服务，怎样降低公众获取知识的门槛，怎样使得公众能够更便捷、自由地阅读，怎样保障每一个人使用图书馆的权利，这都是图书馆公共服务的范畴。针对我国图书馆基础建设发展不平衡、高新技术应用发展又呈现迅猛发展势头的局面，我们每一个图书馆人都应沉潜思考，一头抓住基础建设的投入力度，一头抓住数字技术的核心关键，是未来中国图书馆事业发展的命题所在。

参考文献

［1］吴稌年．社会教育理念下的图书馆学思想——马宗荣先生与近代图书馆事业［J］．中国图书馆学报，2009，（2）．

［2］王小会．论李大钊对近代图书馆制度体系构建的贡献［J］．大学图书馆学报，2010，（1）．

［3］杨文东．我国图书馆的现状与图书馆立法的再思考［J］．福建图书馆理论与实践，2006，（2）．

［4］杨建华．国内外数字图书馆的现状与发展趋势［J］．中小学图书情报世界，2006，（5）．

［5］方健宏．广东图书馆公共服务的新探索［J］．求是，2010，（8）．

［6］张燕．我国数字图书馆现状与存在问题探讨［J］．今日科苑，2008，（24）．

★作者简介

闫阳陵，1962年生，女，重庆市涪陵区图书馆特藏与地方文化中心工作室主任、副研究馆员。研究方向：地方文献与读者服务工作，曾发表论文十余篇。

营造传统阅读的环境与氛围

周义钦（涪陵图书馆　重庆　涪陵　408000）

［摘　要］在发展电子阅读的同时，不可忽视传统阅读的优势和它应该占用的空间。要大力拓展传统阅读的空间，注重传统阅读的硬件建设，为传统阅读创造良好的条件，同时通过扎实的工作，大力提倡传统阅读，鼓励传统阅读。

［关键词］传统阅读　电子阅读　氛围营造

［分类号］G252.1

随着互联网络的普及和电子技术的发展，网络阅读和电子阅读已经成为人们最方便、最主要的阅读方式，极大地冲击着传统阅读方式。作为传统阅读实物载体的书籍，正在退出人们的生活，其阅读范围和对象越来越集中于电子读物，这是时代变化和技术进步带来的必然改变。为适应时代的发展和读者的需求，各级图书馆和文化站花费了大量的人力、物力、财力建立了电子阅览室和电子图书馆，这固然方便了读者的阅读，满足了读者的需要，也扩大了读者群落，对推进全民阅读、推动文化发展起着十分重要的作用，甚至已经成为考核文化单位工作成绩的重要指标，但是，由于电子阅读与传统阅读在媒介、方式、环境和氛围等方面存在着本质的差异，其阅读效果也就截然不同。如果只看到电子阅览室和数字图书馆带来的阅读热潮，而忽略了阅读的实际效果，这种工作也就成了一种被动的、表面的工作。不但如此，由于电子阅读的种种局限，还会给读者造成负面影响。作为文化工作者，应该懂得其中的道理，看到电子阅读的两面性，进而对读者进行合理的引导。

因为电子阅读依附于网络，所以网络的属性就必然渗透到读者的阅读之中。网络固然体现着时代的发展和技术的进步，但作为阅读的载体，其阅读对象与作为实物的书籍具有全然不同的特征，而阅读对象的特征不同，当然会带来不同的阅读效果。具体来说，电子阅读具有以下几个方面的局限性。

1. 自由性

因为电子读物数量庞大，读者的选择范围非常广，读者的阅读行为就有极大的自由性。这种自由性一方面因为读物的提供没有限制性，使读者在选择读物时无所适从，没有明确的方向，显得茫然、随意。而有效的阅读，往往来自读者对自己的了解，明白自己的兴趣和需要，然后找到具体、明确的读物，进而在阅读中有所收获，丰富自己的思想，提升自己的水平。自由性的阅读，其读物完全可能与自己的专业、工作和心灵无关，从而成为一种泛阅读、浅阅读，很难产生实际而有用的效果。另一方面，在自由的阅读中，人们因为无针对性，不明白自身的阅读需求，就很容易在好奇心、猎奇心的驱使下去选择一些能满足自己好奇心的读物，而这类读物要么是描写现实中的边缘生活、奇人怪事、"名人"轶事、家长里短，要么是描写超现实的魔幻、鬼怪、盗墓、野史，这两类读物，实际上提供给人们的仅仅是无聊的言说，饭后的谈资，并不助于人们的思考，久而久之，其读者也就陷入庸常的谈吐和无谓的琐屑之中，成为肤浅、杂乱之人。

2. 狂欢性

网络的出现拉近了世界，拉近了人群，为人们的生活、工作增添了许多热点和看点。这些热点和看点，往往能刺激人们的好奇心，以致引起盛大的围观、广泛的传播，人们以此津津乐道，仿佛人人都是看客，都是新闻发言人。每当于此，人就处在一种狂欢的状态之中。网络是这样，电子阅读也是这样，人们总是以狂欢般的期待和冲动来对待想要了解的对象。对象之所以能引发人们的狂欢，其本身当然具有狂欢的性质。所以，电子阅读极有可能就是狂欢的读物引发的狂欢的阅读，作者不狂欢似乎就没有看点，读者不狂欢就觉得索然无味。但是，人是理性的动物，有思想，有情感，有认识，有判断，客观、冷静才是人的常态。而人一旦陷于狂欢，就失去了客观、冷静，变得不会思考，不懂情感，进而失去认识和判断的能力。如此，人也就丧失了自己的独立思考能力，随波逐流，盲目从众，离自己的生活越来越远，离自己的心灵越来越远，最终成为空洞的人。

3. 消费性

当今社会是一个消费的社会，消费意识成为人们的主要意识，消费行为成为人们的主要行为，一切都成了消费的对象，网络是为了满足人们的消费欲望才产生的。电子读物以网络为载体，自然也成了人们消费的对象。而消费行为主要是为满足实际消费而产生的行为，消费结果更多体现在物质方面，较少涉及精神层面。因此，人们的电子阅读行为，就必然地局限于身体感官的需求，与精神需求无关。在阅读中，无须思考、认识、判断，变成了一种本能的、机械的、被动的阅读。长此以往，人也就不会思考、不会辨识了，也就无所收获和进步了。

4.平面性

无论是电脑、手机还是其他媒介，其屏幕是平面的。这个特性最终会将一个立体的、多元的世界平面化，也会将书中丰富的世界平面化。因此，我们所了解的电子阅读，读者一般只关注读物的文字表面，对于文学读物，往往只追随故事情节，严重忽略了读物的深意和美感。并且，在阅读中，读物成为一个孤立的存在，并不与读者身处的环境发生联系。阅读的结果，可能只是接收了大量的信息、知识、故事，没有深切的体会，没有丰富的联想、想象，阅读与自己的生活毫不相干。时间久了，这样的读者也就会随网络和读物一道被平面化，成为平面人，单薄、不立体、不饱满、不鲜活，形如一张白纸。

5.虚拟性

网络是一种虚拟的存在，触网太久，就会造成对现实世界和真实生活的脱节，严重者会将网络虚拟的元素视为真实的存在，进而无视现实和真实的自己。并且，网络的虚拟性带给人的是一种幻觉、错觉，而幻觉、错觉终将破灭，一旦破灭，人也就会陷入极度的虚无之中，进而怀疑一切，丧失理想、信念和斗志，成为虚无主义者，在强大的现实面前不堪一击。这样的读者，当然也就变得非常危险了。

鉴于此，我们应该对电子阅览室和数字图书馆持谨慎的态度，不应该一味地追随时代的变化和技术的进步，而不去思考阅读的有效性问题和对读者负责的问题。我们当然不能对电子阅读全盘否定，但其中的弊端也显而易见。作为文化工作者，应该促进先进文化的发展与推广，应该采取对读者负责任的态度。如果读者在阅读中没有收获，没有真正的成长，社会的先进性和文化的先进性也就无从谈起。在解决这个问题的过程中，我们不能忘记传统阅读的优越性。传统阅读以实物的书籍为阅读对象，它不受时间、地点和技术的限制，它没有电子阅读的自由性、狂欢性、消费性、平面性和虚拟性的局限，能够与读者的环境、心境、思想等因素融为一体，贴近读者的生活，激发读者主动深入到书中，与作者以及书中人物的思想、情感息息相通，是一种认真而入心的阅读，是一种积极而富有创造性的阅读。在这样的阅读中，读者会在读物的引导下进行思考，获得启发，进而调整、改进自己的思想、观念，提升生命的质量和境界，成为有思想、有活力的人，推动社会和文化的良性发展。

同时，传统阅读是一种慢阅读，甚至可以进行反复阅读，不像电子阅读那样快速、短暂、一次性。在慢阅读和反复阅读中，读者容易深入到读物的核心，领会其精髓，并能透过字里行间培养自己的审美能力，成为有深度、有美感的人。很显然，社会的文化进步和国民素质的提升，更多的要依赖于喜欢传统阅读的读者，他们是社会文化发展强有力的推动者。文化工作者应该看到这样的事实，明白这样的道理，从而提升自己的思想，改进自己的工作，为社会的文化发展做出贡献。

6. 结语

因此，忽视传统阅读的观念是错误的，一味推广电子阅读而挤占传统阅读空间的做法是不合理的。当然，不是说要退回到无网络的时代，而是要在建设电子阅读的同时，对电子阅读进行有效、合理的管理和引导，切不可忽视了传统阅读的优势。这是图书工作者要认真思考并积极应对的问题，也是工作的核心问题。我们绝不能缩减传统阅读的空间，相反，要大力拓展传统阅读的空间，注重传统阅读的硬件建设，为传统阅读创造良好的条件，同时，通过扎实的工作，大力提倡传统阅读，鼓励传统阅读。这样，传统阅读就有了优良的环境和氛围，文化工作也就能切实引领读者成为真正意义上的读者，社会文化也就堪称真正意义上的先进文化。

参考文献

［1］陈映华.创设阅读环境营造书香氛围［J］.吉林教育，2015，（2）.

［2］徐欣禄.公共图书馆免费服务探析［J］.图书馆工作与研究，2011，（4）.

［3］陈颖.浅论公共图书馆志愿者服务［J］.图书情报通讯，2012，（4）.

［4］赵荣生，卢桂珍.网络时代健康人格教育的传播学分析［J］.当代青年研究，2011，（5）.

★作者简介

周义钦，1981年生，男，重庆市涪陵区图书馆活动辅导部主任、馆员。研究方向：读者服务活动及社区分馆建设，曾发表论文数篇。

关于图书外借处实施全面质量管理的思考

宫晓红（合川图书馆　重庆　合川　401520）

［摘　要］全面质量管理概念提出于 20 世纪 60 年代，被应用于现代社会生活的方方面面。20 世纪 80 年代，我国图书馆界也采用了全面质量管理，提高了读者的满意度和美誉度，充分诠释了"顾客至上，服务第一"的经营理念。本篇将就图书馆外借处实施全面质量管理方面进行思考。

［关键词］全面质量管理　图书馆　评价思考

［分类号］G252.3

截至 2018 年底，我国已有公共图书馆 3000 多座。但随着电子阅读技术的发展进步和图书馆内部环境的变化，使得图书馆必须采取服务质量战略，以质量求生存，以服务求发展。而图书外借处作为直接与读者建立联系的重要部门，决定了读者对图书馆的第一印象。本文将根据图书馆外借处发展现状和特点，通过全面质量管理系统，深入探讨图书外借处的"顾客"和"产品"。

1. 图书外借处实施全面质量管理的原因

时代在飞速发展，图书馆也要做到与时俱进。图书馆外借处位于整个图书馆工作链条的第一环，它服务于读者，是连接藏书和读者的纽带。从另一个层面而言，它也是反映读者意见的一面镜子，是衡量图书馆整体水平的一架天平。满足读者需求的关键也在于服务人员素养的提升，服务人员专业素养越高，读者对图书馆的满意度就越高。服务质量是图书馆存在的基础和保证，只有用最好的服务满足读者的需要，用科学的管理方法来达成目标，才能够使图书馆长久良好地发展下去。全面质量管理要求各个岗位的人员都要具备过硬的专业技能，丰富的知识储备，它对于每个人的职责也有明确的规定。所以，只有实施全面质量管理，才能使管理层和基层工作人员重视起思想教育，进而全面提升馆员素质，建立一支优秀的工作团队。因此将推行全面质量管理逐渐提到日程上来，也是亟待完成的重要任务。目前，图书外借处实施全面质量管理还存在着一些问题。

1.1 工作上分工不合理，责任不明确

对于一个部门来说，如果没有合理、明确的分工，那么人力资源的调配就会产生问题，员工承担的责任也就不清晰，进而导致工作开展滞后，执行缺乏力度等状况。由于外借处的工作复杂、分工不合理等原因，导致许多工作无人负责，如预约借书、拒绝率统计、整架提存、查对错乱书卡、清洁工作等。

1.2 馆员专业素养能力不足，技能缺乏培训

许多图书馆在一开始就忽视了工作人员的业务学习，使得馆员的专业知识储备少，管理图书上架效率低，辅助读者检索图书速度慢，甚至连本馆的分类法也不是很明晰，无法有力、高效地服务读者，经常性地耽搁读者时间。长此以往，会使图书馆失去公信力。

1.3 馆员工作时间观念不强

工作人员没有树立一个正确的时间观念，迟到早退现象不时出现，导致不能及时、有效地对读者提供借阅服务。

1.4 服务态度有待提高

良好的服务态度会让读者产生亲切感、热情感，在服务行业尤其如此。提升服务态度，不仅能够满足顾客的物质需求，还可以满足其精神需求，使图书馆获得较好的口碑传播。图书外借处除了具有服务性的特征外，也还有劳动强度较大的特点。馆员因为长时间工作而产生了疲倦心理，进而转嫁到读者身上，服务态度差，对读者冷淡，甚至恶语相向。

1.5 管理体制的不足

图书馆管理层在最初人员调配上没有仔细斟酌，使得人员调整频繁，外借处工作人员处于不固定状态。而图书馆外借处工作效率低等问题的出现也关系到管理层的思想认识、专业知识、管理水平等方面。就当前情况来看，管理方法是关键。岗位责任制的制定和实施是实行科学管理的重要环节之一，也是提升工作效率和服务质量的有效方法。岗位责任制要依靠全体工作人员讨论制定，

只有这样才具有公信力和约束力。同时也有助于加强馆内人员之间的沟通，开创各个分馆外借人员流动的先例。既能使员工在日后的工作中饱含激情，规范自己的行为，又能提升归属感和荣誉感。让大家一起交流经验教训，进而激发工作人员的积极主动性，达到事半功倍的效果。

2. 全面实行质量管理的措施

全面质量管理具有整合资源、使资源得到合理优化配置的效果。改进图书外借处的服务质量，就工作人员来说，应对其进行上岗培训，提高其管理能力和应对能力。而图书馆学注重实践，是一门综合性学科，这就要求工作人员不仅要掌握有关图书管理知识和其运行的规律，更要把握好部门与部门之间的关系。同时，也要给予员工一定的权限，提升工作人员的积极性，要改进其工作理念，让他们由被动接受任务到主动解决问题，提高员工服务意识，培养"读者至上"的理念。

2.1 落实岗位责任制

2.1.1 规范化的管理是全面实行质量管理的关键，全部工作必须牢牢围绕这个展开。

所有岗位的业务活动必须依据指导性文件进行。此外，各个岗位的工作也要严格按照工作流程操作。管理体系文件的制定过程中，要统一图书外借程序文件、部门职责和岗位指导书，统一所有外借窗口的工作流程、业务规范、管理原则。各个馆员要在合作中求发展，在团结中达共赢，各司其职，才能达到"一加一大于二"的效果。

2.1.2 每年要围绕目标开展计划、执行、检查、总结。员工在工作期间要注重收集读者建议，听取有建设性的意见。落实岗位责任制，将责任落实到个人，防止问题冗积、推诿等状况的出现。外借处工作划分为出纳台工作、排架、安全卫生、巡库等。出纳台工作要了解工作系统的各个环节，帮助读者查阅所需的图书，做好排架工作。由于图书馆内书籍众多，因此将图书分区承包给各负责人，让其处理好上架、排放、卫生、安全等问题。不定时进行检查，禁止出现由于工作疏忽而导致的图书挤压、损坏等现象。

2.2 建立管理体制

2.2.1 规章制度是全面质量管理的保障，行之有效的规章管理制度是巩固工作成果的关键。图书馆要采用执行统一的对外开放制度和通借通还制度，延长各个外借窗口的开放时间；执行分馆总馆一证通行借还制度，让图书馆人员向专业化进程迈步。此外，还要实施外借管理条例，例如：图书证的补办和挂失；读者订阅公告、工作人员职责权限、图书检索查阅、读者违规处罚办法等，并认真贯彻落实、丰富服务管理条例，为图书外借工作的有序展开做指导。质量管理也要有明确的目标，缺乏目标的工作如同无源之水、无本之木。在建立规章制度时，要符合国家规定和相关政策，并根据实际情况不断调整、改革，使制度明确可行，方便考核和评估，对数据进行审核、汇总、查询。

2.2.2 实施培训上岗和挂牌上岗制度。由于数字化技术的发展进步，计算机网络化的图书管理成为主流。全面质量管理体系应对上岗的条件和各个岗位担负的责任提出要求。员工需要掌握图书外借网络中的各个流程，熟悉图书借阅、续借、查询、超额赔偿、损毁处理等功能的操作。图书馆也要以周期为单位对人员进行考核，考核内容包括：工作时，必须佩戴胸牌，方便读者监督和投诉；设置网上信箱，欢迎读者留言等。

2.2.3 提高安全管理意识。图书馆的藏书是易燃物，因此要加强图书馆的安全管理措施。图书馆可以实施责任分层负责制度，如分管副馆长向馆长负责、组长向主任负责、组员向组长负责等，将责任落实到每个人肩上。安全记录要统一，安全巡查要做好，每天负责人在上面签名记录，争取防患于未然，把隐患消除于萌芽状态。管理层也要不时地进行抽查，根据实际情况实施赏罚。

2.2.4 完善管理考核制度。制定合理的赏罚规定。按阶段对员工的工作进行周期性考核，结合读者和同事的反馈，以业务量作为主要凭据，员工的服务质量要与奖励成正比。此外，也要对员工进行精神奖励，评选出业务标兵，提高员工的荣誉感。

2.2.5 全面关注读者需求。全面实施质量管理的直接原因就是为读者服务。所以，要注重读者需求。第一，及时满足读者的借阅需求，提高服务效率。第二，要让读者对工作人员的服务水平进行评判，并提出意见或建议。第三，可以让读者参与到图书馆周期性的考核中来，并据此修订质量管理体系文件。第四，对图书馆的硬件设施进行评价，改进不足之处。

2.3 完善评比奖励措施

在全面质量管理中，要保证质量改进始终围绕人员管理进行。在全面质量管理实行期间，既要关注读者需要，也要注重员工需求。员工是管理的基础，没有员工，图书外借处就无法运行，这就要求管理层要知人善任，使员工的才干得到充分发挥。此外，管理层要号召全员参与全面质量管理，因为工作人员既是质量管理的主体，也是被管理的对象。他们的工作质量无时不在影响着图书馆整体工作质量。因此，要加强工作人员的主人翁意识，培养每个人的积极性和创造性，发挥员工模范带头作用和群体作用。同时也要注重人员沟通，在沟通中可以减少不必要的摩擦，增加彼此之间的信任和默契，也能极大地提高工作效率。可以通过开设会议进行上下级、同级对话。

评比和奖励是全面质量管理持久开展的关键。管理层可以把评比项目分为几个类别，比如工作时间、清洁卫生等。奖励机制还要包括能够突出创新意识，提出改善工作效率和质量的建设性意见。另一方面，奖励制度要制定合理，不可过低或过高，也不可忽高忽低。禁止"走后门""看面子"等状况出现，不要让奖励变味。长此以往调动员工的积极性，进而提升图书馆整体工作，做到分工明确，赏罚分明，公平、公正、公开。

3. 结语

图书外借处是图书馆对外服务的窗口，必须以最好的服务质量来满足读者的需要。合理、科学的管理体系符合了现代化发展的需求，责任细致明确也可使员工能够竭尽所能地履行职责。同时，伴随着越来越汹涌的数字化浪潮，图书馆外借处要加快数字化和网络化建设，并将全面质量管理运用到其中，进行适时变通，将其转化为适应本馆特点的质量体系，利用现代化管理手段不断促进图书馆事业的发展进步。

参考文献

［1］高芳. 图书馆流通部外借工作的全面质量管理［J］. 农业网络信息，2016，（2）.

［2］安胜男. 论图书外借管理工作［J］. 决策与信息旬刊，2016，（9）.

［3］杨菲. 全面质量管理方法及其在图书馆的运用［J］. 现代经济信息，2016，（8）.

［4］胡子轩.TQM理论为图书评价提供新思路［J］.中国社会科学报，2015，（5）.

★作者简介

宫晓红，1968年生，女，重庆市合川区图书馆办公室主任、馆员。研究方向：读者服务和阅读推广。

我国公共图书馆服务均等化问题研究综述

李　杰（潼南图书馆　重庆　潼南　402660）

［摘　要］随着经济的发展、人民生活水平的提高，人民对文化的需求越来越大，健全公共文化服务体系成为我国政府工作的重点之一。从2006年十六届六中全会明确提出要"逐步实现基本公共服务均等化"，到2007年开始实行"农家书屋"文化惠民工程，再到2015年1月出台的《关于加快构建现代公共文化服务体系的意见》等多项政策中不难看出，公共文化服务体系建设日趋加强。而作为公共文化服务体系组成的重要部分的公共图书馆，更需做好服务均等化，为所有读者提供普遍均等的服务。

［关键词］公共图书馆　服务均等化　对策研究

［分类号］G258.22

1. 我国公共图书馆服务均等化的相关政策

这些年来，为推动我国公共图书馆服务均等化的发展，政府做出了不少努力。2006年中国共产党第十六届中央委员会第六次全体会议通过《中共中央关于构建社会主义和谐社会若干重大问题的决定》，提出要建设服务型政府，强化社会管理和公共服务职能；2012年文化部（2018年改为文化和旅游部）、财政部提出"十二五"期间，将共同开展"国家公共文化服务体系示范区（项目）创建工作"；2015年1月12日出台《关于加快构建现代公共文化服务体系的意见》等。从相关政策的发布可以看出，我国政府为图书馆服务均等化的实现创造了良好的政策环境，公共事业的均等化发展已经成为我国社会发展的一个重要方向。

2. 我国公共图书馆均等化服务存在的问题

1.1 公共图书馆的覆盖率低，人均占有率低

虽然新中国成立后我国公共图书馆发展迅速，但比起欧美国家仍有差距。

笔者所在的山东省，2010 年共有 154 家公共图书馆，平均约 60 万人拥有一家公共图书馆，这远远低于国际图联规定的每 5 万人就应该拥有一家图书馆的标准。覆盖率低，人均占有率低造成了一部分公民不能享受公共图书馆的服务。

1.2 公共图书馆发展不平衡，地域差异大

我国公共图书馆的不合理布局，造成了服务范围有限的问题，一些偏远地区的公民很难享受到公共图书馆的服务。我国公共图书馆的地域发展不平衡和城乡之间的差异性，严重影响公共图书馆均等化服务的实现。

1.3 公共图书馆服务不平等，对象不到位

我国在这方面还存在许多不足，尤其是对弱势群体关注比较少。对于少儿、老人、残疾人等人群服务意识淡薄，这些都严重影响到公共图书馆的均等化服务。

3. 推进公共图书馆服务均等化的对策建议

3.1 树立和强化均等化服务理念

在信息日趋发达的现代社会中，公共图书馆已经成为一个庞大的社会文化系统。为了让馆藏资源能对社会公众的终身学习发挥作用，就更应树立和强化均等化服务理念，尊重读者的权利，为所有读者提供平等和满意的服务，不应该对读者群进行划分，区别对待。要打破信息服务的身份界限，积极促进服务的均等化。

3.2 制定服务均等化地方政策法规

从国外推行公共图书馆服务均等化的经验中可以看出，法律和制度建设是有效推进公共图书馆服务均等化的重要保障，在经费投入、内部管理和人员安排等方面必须以法律法规为依据，才能保证其最大限度地发挥作用，也是保障其稳定和可持续发展的关键。

目前，我国在此方面的政策、法规还不健全，各级政府应该将图书馆服务纳入全社会公共文化服务体系，以增加多少经费投入、新增多少馆藏量、增加多少人均藏书量等细化指标作为绩效考核的依据，做好顶层设计，完善制度架构，只有这样才能确立相应的服务方针与制度，规范图书馆经费的财政投入，明确均等化服务职责，扩大服务的覆盖范围，缩小地区之间、城乡之间公共图

书馆在设施配置、人员服务上的差距，让更多的民众（特别是农民、残障人士等弱势群体）享受到文化繁荣发展的成果。

3.3 简化和规范服务流程

一方面，很多公共图书馆为了便于馆藏和读者管理，仍然人为地设置限制进馆的条件，从某种程度上提高了准入门槛，降低了读者进入图书馆的便捷性，因此一些读者就没有享受到图书馆的公共服务。另一方面，政府考虑到城市中心规划的经济效益，以及城市土地成本的不断增加，城市中心很难再建设新的、规模较大的公共图书馆，而只能退而求其次在远离市中心的地方进行选址，这样就出现了交通不便、出行费用增加等问题。政府应考虑改变策略，在交通便利的居民集聚区建立小型图书馆，民众可以根据自己的需求和喜好，有目的地去使用图书馆，从而有利于公共图书馆服务的均等化。

3.4 拓展服务范围，提升服务质量

放宽进馆的条件，降低准入门槛并不意味着公共服务质量的下降。图书馆隶属于社会文化系统，应根据公众的需求，利用自身资源，加强对外合作，提升服务质量，满足公众多层次、多样化的信息需求。各方协同合作，为社会提供更丰富多样的服务项目，是未来公共图书馆服务均等化发展的必然趋势。

公共图书馆还可以与企业合作，为企业提供最新的科技信息，加速科学技术向现实生产力的转化。同时，企业也可以参与图书馆的建设与管理，通过互补实现双赢。此外，随着社会财富的积聚和公益事业的发展，许多社会团体和个人都乐于支持社会公共事业。因此，图书馆更应该向商业性组织学习其灵活多样的服务手段和以客户为本的服务意识，提高服务质量，吸引更多的社会资本支持图书馆建设。

4. 结语

立足于社会公平理念，从法律、政策、管理机制、观念、服务内容和模式等诸多方面推进公共图书馆服务均等化，使地区之间、城乡之间和不同群体之间都能享受到均等的公共图书馆服务，确保所有国民都有享受基本图书馆服务的同等机会，促进社会的公平正义。保障公民平等获取文献资源、平等阅读、平等享受图书馆服务的权利也是公共图书馆的职责之一。

参考文献

［1］赵学军.浅论公共图书馆服务均等化［J］.四川图书馆学报，2014，（1）.

［2］陆阳.试论公共图书馆服务均等化［J］.贵图学刊，2011，（4）.

［3］刘晓霞.浅议图书馆均等化服务［J］.内蒙古图书馆工作，2010，（2）.

★作者简介

李 杰，1974年生，男，重庆市潼南区图书馆助理馆员。研究方向：公共图书馆服务管理。

浅析网络环境下图书馆服务创新研究

刘小红（潼南图书馆　重庆　潼南　402660）

[摘　要]在网络环境中，图书馆服务创新包括网络信息资源开发与建设过程中人才体系的创新，以及对读者服务工作的创新。本篇从多角度分析了网络发展对人才支撑体系的要求及网络环境下图书馆服务工作创新的途径和方式。

[关键词]网络信息资源　信息资源开发　人才体系

[分类号] G251.5

网络环境中创新是推动科技发展、社会进步的强大动力。图书馆的文献信息资源共享工作的进展和图书馆网络化、自动化、数字化的发展实践表明：在社会化的大图书馆的理念指导下，图书馆为努力实现文献信息资源共享共建必须联合发展、分工合作。其次，网络环境下，信息产业已经成为一种新兴产业。一些新兴的信息服务机构在网络建设发展的驱动下出现了。这一批新兴产业具有高科技的服务手段、灵活的经营机制、智能化和个性化的服务方式，分担着图书馆在服务读者方面的职能，成为图书馆强劲的竞争对手。因此，在如此强大的网络竞争环境下，如何寻找自己的发展空间和生存空间是传统的图书馆信息服务面对信息资源网络化的最大挑战。

1. 读者服务工作的创新

1.1 服务意识的创新

1.1.1 树立网络化的意识。随着网络的发展，21世纪的图书馆都会在网络平台上运行，每座图书馆都将成为资源共建共享的一部分，成为图书馆网络整体的一部分。所以图书馆人员必须摆脱独立、封闭的过去式状态，以网络为基础、用户为中心，树立起网络化意识，通过互联网络，能够方便地调用信息资源为读者提供更好的服务。

1.1.2 树立以市场为导向的意识。在计划经济的条件下，图书馆具有单一的文化功能。但在市场经济的条件下，图书馆信息服务从某种意义上来说也是一种经济活动。因此图书馆人员应树立市场意识，多方面研究和预测信息市场变化的趋势，认真了解用户需求，以市场为导向，将经过加工的信息产品主动传递给用户，以满足用户需求。市场经济以用户至上为宗旨，图书馆只要坚持科学管理，坚持把服务和质量都做到第一，就能拥有旺盛的生命力。

1.2 服务方式的创新

图书馆传统的信息服务方式是坐等读者的、静态的被动服务，而一方面在网络信息资源日益丰富的环境下，图书馆的馆藏数据、全文与特色数据库等纷纷被传到了网络平台上；另一方面，用户信息需求结构发生了变化，需求内容千差万别。在这种形势下，图书馆应当主动为读者着想，变革传统的信息服务方式，不断地变换服务内容和方法，采取适应读者需求的动态服务，例如，网络资源的开发利用、交互式多媒体用户教育、导向服务、光盘检索和联机检索、网上信息服务、联机馆互借及下载、打印等。

1.3 服务对象的创新

传统的图书馆信息服务主要是以到图书馆看书的读者群为服务对象，一点对多人，基本上是文献的传递。在网络环境中，各类信息的来源呈现多元化态势，服务途径则是多个图书馆、信息资源集散地、数据库共同对应同一个用户。用户可以随时随地地利用任意一台互联网计算机得到需要的信息，还不用受空间和时间的限制。所以，在网络环境中，图书馆的服务对象就不再局限于只能到馆看书的读者群。计算机用户来自全国各地，用户所需来自四面八方，通过互联网呈现出了信息服务对象社会化趋势。

2. 拓展信息服务的对策

2.1 树立"以人为本"的服务理念

图书馆的服务要做到"以人为本"，图书管理员必须充分认识对读者服务的重要性，图书馆的服务质量必须以读者的好感度来衡量，也必须以读者的需要为基础来开展。工作人员首先要改善和加强与读者的关系，与读者面对面接触较多的部门有阅览、流通和咨询，这三个部门的工作人员更应该热情真诚地服务，与读者更好地沟通交流，这些工作都对图书馆形象的提升有很大益处。其次，传统的图书馆需要变革，改变"等客上门"等被动的服务方式，主动围绕读者的需要，走向社会来开展市场调研，从而进行市场定位，树立开拓创新和信息的时效性、竞争性等观念，改进服务项目，改变市场动态和社会需求与图书馆服务相脱节等现状，来满足多方位信息的社会需要。

2.2 建立现代化信息服务体系

随着经济的发展，信息能力、信息积累和信息的开发利用是社会竞争越来越激烈的体现。因为图书馆是社会信息的服务中心，也是信息集散地，要开拓图书馆的信息服务领域就要打破在计划经济条件下信息服务的思维定式。现代化信息服务系统的建立可以效仿企业的管理模式，以企业化或者半企业化运作方式开拓发展信息中介咨询服务，变革分配制度和图书馆信息服务的管理体制，将服务所得全部用于自我积累和发展，从而建立适应网络时代发展和符合市场经济体制要求的现代化信息服务体系。

3. 建立人才体系的对策

3.1 重视人力资源管理的作用

高等院校、科研院所、新闻单位、政府机构和网络信息企业等都可以成为网络信息资源建设与开发的部门。但无论是从生产劳动过程、产品的特征还是所利用的资源角度上看，管理员在网络信息资源开发过程中所发挥的作用都是不可替代的。所以，在这样的体系中，人力资源管理显得尤为重要。在现今这个网络发达的时代中，需要充满热情的工作队伍去开发和建设，才能建立高质量的网络信息资源开发部门。

为吸引人才，网络信息资源开发部门应着眼于网络经济的未来，建立多层次、全方位的管理体系。利用网络优势来建立科学、规范的人力资源开发管理体系。优化的人才支撑体系是网络信息化建设的关键，这对开发出高水平、高质量的网络信息资源有着不可估量的作用。

3.2 提升人才知识学习与运用的能力

现代科学技术走向成熟的速度越来越快，边缘学科和新兴学科的产生、现代学科的纷繁复杂要求我们在研究某一专业领域与建设开发网络资源的同时，还必须了解、熟悉其他学科的技术发展成果；为丰富网络信息资源开发的内容，我们必须了解社会和经济发展的需求。为了有主次、有计划、有轻重地丰富自己的文化知识，逐步扩大自己的知识面，网络开发人员就必须精于本专业的知识技能，才能得心应手地从事网络信息资源开发与建设，从容地面对用户和社会，也只有积极开拓自己的知识面，才能适应不同领域和不同层次的信息要求，在工作中发挥出自己的潜能。

参考文献

［1］郭克丽，蒋吟.网络环境下拓展图书馆信息探讨［J］.图书馆论坛，2003，（3）.

［2］李培，肖明，翟春红.网络信息资源开发人才支撑体系研究［J］.图书馆论坛，2003.（10）.

［3］陈本峰.网络环境对图书馆人才的新要求［J］.图书馆论坛，2001，（2）.

★作者简介

刘小红，1975年生，女，重庆市潼南区图书馆馆员。研究方向：图书馆服务与创新。

基层图书馆馆员人文服务意识建设

刘倩宏（潼南图书馆　重庆　潼南　402660）

［摘　要］提高基层图书馆馆员的人文服务意识，增强人文服务理念，实现以读者为中心，不断探索现代读者的服务要求和提升馆员的服务水平，是基层图书馆可持续发展的一个出发点和落脚点，更是加强基层图书馆馆员队伍建设、稳步发展的需要。只有打造出一支高素质、精业务、情商与智商俱全的图书馆员队伍，才能顺应新时期基层图书馆事业发展的需求。

［关键词］基层图书馆　素质培养　人文服务

［分类号］G251.6

1. 弘扬人文精神的重要意义

1.1 弘扬人文精神是解决问题的关键

弘扬人文精神就是要从图书馆领导到馆员都要真正地从思想深处深刻认识"以人为本"，牢固树立"读者第一，服务至上"的服务理念，加大图书馆人文精神的研究探讨和开发力度，在图书馆流通服务的具体工作中处处体现图书馆的人文关怀。而图书馆流通服务存在的问题也恰好体现在人文精神的缺失上。比如，流通服务工作人员的素质低，不仅仅表现在学历低，更主要的是表现在服务意识差、创新能力低，难以实现图书馆的人文关怀；又比如，参考咨询工作滞后以及图书乱架、破损等问题，都体现了图书馆工作人员的主动服务观念不强和没有充分认识到流通服务在图书馆中的重要地位。

1.2 人文精神应成为衡量服务质量的重要指标

长期以来，在流通服务部门的业绩报告中，大多只是强调各类图书的借阅率和接待读者人数的多少，却极少关注读者的满意度、读者的人格和权利是否得到保护等。许多流通服务工作人员对电脑操作十分熟练，而对读者却冷若冰霜或极不耐烦。评估流通服务工作质量的指标虽然有不少，但唯有人文精神没有被重视，以致于长期以来读者对流通部门产生只是"借借还还"的错觉。据《羊城晚报》一项调查报告显示：有六成的广州人几乎从来不进图书馆，而广东省的图书流通总人数和外借册次还都处在全国公共图书馆的最高水平。可见图书馆流通服务要改变形象、吸引广大读者，任务是何等艰巨。图书馆流通服务的质量评估应该以人文精神作为重要指标，这样才有可能促进流通服务宗旨的实现。

1.3 弘扬人文精神是搞好流通服务工作的基础

美国图书馆学家谢拉指出："图书馆事业主要是一个人文主义的事业——图书馆学始于人文主义"，"图书馆学更接近于人文科学，而不是硬科学"。我国图书馆学前辈杜定友先生认为："若以人为目标办图书馆，则事业能生动而结合实际且有继续进行深潜研究之余地也"。流通服务是图书馆的一个重要前沿阵地，万万不能偏离图书馆的运作轨道。

读者是图书馆生存的首要条件，没有了读者，图书馆也就不复存在。而要拥有广大读者，就必须在图书馆流通服务中处处体现人文精神，弘扬人文精神。一方面有利于流通服务工作人员和读者素质的提高，另一方面促使流通服务向健康的、科学的方向发展。

2. 图书馆人文精神的规划建设

2.1 构建图书馆人文精神的理论体系

要构建图书馆人文精神的理论体系，首先要明确图书馆人文精神的概念、内涵和范畴，建立完善的图书馆人文精神体系。其次是将"以人为本"作为图书馆工作总则，将图书馆必须遵循的读者平等原则、公益无偿原则、扶弱助困原则等人文法则通俗而详细地写进纲领、写进规程、写进评估条例，实现图书馆里人人平等的理想境界。最后，还要明确图书馆人文精神的实施细则，并要通过实践来不断总结和完善。

2.2 强化馆员和读者的人文素质

提高馆员和读者素质的方法和途径有很多，最重要的还是要"以人为本"。只有充分肯定人的积极性、主动性和创造性，才能提升馆员和读者的素质。只有立足于馆员，充分调动馆员的积极性，并千方百计地向流通部门的馆员灌输人文精神、培养人文意识，让广大流通部门的馆员积极行动起来，切实提高人文素质，才能在流通服务过程中潜移默化地感染读者，从而提升读者的素质。

2.3 贯穿人文精神于具体工作中

图书馆流通工作是以人文精神为基础的，服务是图书馆永恒的主题。具体工作中，可以从以下三个方面让人文精神落到实处。

2.3.1 馆员要立足于服务，牢固树立公仆意识。意识指导行动，无形之中馆员的言行举止就会体现出无私奉献和拳拳爱心，面对读者时，就会投入相应的情感，给予读者富于人情味的关怀。

2.3.2 流通部门的馆员应具备科学精神和人文意识。流通部门的馆员不仅要有人文意识，还要发扬科学精神，努力学习和熟练掌握先进的技术，通过提高自己的综合素养，以满足读者的需求。

2.3.3 在深化流通服务的参考咨询工作中实施"首问负责制"。通过实施"首问负责制"可以使流通部门的馆员积极主动、设身处地地为读者着想，将无形的服务意识变成实实在在的行动，在思想上尊重读者，在情感上贴近读者，在行动上深入读者，在工作上服务读者，从而让读者深切体会到图书馆的人文关怀。

3. 图书馆人文精神的管理对策

社会不断发展，人民素质在提高，图书馆已经不再是以前简单的"藏书楼"。"书"与"读者"不再是借与被借的单一关系。在图书馆的建设中，不能忽视对人的理解、关心和尊重，要充分调动广大读者和管理者的主动性和积极性。显然，在图书馆实行人文管理中，呼唤"人性的回归"势在必行，是与世界图书馆界管理模式的发展趋势相接轨的。注重人文管理应从参与管理、自主管理、情感管理、知识管理、文明管理、能力管理和人才管理方面着手，在图书馆形成和开辟"现代软性化管理"这一全新的管理模式。

4. 结语

总之，作为基层图书馆馆员，要在实际工作中扎根基层、谨小慎微、乐于奉献、与人为善，努力将自己打造成为一名高素质、精业务、情商与智商俱全的图书馆员，才能顺应新时期基层图书馆事业发展的需求，在图书馆人文建设中才能得到读者、同行的赞誉。

参考文献

［1］戴秋容.人文服务理念在图书馆读者服务中的体现［J］.图书馆论坛，2011，（4）:144–146.

［2］陈朝晖.论信息时代图书馆读者服务人性化管理［J］.人力资源管理，2010，（4）:64–72.

［3］朱学荣."和谐图书馆"的理念与实践指向［J］.图书馆理论与实践，2010，（5）:9–12.

［4］王淑琴.论图书管理员的工作［J］.科技情报开发与经济，2009，（5）:60–61.

［5］白小红.人文服务理念在图书馆读者服务中的体现［J］.管理学家，2012，（19）:12–13.

★作者简介

刘倩宏，1974年生，女，重庆市潼南区图书馆助理馆员。研究方向：基层图书馆员人文服务意识建设。

初探未成年人阅读与公共图书馆服务

王春华（潼南图书馆　重庆　潼南　402660）

［摘　要］目前，国家对未成年人健康阅读十分重视，除了各级各类图书馆（室）有着吸引未成年人重拾纸介阅读传统、引领深刻阅读时尚、塑造国家阅读氛围、陶冶民族读书情趣的责任外，公共图书馆更是肩负着"知识加油站"的重任。因为公共图书馆是普通百姓的书香辐射源，是高雅爱好的圣地，是自家知识的"书柜"。

［关键词］未成年人阅读　公共图书馆　服务

［分类号］G252.0

1. 我国未成年人阅读活动现状分析

每年的 4 月 2 日为我国的儿童读书日，目的在于共同架起儿童与图书的桥梁，让中国的儿童与世界儿童一样同处一个阅读起跑线上，以此促进中国儿童阅读，引领中国儿童成长，推进教育、教学改革，有利于孩子们快乐阅读、健康阅读，有利于提高中国青少年一代的文化素质和精神素养，构建和谐社会。

地处我国西部农村地区的儿童由于诸多原因，享受阅读的权益并未得到保障，他们对课本以外的知识的渴求转而寄托于网络，能够抵住形形色色的游戏和低俗"文化"诱惑的少之甚少。网吧里上网查资料、阅读电子图书的有几个？原因很简单，打开网页，弹出的就是各种各样吸引人的广告，未成年人思想本身就不成熟，如何能抵制？再看看深夜的街头巷尾，那些"蹲守"在有无线 Wi-Fi 门市门口的纤弱身影，那种埋头苦干的痴迷，那种不惧严寒、不畏酷暑的精神，我们不得不"佩服"。

有调查显示，2012 年，我国国民人均读书量为 4.39 本，韩国、日本等国人均读书量分别达到 11 本、8.4 本；其他发达国家人均读书量远远超过我们，如法国的人均读书量达到 14.6 本，人均购书量就有 7.5 本，且近年我国未成年人的阅读量还在下降，这不得不引起我们的关注和思考。对未成年人阅读习惯的培养十分重要，有研究表明，只有在 12~15 岁之前形成良好的阅读习惯，才能成为终身的阅读者。因此，我们应该把培养未成年人的阅读行为和习惯作为工作重点。

2. 未成年人阅读特点

2.1 不能独立选择，依赖性较强

未成年人在生理、心理上都处于蒙胧时期，还不具备独立面对一切的能力，所以当有机会进入图书馆、阅览室等地，他们面对琳琅满目的图书，就不知如何选择。在图书馆里"赶场"，在阅览室里"走马观花"，目的性不强，随意性大。要么就是学校老师指导性地建议读什么书，抑或是家长要求买什么书，而真正觉得自己哪方面知识欠缺，需要"充电"时才决定看什么书、买什么书基本上是不可能的。

2.2 不定性强，易受干扰

未成年人在思想、行为、性格等方面具有不定性，往往会因家庭环境、社会现象、同学朋友圈子而随时改变。回顾我国历来的教育，新中国成立前是以《三字经》《千字文》《百家姓》等为主题；新中国成立后 20 世纪 50 年代至 70 年代的教育主题则以反封建、抗战、回顾历史等为主，《半夜鸡叫》《小英雄雨来》《董存瑞》《郑和下西洋》等故事，在那个年代是耳熟能详的；改革开放以来，西方文化的融入，使得我们的教育五光十色，纷繁多样，但教育的主线还是紧紧围绕励志、爱国、创新。此时，未成年人的阅读范围得到拓展，视野逐渐拓宽，这本是好事，但未成年人在这里往往受西方的一些不良导向影响，把我们的优良传统文化抛之脑后，无人问津。

2.3 个人爱好取向，随意性强

未成年人对新奇的、能够感知的、身边活生生的事物感兴趣。一是由于未成年人阅读时的注意力不集中、自我约束力差以及目的性不强等原因，对于那些他们不感兴趣的图书，不能保持长久的阅读时间。然而，他们喜爱阅读那些形式新颖、故事生动有趣、语言优美、思维活跃的读物，而枯燥呆板、东拼西凑、死气沉沉的读物根本不会受到未成年人的关注。二是未成年人猎奇心理的产生

是从"刨根"到"问底"的过程转变。因此，他们会沉迷于那些惊悚神秘、情节曲折的中长篇小说、科普读物、奇闻轶事，这些都是这个阶段未成年读者的选择倾向。三是未成年人生理变化倾向性影响思想上的不同程度的改变。有研究表明，与自身特点相近、关系密切的读物更容易受到读者的喜欢，这一观点对于未成年人也不例外。例如，改革开放后，金庸、古龙的武侠小说深受广大男中学生的喜爱，而席慕蓉的现代诗集、琼瑶的小说深受广大女中学生的喜爱。书中的情节和内容正好与他们的年龄、生活接近，使他们产生共鸣。

3. 公共图书馆阅读攻略

如何迎合青少年的阅读口味，引导未成年人摈弃青睐网络休闲的陋习，远离网络色情、暴力游戏对心灵的玷污，吸引小读者们踏入图书馆，重拾纸介阅读的传统，培养深刻阅读的习惯，图书馆的招牌效应不可替代，图书馆的辐射作用不容小视。如何做好公共图书馆对未成年人的服务工作，大致可以从以下几方面入手。

3.1 加强宣传，深入农村

将图书馆化整为零，将图书馆搬到农村，设置多个流动图书点，将图书摆在读者面前，让他们能够唾手可得。经常性地开展形式多样的宣传活动，例如：伟人诞辰纪念诗歌朗诵、传统节日演讲比赛、故事会等；利用读书日开展一些诸如"书香家庭""阅读之星"等评选活动。这样，既可以方便读者，又可以激发读者兴趣，特别是对未成年读者，通过宣传、评比，可以提高他们的积极性，从而扩大参与面。

3.2 提升意识，服务到位

未成年人是国家的未来、民族的希望。公共图书馆作为未成年读者阅读的专门机构，有责任和义务将记录从古至今的人类和生物活动状况及历史形态的发展的书目保存并传承下去，供未成年读者阅读学习，充分满足未成年读者的阅读需要。这就需要公共图书馆管理员做好几件事：一是做好书介，书的种类繁多、涉及面广，读者无从选择，特别是未成年读者，他们在阅读上还存在"挑食"特性，对自己不感兴趣的不会关注。这就要求管理员除了自己先阅读后介绍外，还要调动其他力量相互推荐。二是做好书评，面对一册或一套的书籍，在读者不了解其内容、不明白其精髓的情况下，做好书评，是向读者推荐的又一妙招。用简短的几句话对书的内容进行概括，用精妙的几个词将其亮点点出，能让读者，特别是未成年读者在耐性差、注意力不能长时间集中的情况下，较为精确地找到自己感兴趣的图书，也达到引领阅读的目的。

3.3 强化管理，提升素质

一是经常性地开展各种提高馆员综合素质和业务能力的专项培训。二是通过活动锻炼馆员的组织能力、团队协调和创新能力，培养未成年读者的协作能力、思维能力和创造能力。三是要求馆员勤与读者交流，特别是要经常与未成年读者沟通，在交流中了解他们的性格、爱好、行为习惯等。四是要求馆员做读者的贴心人，给他们推荐适合的图书。

3.4 调整作息时间，避免与未成年人学习时间冲突

当今时代，受升学教育的影响，未成年人课业负担很重，自由支配的时间有限，图书馆必须挖空心思吸引并留住小读者。图书馆开放时间段恰好在中小学生课外活动时间或放学后，给学生一个丰富课余生活的最佳去处，对于家长来说也能放心放手孩子进图书馆阅读，这是多少学生家长梦想培养的兴趣爱好。况且兴趣可以家庭感染，爱好可以血脉传承。一个铁杆"书迷"的后代成为"书虫"的概率非常大，我们现在培养一个铁杆读者，就是为将来能创造更多的"书虫"。

3.5 指导未成年读者使用科学合理的阅读方法

快速浏览、中速默读、细声慢读三部曲，是阅读的最好方法。来到图书馆，先在自己需要的、感兴趣的书目中快速地、有目的地浏览，找出最适合自己的书，然后坐下来中速默读，眼睛逐字、逐句、逐行扫视，内心慢慢品味内容情节，做到眼观文字，思考词义。遇到好的词语、句子、段落、章节，再细声慢读，仔细体会作者的思想，理解其中的深邃含义，不能及时领会的，将它记在笔记本里，往后续读，也许联系前后节点，意思就自然出来了。最关键的一步，就是读完一本书，对整体有一次或几次的"反刍"，这样，书中的重点情节、知识内涵就能很深刻地留在脑中。

4. 结语

未成年人在阅读、升华理解见识、获得成就感、激发阅读动机、推进广泛深入阅读的过程中，收获读书的丰厚附加值，成长为图书馆的追随者、拥戴者

与常客，成为阅读的最大受益者，"提升民族精神欣赏层次，培养国家高雅读书情趣"的初衷就不会出现只落到讲稿里、说在口头上、止于行动中的无奈。

参考文献

［1］王曼．公共图书馆与大众阅读［J］．贵州社会科学，2007，（5）．

［2］田桂兰．推动全民阅读——图书馆的神圣使命［J］．江西图书馆学刊，2007，（2）．

［3］宋敏芳．发展公共图书馆促进全民阅读［J］．江南论坛，2007，（12）．

★作者简介

王春华，1972年生，女，重庆市潼南区图书馆馆员。研究方向：未成年人阅读服务。

全民阅读活动在公共文化服务中的作用

李红梅（长寿图书馆　重庆　长寿　401220）

［摘　要］阅读是人们获取知识、提高文化修养的主要途径。有人曾经说过，阅读是世界上成本最低的升值方式，通过阅读，我们可以增长见识，丰富自己的精神世界，提高自身修养，等等。阅读不但对于提升个人价值具有非常重要的作用，对于国家建设和社会发展也具有非常重要的意义。

［关键词］阅读活动　公共文化　作用

［分类号］G252.17

阅读是成长的基石，是提高全民素质和国家实力的引擎，是人类文化交流的纽带，是知识繁衍的手段。阅读的历史是人类的精神发育史。阅读不但是一个国家话题，经常被上升到国家工程、国家战略的高度，被给予特别关注和支持，而且是一个世界性话题，关心人类的未来就不能不关注阅读及其发展趋势。

1. 我国全民阅读现状

第十三次《全国国民阅读调查》数据于 2016 年 4 月 18 日在京公布。本次调查执行样本城市为 81 个，覆盖我国 29 个省（自治区）及直辖市；有效样本量为 45911 个，其中成年人样本为 34344 个，18 周岁以下未成年人样本为 11567 个；有效采集城镇样本 34465 个。本次调查可推及我国人口 12.56 亿，其中城镇居民占 51.3%，农村居民占 48.7%。通过调查数据分析可知，国民对阅读的需求日益旺盛，对全民阅读公共服务的需求不断提高，全民阅读活动正面临良好的发展机会。

1.1 国民阅读率缓慢平稳增长

国民阅读率（包括综合阅读率、图书阅读率、数字阅读率、纸质图书和电子书阅读量）呈全面上升趋势，全民阅读受到广泛重视，得到全面发展。

1.2 数字阅读用户增长迅速

受数字媒介迅猛发展的影响，移动阅读已成为全民阅读的新趋势，网络在线阅读、手机阅读、电子阅读器阅读、光盘阅读、平板电脑阅读等数字化阅读方式的接触率为 64.0%，较 2014 年的 58.1% 上升了 5.9 个百分点；人均每天手机阅读时长为 62.21 分钟，比 2014 年增加了 28.39 分钟。

1.3 未成年人阅读高度关注

少儿是祖国的未来和希望，良好的习惯需要从小培养。儿童的早期阅读更需要图书馆与家长及学校的共同引导和帮助。未成年人阅读量及阅读率逐年攀升，说明阅读越来越受到社会和家长的广泛关注。图书馆应抓住这一契机，重视少儿阅读推广服务，吸引更多的小读者走进少儿阅览室，伴随阅读快乐成长。

2. 发挥职能、提高阅读服务

2.1 公共图书馆的性质和职能

阅读作为人类生存和发展的一种能力，需要指导、需要培养、需要扶持。公共图书馆是精神文明建设的重要阵地，也是一个城市、一个地区的主要文化服务中心，它有着丰富的文献信息资源，它在保存优秀的传统文化、引领文明潮流、开展终身教育等方面是其他社会机构所不能替代的。同时，它也是体现社会公平正义的场所，是开展"全民阅读"的重要场所。公共图书馆的公益性决定了它的社会职能——要服务社会不同阶层、不同年龄、不同文化程度、不同民族的读者，要深入社会的方方面面，贴近社会生活，贴近百姓生活。

2.2 应树立"让阅读成为人们生活一部分"的理念

当前，在全民构建和谐社会的伟大进程中，需要精神文明与物质文明的协调发展，需要提高全民文化素质。学习型社会的建设，有利于全民素质的提高，有利于和谐社会的形成。全民阅读是学习型社会建设的重要组成部分，公共图书馆应在其中发挥其不可或缺的作用，应不断拓展阅读指导以适应和谐社会建设的需要。

2.3 重视未成年人阅读活动

未成年人是祖国的希望和未来。从小养成良好的阅读习惯，会一生受益无穷。在美国、英国等国家，政府提供足够的政策资源和公共服务来促进儿童早期阅读的发展。美国实施的"家庭伙伴关系计划"将学校、社区、家庭紧密地结合在一起，有效地开展儿童早期阅读活动，儿童早期阅读促进活动是不折不扣的"国家工程"。在其他发达国家，父母经常带着小孩去图书馆，从小培养子女的阅读兴趣，并学习如何利用图书馆获取信息和知识的能力。把公共图书馆办成学校的第二课堂，是公共图书馆的工作者一贯追求的目标。青少年教育是全社会一项重要的、持久的责任，需要我们图书馆人用爱心浇灌，需要高度责任心和强烈的事业心来完成的历史使命。

3. 公共图书馆在公共文化服务体系中的作用

由于公共文化服务是以追求社会效益最大化为目标的，因此其逻辑起点也定位在保障公民基本文化权利与满足公民基本文化需求上。所以，公共文化服务体系应尽量平衡发展，建立健全的服务网络以达到高效运行的状态，要以政府为主导，以公益性文化单位为骨干，以惠及全民为原则，建立合理的内部结构，同时鼓励全社会积极参与其中，努力建设公共文化产品设施网络，以保障其资金、人才与生产供给，切实满足公民的基本文化需求。

3.1 搜集、保存与使用地方特色文献，保护文化多样性

由于公共文化服务是为全社会服务的文化体系，因此，公共文化服务就必须考虑到不同社会阶层、不同群体、不同的文化需求与文化表达方式。随着经济全球化进程加快，世界文化的交流也日渐密切，文化"趋同"现象日益显著。因此，对文化多样性的保护就变得越来越重要。早在 2000 年，联合国教科文组织就发表了《世界文化报告》，以"文化多样性、冲突与多元共存"为主题。可以说，对文化多样性的保护已成为全球共识。而通过公共图书馆对地方特色文献进行搜集、整理，则是保护文化多样性的重要渠道之一。

3.2 社会教育职能

关于公共图书馆的教育职能，在《公共图书馆宣言》中明确规定，"公共图书馆是人们寻求知识的渠道，为个人和社会群体的终身教育、自由决策和文化发展提供基本条件"，"支持各级正规教育，也支持个人和自学教育"。可以说，公共图书馆的诞生本身就是为了对教育提供支持，而正是由于其具备教育职能才会促使公共图书馆产生、发展并得以延续。

3.2.1 公共图书馆满足了公民的文化需求。作为社会性自主教育的主体之一，公共图书馆本着开放、平等、免费、自由的原则向全社会所有人开放。任何社

会成员都可以通过这里获取其所需要的知识与信息，并且特别关照弱势群体的文化需求。

3.2.2 公共图书馆能够引领社会阅读。"阅读是人类进步的阶梯"，好的阅读习惯对一个人的进步与发展至关重要，而通过公共图书馆来开展各种各样的学术活动，能够很好地达到引领社会阅读风气的作用。

3.2.3 公共图书馆能够提升公民的信息素养。培养读者针对各类问题查找、鉴别、整理信息的能力以及对有效信息的储存、重组与应用，锻炼读者独立解决问题的能力。

3.3 是社会教育中心、文化信息中心和文化活动中心

公共图书馆是人们接受终身教育的重要场所，开展社会教育是其重要职能之一。随着社会的发展，人民群众文化需求的广度和深度都在不断拓展和深化，公共图书馆丰富的文化资源为人们开展高品位的文化活动搭建了良好平台。同时，随着现代科学技术在图书馆的应用，多功能厅、学术报告厅、展览厅、声像视听室、电子阅览室、培训教室、自修室、读者吧等各种活动场所在图书馆中设立，从技术和环境上支持了高品位文化活动的开展。公共图书馆既可举办讲座、会议、展览等大型社会文化活动，又可满足上网、欣赏音乐、研修自学等个人文化活动需求。

4. 结语

作为公共文化服务体系的重要组成部分，公共图书馆肩负着为广大社会群众提供文化产品与服务的重大责任，是满足社会各界人士，尤其是残障人员、农民工等弱势群体的重要公共设施。公共图书馆的建设还需要公共文化服务体系中其他各部门的努力协作。

参考文献

［1］朱旭光.公共文化服务链与杭州市公共文化服务体系重构［J］.北方经济，2010，（4）.

［2］张丽萍.近期有关公共文化服务体系研究综述［J］.中共山西省委党校学报，2009.

［3］李应中.赵国忠试论图书馆的公益性与读者权利的保障［J］.情报资料工作，2005，（5）.

［4］王冰.文化立市战略下公共图书馆事业发展思考［J］.中国图书馆学报，2005，（5）.

★作者简介

李红梅，1971 年生，女，重庆市长寿区图书馆副馆长、馆员。研究方向：全民阅读服务推广。

全民阅读环境下的读者工作再提高

刘倩宏（潼南图书馆　重庆　潼南　402660）

［摘　要］通过对全民阅读的认识和解读，指出了随着社会不断进步以及科学技术的不断发展，全民阅读已经成为整个世界发展的主旋律。而随着我国经济的迅速发展，全民阅读也已经成为提升我国公民整体素质以及建设学习型社会的重要组成部分。图书馆作为实现这一目标的重要场所和主要参与者，应当充分利用自身优势，担当起重要的社会责任，通过各种现代化手段，提高服务水平，完善服务体系，开展特色服务，打造书香中国。

［关键词］公共图书馆　全民阅读　管理员

［分类号］G252.17

1. 全民阅读的提出与未来发展

联合国教科文组织早在 1972 年就向世界发出了"走向阅读社会"的号召，指出图书是社会生活的必需品，而阅读应当成为人们日常生活的一部分，并于 1995 年将每年的 4 月 23 日定为"世界读书日"。同时世界各国也把实现全民阅读作为本国的重要发展战略，如美国的"美国阅读挑战"、英国的"阅读年"、德国的"阅读从娃娃抓起"、韩国的"读书文化振兴计划"，以及新加坡的"天生读书种、读书天伦乐"，等等。随着我国经济的不断发展，国家也将发展全民阅读作为重要的国家发展战略，写入十八大报告，在全国各地逐步开展形式多样、内容丰富的读书活动，其目的就是不断提高全体国民对阅读的重视。

倡导全民阅读，对于社会主义精神文明建设以及提高国民文化素质有着重要的作用，温家宝曾在国家图书馆说过："书籍本身不可能改变世界，但是读书可以改变人生，人可以改变世界。读书关系到一个人的思想境界和修养，关系到一个民族的素质，关系到一个国家的兴旺发达。一个不读书的人是没有前途的，一个不读书的民族也是没有前途的。"温家宝的话显示出国家对全民阅读的重视与支持，同时也道出了阅读对一个国家、一个民族的重要性。当前，提高全国阅读率、深化全民阅读已经成为未来社会发展的方向，促进全民阅读的实现，使全民阅读的内涵与形式不断充实与更新，使影响不断扩大甚至变成人们的一种生活方式，使国民在阅读中不断提高自身素质，使整个社会形成一种良好的阅读风气，这就是未来我们所期盼的全民阅读时代。

2. 提高读者服务工作的对策

2.1 媒体的多样化发展促使全民阅读倾向的变迁

广告、电视节目、网络咨讯正发生着翻天覆地的变化，深深地影响着人们的生活。广告传递的信息越来越多，电视更朝着成熟化发展，不仅出现了吸人眼球的多彩的娱乐节目，"大众讲坛"等读书类文化栏目也日益增多，在一定程度上丰富了人们的阅读生活。另外，网络化阅读也成为人们生活中不可或缺的一部分，甚至成为阅读的主导力量。

2.2 具备阅读推广的成功经验

近年来，我国各地的公共图书馆不遗余力地开展了多种多样的阅读推广活动，包括各类讲座、论坛、报告会、展览（尤其是图书展览）、书评、读书竞赛（包括演讲、诗歌朗诵、征文）、电影和话剧欣赏等形式，吸引了很多读者热情参与，也涌现出很多独具特色的阅读推广活动。其中包括对儿童、青少年的阅读推广活动，倡导弱势群体参与其中，各专业学会、团体对阅读推广活动的引领，阅读推广方式的多样性，积累了丰富的阅读推广的成功经验。

2.3 加大图书馆设施、文献的投入力度

主管部门要加大监管力度，加大对图书馆设施、环境改善、增加文献等方面的资金投入。改变图书馆的硬件和软件环境，改善原有的建筑布局和各类硬件设施，更加方便公众的阅读活动；增加配置新书量，提高图书质量，使之更加贴近公众的生活，能够吸引更多的人来到图书馆，使图书馆真正发挥为普通大众服务的功能，提高公众的阅读率，从而提高全民推广阅读的力度。

3. 拓展网络服务的空间

图书馆拥有丰富的数字资源，包括不同学科的中、英文专题数据库、博硕论文数据库、电子书，等等。图书馆应充分利用这部分资源，为读者开通权限，同时延伸网络服务的内容，如提供读者所需的网上电子文献传递、推荐经典书目、增加网上讲座库、网上图书展览库、网上照片库、情报服务平台等，打破行业界限，实现网络资源最大程度的共享。

4. 加强区县特色专题馆与社区馆的建设

加强区县图书馆的建设，丰富区县人们的生活。不同的区县有自己不同的地方色彩，建立区县特有的地方特色馆藏，是对区县图书馆主题服务的延伸和辐射。如衡水市武强县的年画、周窝的音乐特色、鼻烟壶等，这些具有民间特色的文化艺术，是主题馆不可或缺的补充力量。另外，社区图书馆的力量也不容忽视，社区图书馆更加贴近人们的生活，在各个社区居住的居民闲暇之余进入图书馆，可以带动更多的读者参与其中，特别是儿童和学生，都会受到潜移默化的影响，是全民阅读推进过程中的重要组成部分。

5. 在读者中采取激励机制

以市馆、区县馆与社区馆为单位，每年举行读书评比比赛、有奖征文等活动。评比活动可以家庭、个人为单位，统计读者的借阅率，为借阅率高的读者颁发奖项。征文活动可以读书感受、家庭生活、个人体验等内容为主题，为获奖者颁发证书、奖品。此类带有激励色彩的阅读推广活动，可以吸引更多的人走进图书馆，参与到读书活动中来，提高读者阅读的兴趣，提高读书的积极性，从而提高全民阅读率，也使全民素质得到提升。

6. 结语

在全民阅读大背景下，图书馆作为其中不可或缺的角色，如何成为信息知识的传递者与解读者，是我们每一座图书馆及工作人员面临的挑战与机遇。让更多的人了解并走入图书馆，让图书馆为更多的人服务，这样才能使图书馆充分发挥自身优势与作用，成为实现全民阅读的重要保障，使中华文明能够不断传承，为实现我们的"中国梦"打下坚实的基础。

参考文献

［1］李哲.试论当前深化全民阅读的意义及路径［J］.才智，2013，（7）.

［2］周海霞.试论全民阅读的若干措施研究［J］.科技信息，2013，（10）.

［3］张莉.试论公共图书馆在培养全民阅读习惯中的社会责任［J］.黑龙江档案，

2013（2）.

［4］曹洋.公共图书馆开展全民阅读活动对策研究［J］.学理论，2013，（09）.

★作者简介

刘倩宏，1974 年生，女，重庆市潼南区图书馆助理馆员。研究方向：读者服务工作建设与管理。

农村图书馆信息服务模式的研究

刘小红　陈寒秋（潼南图书馆　重庆　潼南　402660）

［摘　要］为了提高农民的文化素质，改变农民群众陈旧的思想观念，需要农村图书馆这样的辅助教育基地。面对信息社会的浪潮，农村图书馆需要进行信息服务的变革。本篇针对目前农村图书馆的特点，提出了建设农村图书馆信息服务模式的建议。

［关键词］农村图书馆　农民信息　服务模式

［分类号］G250.72

图书馆是搜集、整理、保存、传播信息的场所，具有搜集和保存人类文化遗产的职能。农村图书馆是为满足广大农民日益增长的精神文化需求而设立的公共服务系统，相当于一所农民的大学。它培养具有科学文化知识的农民，不仅有益于每一个教育对象，而且推动着整个农村发展的历史进程。如何更好地利用农村图书馆的文献资源是实现农民全面发展的重要途径之一。

1. 我国农村信息服务模式的现状

随着国家对农村发展力度的加大，针对农村的各种信息服务模式层出不穷。按照服务的性质可分为公共性的信息服务模式和非公共性的信息服务模式。目前，我国以国家推出的公共性的信息服务模式为主。中国农业科学院的王川先生从服务开展方式和内容的角度将公共服务模式归纳为八种类型：服务站模式、龙头企业带动服务模式、合作经济带动服务模式、合作经济组织带动服务模式、农业科技专家大院信息服务模式、农民之家模式、网上展厅服务模式和网上劳务咨询服务模式。中国农业技术出版社的张博先生从当前网络技术集成创新的角度将其分为"三电合一""三电一厅""三网合一""农技110"等模式。这些模式是以物质生产为主，以提高农业效益为中心的信息服务，在一定程度上增强了农民的"科技兴农"意识，增加了农民的收入，在农业生产中起到了一定的效果，但都存在服务模式单一，服务内容比较分散，服务周期较短，易产生"数字鸿沟"等特点，甚至当服务对象的经济利益与本机构利益相冲突时，服务的内容会有所变更，存在信息不确定性，可能给农户带来一定的经济损失。

随着农村经济的快速发展，农民对信息的需求量日益增大，对技术水平的掌握程度也逐渐提高。农作物的种养更加讲究科学，这就需要与之更匹配的信息服务模式来促进农村的发展，应运而生的农村图书馆正是农民梦寐以求的信息服务基地。农村图书馆是一个相对独立的公共服务实体，具有悠久的历史文化传统，有得天独厚的文献资源，有多样化的信息服务，有比较集中的管理方式，有密切联系的广大农民群众等优势。农村图书馆与其他信息传播机构相比有着系统性、秩序性、严肃性等特点，农村图书馆的文献资源帮助农民提高生产能力并丰富农民的文化知识，图书馆有针对性地提供信息资源能够提高农民获取、识别信息的能力，在农村建立信息服务一体化的图书馆是时代的需求，重视农村图书馆信息服务事业有利于农村的全面发展。

2. 农村图书馆的社会价值

农村图书馆的社会价值是指对农村图书馆以其自身特有的属性或功能来满足农民的物质需求和精神需求的社会关系的肯定。随着农村经济体制的改革和市场经济的发展，农民有一种求富、求知、求乐的需求。而且 21 世纪是知识经济时代，对科学文化知识的需求越来越强烈，在这种情况下，农村更加需要一座体现社会价值的教育延伸基地，即农村图书馆。

农村需要建立一个为广大农民提供学习科学文化知识、思想政治知识、综合知识以及一系列一体化信息服务的农村图书馆。农村图书馆的发展与社会相结合，其功能具有整合农村文化、丰富农民生活、弘扬农民精神、培养新农民的作用。它的社会价值是通过广大农民在图书馆的学习，在不知不觉中培养农民的文化修养中慢慢体现出来的。

"农民的需要"是农村图书馆价值的集中体现。农村图书馆丰富的纸张文献、数字文献、实体文献给农村带来了农业结构、生产方式、生活方式以及思维方式的变化。信息技术不断进入农村，网络媒体的发展打破了农村传统媒体各种形式的信息之间的壁垒，呈现出各种信息形态相融合的新貌。农村信息服务模式的图书馆在农村信息传播中的意义十分重大。它不仅有文本信息服务和音频、视频、图像等多媒体网络信息服务，还有各种方式的社会咨询、技术指导、教育、培训等服务，为农民提供了多样性的信息发布平台。图书馆通过提供多种形式的信息服务来满足农民的需求无疑是农村发展的必然趋势。

3. 目前我国农村图书馆发展中存在的问题

提供信息服务是农村图书馆的基本定位，长期以来，我国农村图书馆供给与需求常常表现出不一致，对于农民来讲，图书馆供给的目的是在有限的资源情况下达到资源优化配置，一旦信息资源供给不足，难以满足广大农民日益增长的精神文化需求时，就凸显出农村图书馆的发展问题。

3.1 资金投入不足，是制约图书馆发展的主要问题

马克思认为"物质生活的生产方式制约着整个社会生活、政治生活和精神生活的过程"，我国的大部分农村虽然解决了温饱问题，但都不是很富裕，物质上的不宽裕给农村图书馆的发展带来很大的困难。长期以来，政府部门对农村图书馆在信息服务中的作用重视程度不够，投入较少，造成资金运转困难，表现为图书馆内部基础设施不健全、藏书量不足、信息数据缺乏且不能及时更新等现象。

3.2 图书馆管理人员素质不高，专业性不强，在一定程度上影响着图书馆的发展

我国农村图书馆管理人员的文化教育程度普遍偏低，这是不争的事实。他们对图书馆的专业知识知之甚少，很多没有经过岗位培训就直接上岗就业，这给图书馆内部管理带来混乱，给文献的检索带来困难，更不用说采取什么样的方式为广大农民提供信息咨询服务了。我国密切关注农村信息问题，但在农村信息需求问卷调查中，农村居民信息需求集中在农业专业化信息，针对社会信息咨询问题，尤其农村妇女问题、医疗问题、法律问题等咨询处于萌芽状态，甚至在大部分图书馆还处于一片空白的境地，这与图书馆的管理人员有密切的关系。

3.3 农民的文化教育、思想观念影响着图书馆的发展

我国农村人口数量多，占国家总人口的41.48%，且文化教育水平普遍偏低，加上外出打工的农民与日俱增，留在家乡务农的老人、妇女，受教育程度相对更低，使得图书馆大部分时间处于闲置状态。图书馆是建立在知识基础上的一

处"自学"基地，如果农村的文盲人数增多，图书馆将会变成一座无价值的空地。农民的思想观念保守，对自身学习充满疑惑，缺乏自信，觉得自己不是学习的"文化生"，多数农民认为，图书馆是小孩子学习的地方，不是大人出入的场所，甚至在他们眼中，图书馆不过是应付上级检查的地方，对于农民没多大的实用性。这些观念导致很多农村图书馆（室）出现"建得多，用得少"的现象。

4. 构建农村图书馆服务模式的基本举措

坚持农村图书馆的建设，必须实行从小到大，从内到外，从上到下的改革。

4.1 政府重视和引导

政府要起到引导作用，做好规划。加强农村信息服务模式图书馆的建设力度，要制订图书馆建设总体方案，应有明确的目标、任务、措施，再将方案落实到县、乡镇各级政府，要把图书馆建设列入年度考核计划，并做到考核工作实事求是。通过政策法规促进农村图书馆事业的发展，除了制定地方文化政策法规外，还要制定图书馆从硬件设施、经费投入到人才队伍、软件服务方面的法律保障。当地政府应把图书馆作为当地建设的一个重要项目纳入财政计划，结合当地的发展特色向上级政府汇报，加大对农村图书馆建设的投入，尤其要增加乡镇图书馆的资金投入力度，应把农村图书馆纳入政府工作计划来统筹，从人员管理、设施建设、内部规划来安排，这是保障图书馆日常有效运行的基础。政府可与企业、社区合办图书馆，通过社会的资助，补充农村图书馆的发展资金。

4.2 培养多样化人才，提高农村图书馆管理员的素质

知识经济时代要求农村图书馆内部工作人员从自身出发，做好内部人才的结构调整，强化各种专业、技术、管理的学习。农村图书馆不但需要具备图书文献分类、编目等相关知识的专业人才，还要有懂图书馆自动化管理、文理兼备的现代技术复合型人才；随着市场经济的发展，图书馆的效益与图书馆的生存有很大的关联，这还需要懂科学管理的人才；农村图书馆面向广大农民群众，能否满足他们的需求，得到他们的认可，与图书馆的自我宣传力度密不可分，这就需要培养一批具有相当水平的宣传公关人才。

4.3 推动社会各界对农村图书馆建设的关注

一直以来，社会各界包括一些知名人士都比较忽视农村图书馆的存在。高等学校图书馆是求学者的宝地，城市公共图书馆是好读书者的场地，而农村图

书馆成了无价值的空地。农民有终身学习的权利，各界人士要看到农村的发展前景，多给予人文关怀。社会学界、法律学界、信息学界、医学界等方面可通过农村图书馆给予更多的服务资助。农民群众的法律意识淡薄，如果法律人士通过农村图书馆建立小型的法律咨询室，可减少广大农民法律知识的盲点，有利于农村法律知识的普及。

4.4 利用馆藏文献资源为当地农民服务

农村图书馆工作人员要经常深入群众，了解当地农民所需要的，但又缺乏的信息资源，应结合当地农村发展的特点，利用有限的资源做到服务最优化。要根据农民的需求定期更新农业方面的杂志，增加农业方面的期刊品种。多下基层发放科技资料，做到书与农民近距离接触。如齐齐哈尔市图书馆，在"文化下乡"期间，从外地购买"玉米大双覆""绒山羊"等推广项目录像带，组织人员查阅文献资料，进行筛选、组织、编辑成二次文献到各乡、镇发放图书资料和录像带，取得了很好的效果。农民的文化知识较少，有些科技术语需要特别做一些标注说明。图书馆工作人员要在农民所缺少的信息资源方面多下功夫，学习齐齐哈尔市图书馆那样编辑实用的二次文献，为广大农民服务。

参考文献

[1]王川.我国农业信息服务模式的现状分析[J].农业网络信息，2005，（6）:22-24.

[2]张博，李思经.浅谈新农村建设中农业信息服务模式的创新［J］.中国农学通报，2007，（4）:430-434.

[3]富红.发挥图书馆自身优势，做好农村信息服务工作[J].情报探讨，2006，（6）:124.

★作者简介

刘小红，1975年生，女，重庆市潼南区图书馆馆员。研究方向：信息服务管理模式。

陈寒秋，1968年生，女，重庆市潼南区图书馆馆员。研究方向：信息服务管理模式。

工作探索

浅析图书馆公共电子阅览室的建设与管理

——以重庆市沙坪坝区图书馆公共电子阅览室实践为例

向霓虹（沙坪坝图书馆　重庆　沙坪坝　400030）

［摘　要］公共电子阅览室是公共图书馆的重要组成部分。本篇从公共电子阅览室建设计划的目标、实施意义入手，阐述了公共电子阅览室建设中的原则及软、硬件系统配置建议，对图书馆公共电子阅览室的管理、维护工作实践进行了分析。

［关键词］公共图书馆　电子阅览室　建设与管理

［分类号］G250.76

2002年以来，乘着全国文化信息资源共享工程在全国各级公共图书馆实施的契机，各级公共图书馆电子阅览室的建设均得到了长足发展。特别是2012年2月3日文化部（2018年后改为文化和旅游部）、财政部联合正式发布文社文发〔2012〕5号《文化部、财政部关于印发〈"公共电子阅览室建设计划"实施方案〉的通知》以来，迎着政策的春风，沙坪坝区图书馆按照要求积极响应，对公共电子阅览室更是加大投入进行建设，服务环境和质量得以提档升级，为推进公共文化服务体系构建，切实保障人民群众的基本文化权益增加了砝码。

1.公共电子阅览室建设计划

公共电子阅览室是为了满足人民群众基本的网络文化需求，各级文化部门以公益性、基本性、均等性、便利性为原则，依托文化共享工程各级服务点、图书馆、文化馆，以及具备条件的工人文化宫、少年宫、妇女儿童活动中心、乡镇（街道）文化站、社区文化中心（村文化室）、学校、工业（产业）园区等，提供集互联网信息查询、文化共享工程信息资源服务、数字图书馆服务、培训、网络通信、休闲娱乐为一体的公共文化服务场所。

"公共电子阅览室建设计划"以科学发展观为指导，以保障人民群众基本文化权益为宗旨，以未成年人、老年人、进城务工人员等群体为重点服务对象，依托全国文化信息资源共享工程的服务网络、文化共享工程及国家图书馆的数字资源，与文化共享工程建设、乡镇文化站建设、街道（社区）文化中心（文化活动室）建设以及中央文明办组织实施的"绿色电脑进西部"工程相结合，在城乡基层大力推进公共电子阅览室建设，努力构建内容安全、服务规范、环境良好、覆盖广泛的公益性互联网服务体系。

公共电子阅览室作为国家重点建设项目，其建设内容以计算机技术、互联网技术、数字图书馆技术为基础和支撑，以中华优秀数字资源为内容，以现有公共文化服务网络为依托，建设过程中涉及服务器、个人计算机、管理软件、网络设备等。公共图书馆作为全国文化信息资源共享工程的受益者，在已建有电子阅览室的情况下，应首先按照要求进行完善和升级，推动免费开放，绿色安全上网，实现"公共电子阅览室建设计划"的愿望目标。

2. 图书馆公共电子阅览室的建设

"十一五"期间，我国已经初步形成了覆盖乡镇和社区的公共文化服务体系。沙坪坝区图书馆也建成了文化共享工程沙坪坝支中心，电子阅览室、辖区各街镇文化中心及部分学校、单位为其基层服务点。图书馆公共电子阅览室作为共享工程的重要服务窗口，其建设实践应包括以下内容。

2.1 公共电子阅览室的建设原则

在公共电子阅览室的建设过程中，软、硬件系统和网络产品应尽量遵循符合主流发展和国际标准化的原则，以及可扩充、易升级的原则，从而使系统具有较高的可移植性、可扩展性和灵活的互联性。营造良好的运行环境是建设电子阅览室必不可少的条件。

2.2 公共电子阅览室的硬件系统

公共电子阅览室的硬件系统主要由服务器、大容量的存储设备、网络传输与交换系统、用户终端、输出设备等构成。一般应配置信息服务器、多媒体计算机、磁盘阵列、交换机、打印机、投影仪等设备。由于用户终端机使用几年后会运行速度变慢，且电脑更新换代的速度很快，因此终端机不要求选择最好的，但对于主服务器、存储系统、交换机等关键设备，最好选择比较成熟、先进、易扩充和性价比较高的品牌和设备。

2.3 公共电子阅览室的软件系统

公共电子阅览室的软件系统包括服务器操作系统、客户端操作软件、防火墙、应用软件（数据库）管理系统、杀毒软件等。其中网络服务器的平台应选择开放性、兼容性和安全性较好，管理简便、灵活的操作系统，很多电子阅览室采用 Windows Server 2003。电子阅览室的管理系统也很重要，管理系统应用软件采用由文化和旅游部全国公共文化发展中心统一开发的公共电子阅览室管理信息系统，读者使用二代身份证，经服务台刷卡解锁后就能在公共电子阅览室进行资料查阅，这个管理系统还具有监控、计时、对比等功能，安全性能高，而且使用方便。针对少儿公共电子阅览室，我馆采取的是经家长、监护人同意后或陪同办理上网阅览卡，按照管理制度上网。客户端现在操作系统较多，我馆采用的是 Windows 7。目前沙坪坝区图书馆电子阅览室中文全文数据库有：维普期刊全文数据库、博看电子期刊数据库等。目前全文库通用的全文格式有 PDF 格式和 HTML 格式等，前者用 *Adobe Acrobat Reader* 阅读，后者用 IE 等网络浏览器阅读，需要在终端机上安装这些全文浏览器。公共电子阅览室的电脑上还需安装杀毒软件，能够抵御外来攻击，还要具备能够迅速恢复的能力。

2.4 完善公共电子阅览室设施条件，丰富资源内容

馆内现拥有成人电子阅览室、少儿电子阅览室 2 个空间，60 台高配置电脑，服务器、磁盘阵列、交换机、防火墙、投影仪等设备一应俱全，局域网储存空间大，为 50TB，互联网接入速度快，达到 100M，年均接待读者 2 万人次。为不断丰富沙坪坝区图书馆公共电子阅览室的资源，图书馆通过局域网共享的方式，将图书馆的电子资源和共享工程的精品资源一同接入了公共电子阅览室，使得电子阅览室的资源丰富多样，满足各类读者的需求。

为了让读者方便查看到公共电子阅览室的资源和享受快速上网冲浪带来的乐趣，本馆电子阅览室还为每台客户机安装了资源导航界面，通过该界面，读者可以快速找到自己需要的资源，节约了搜寻资源所花费的大量时间，省去了寻找过程中的麻烦和痛苦。除此之外，为了更好地服务不同群体读者，我馆电子阅览室对少儿区和成人区进行了隔离，在少儿区客户端上除了设置必备的资

源导航等信息以外，还专门为少年儿童提供了几十种益智游戏，为其上网带来乐趣。同时，对少儿电子阅览室的上网要求也做了严格的限制，仅允许访问一些少儿网站和常见新闻网站，有效避免了少年儿童接触网络不良资源。

2.5 公共电子阅览室的运行环境

公共电子阅览室需要良好的自然环境，应尽量选择宽敞明亮、自然通风条件良好、灰尘污染少、安静的空间，阴暗潮湿的环境会引起计算机、服务器等电子设备受潮，容易造成设备反应迟缓、接触不良甚至损坏等情况；室内最好安装空调，保持空气干燥，温度、湿度稳定；最好安装防静电地板，尽量减少磁场、静电、电磁波的影响，防止设备互相干扰，影响网络的正常通信；公共电子阅览室还需设置防雷措施，以免雷雨天气损坏电子设备或殃及人员安全。公共电子阅览室的建设不但需要经常更新投入电子设备，还涉及环境建设、硬件改造，从而改善读者的阅读条件。

我馆先后对成人和少儿电子阅览室进行了环境改造，同时开展网络布线工程，细致到电源插座、网线接口的位置、数量都要提前规划好，否则土建部分完成了，后期还要来挖槽开洞，那岂不是浪费了资源？两个阅览室还增设了三个监控摄像头，便于管理人员随时查看两个电子阅览室的情况，并对读者起到震慑作用，有效保障了设备的安全，同时监控资料能够保存一段时间，可作为有力证据，减少一些不必要的纠纷。我馆的公共电子阅览室在建设中陆续更新了电脑及桌椅，还为读者座椅增加了座椅布套，不但使读者上网更迅速，阅读更舒心，而且也会让读者感受到图书馆的温馨与细心。公共电子阅览室精心的规划、合理的设计、良好的环境，可以提高工作效率及设备利用率，这也是建设公共电子阅览室的一个重要环节。

3. 公共电子阅览室的管理

3.1 提高对公共电子阅览室管理重要性的认识

公共电子阅览室的建设，是构建公共文化服务体系的重要内容，是保障人民群众基本文化权益的具体举措，是维护未成年人文化权益的重要手段，是传播社会主义先进文化的重要阵地，是推进全社会信息化建设的重要途径。

在图书馆电子阅览室还没有免费开放期间，部分电子阅览室出于多种原因，存在着管理不善、作用发挥不好等问题，有的变相办成"网吧"出租、合伙经营等，违背了公共电子阅览室的服务宗旨，带来了一定的负面影响，引起了社会各方面的广泛关注。现在图书馆公共电子阅览室已经全面免费开放，绝不能再发生"收费经营"事件。因此，加强公共电子阅览室的管理显得尤为重要。各级公共图书馆要把公共电子阅览室的管理作为一项重要工作进行落实，强化管理与服务，建立健全制度规范，树立良好形象，努力提高公共电子阅览室的建设水平。

3.2 建立健全管理规范

沙坪坝区图书馆制定出台了《沙坪坝区图书馆公共电子阅览室管理制度》，按全馆风格统一了公共电子阅览室的标识标牌。用户上网通过公共电子阅览室管理信息系统实名登记、巡查监督、限时上网、工作信息填报、资源利用统计与反馈。同时，公共电子阅览室统一管理平台还能适时接收国家中心系统和市分中心系统发布的网站黑名单和网站推荐名单等管理信息，并将本馆公共电子阅览室的各项信息上传市分中心，方便上下信息沟通，也为公共电子阅览室的管理提供了网络安全保障。重点加强对未成年人上网的管理，与成人电子阅览室分隔，制定了《沙坪坝区图书馆少儿电子阅览室管理制度》，确保公共电子阅览室安全运行。

3.3 加强开展惠民服务

沙坪坝区图书馆充分利用公共电子阅览室的设施条件，建立和完善公共文化服务平台，广泛开展内容丰富、形式多样的辅导、咨询、培训等惠民服务。多次为辖区内街道、社区群众开展计算机知识、上网搜索培训，为群众查找资料、解答读者咨询，组织少年儿童参加国家、重庆市举行的网络知识竞赛，并进行基层点管理人员及群众的数字资源使用辅导等。通过这些活动和服务，正面引导社会群众，特别是未成年人正确地认识和使用互联网，并为广大市民读者的学习、工作和生活服务，使他们真切感受到公共电子阅览室建设工程为群众提供的方便和实惠。

3.4 资源整合共享，避免重复建设

沙坪坝区图书馆充分利用已有文化信息资源共享工程、数字图书馆推广工程、电子阅览室的设备设施、数字资源、网络条件和人才队伍开展工作，并与重庆市党员干部现代远程教育、农村中小学现代远程教育工程配合，还利用沙坪坝区新闻中心、区科委、区经信委、中国电信沙坪坝分公司等单位的工作职能，探索开展了部分资源的整合共享，实现资源充分利用，避免重复建设，减少人、

财、物的浪费。

3.5 公共电子阅览室对工作人员的要求

公共电子阅览室应落实工作人员专人负责，进行设施设备的日常维护，定期进行设备检查，确保系统的正常运转；工作人员要加强读者上网时的巡查，防止用户利用电脑设备和互联网制作、下载、复制、查阅、发布、传播含有反动的或不健康内容的信息，以及从事国家法律法规规定的危害网络安全和信息安全的行为；公共电子阅览室工作人员还要不断学习，及时掌握电子信息专业相关的先进技术，具备全面的计算机知识和网络技能；此外，由于利用图书馆电子阅览室的市民多为老人、儿童及文化程度不高的群众，这就要求工作人员还应有责任心和耐心，热情地解答读者的疑问，身体力行地辅导读者使用好计算机及其他设备，做好本职工作，尽力满足读者需求。

参考文献

［1］公共电子阅览室 . 百度百科［2017–03–10］.http://baike.baidu.com .

［2］中华人民共和国中央人民政府 . 文社文发〔2012〕5号：文化部 财政部关于印发《"公共电子阅览室建设计划"实施方案》的通知［EB/OL］.（2012–02–27）［2017–03–10］

http://www.gov.cn/zwgk/2012–02/27/content_2077526.htm

［3］百度文库 . 渝文广发［2011］132号：重庆市文化广播电视局关于加强公共电子阅览室管理的通知［EB/OL］.（2012–09–10）［2017–03–11］

http://wenku.baidu.com/view/8a098a7e31b765ce0508141a.html

★作者简介

向霓虹，1974 年生，女，重庆市沙坪坝区图书馆副馆长、副研究馆员。研究方向：公共服务建设与管理，已发表论文数篇。

公共图书馆讲座工作的实践与思考

陈华洪（沙坪坝图书馆　重庆　沙坪坝　400030）

［摘　要］笔者梳理了重庆市沙坪坝区图书馆"星期日讲座"开办三十多年来的发展概况，探讨当前讲座工作中面临的困境，并提出可持续发展的思路。

［关键词］公共图书馆　星期日讲座　实践思考

［分类号］G252.1

沙坪坝区图书馆"星期日讲座"创办于 1986 年，是全国较早举办的公益性讲座之一，至今已坚持三十多年，共举办讲座 557 期，由最初单一的文学讲座，发展为涵盖政治、经济、军事、历史、教育、生活等各个领域的综合性讲座，成为区内外知名的文化品牌。

在三十多年的发展过程中，为了适应社会环境的巨大变化，信息资源的极大丰富，以及受众群体在年龄、爱好等方面表现出来的变化，我们在不断地进行积极探索和变革。本篇着重梳理了"星期日讲座"的发展概况，探讨当前讲座工作中面临的困境，并提出可持续发展的思路。

1. "星期日讲座"的发展之路

抗日战争时期，随着重庆成为战时首都，国共两党无数军政界名人要人，文学、艺术、教育等诸多领域的大师级人物，如徐悲鸿、郭沫若、冰心、巴金、老舍、臧克家、张伯苓、丰子恺等名扬中外的泰斗人物云集沙坪坝区，沙坪坝成为国统区著名的文化区，盛极一时，蜚声中外。中华人民共和国成立后，沙坪坝区属于重庆市第三区，功能定位为文化区。直到今天，沙坪坝区仍然是重庆市科教文化大区，丰富的资源、广泛的受众群体，为讲座活动的蓬勃开展提供了沃土。

1.1 "星期日讲座"的创办

沙坪坝区图书馆于 1986 年 6 月 25 日正式对外开放，就在开馆当年的 12

月 28 日，即推出了首场"星期日讲座"——《琼瑶作品赏析》，足见图书馆人的远见卓识。

20 世纪 80 年代，琼瑶之风穿越台湾海峡刮到了祖国大陆，琼瑶和她的小说成为众多文学青年热情追逐的对象。沙坪坝区图书馆"星期日讲座"很好地抓住了这一时代热点，首场讲座一炮而响。

1.2 "星期日讲座"的起步

在首场讲座获得成功之后，"星期日讲座"继续紧跟持续高涨的文学热潮，至 1989 年三年多时间里，讲座主题几乎都属文学类，如《普希金抒情诗欣赏》《中国古代文学名篇赏析》《一代诗仙——徐志摩》《金瓶梅研究》等。

在这个过程中，沙坪坝区图书馆充分发挥地域优势，利用紧邻的重庆大学、重庆建筑学院（现合并到重庆大学）、重庆师范学院（现为重庆师范大学）、四川外国语学院（现为四川外国语大学）、西南政法学院（现为西南政法大学）等高校，一方面邀请来自这些高校的优秀教师作为主讲人，他们有较高的专业素养，丰富的教学经验，建立起一个比较稳定的师资群体；另一方面稳定的听众群体也大都是来自这些高校的学生，他们积极上进，渴望获取知识。因此，这个时期的讲座几乎达到了场场爆满的局面。

1.3 "星期日讲座"的发展

从 1990 年起，"星期日讲座"开始由单一的文学讲座，尝试选择一些时事政治、历史、军事、艺术等领域的话题，逐步发展为综合性的讲座，如《海湾战争后的世界格局》《举世瞩目的三峡工程》《音乐欣赏与训练》《社交与人际关系》等，可谓百花齐放。从讲座的形式看，也突破了传统的讲授模式，如《讲座式二胡音乐会》《热点话题辩论会——经济发展是（不是）道德水平提高的必要条件》等，让人耳目一新。师资方面，进一步将主讲人的范围扩展到西南师范大学（现为西南大学）、重庆工商学院（现为重庆工商大学）等区外高校，同时还突破高校这个圈子，将目光延伸到政界人士、企业家、作家等各行各业有代表性的人士，促进师资队伍多元化。听众群体在以学生为主要成员的基础上，许多其他身份的人员也纷纷加入，一些区外的听众慕名而来，并成为"星期日讲座"的忠实听众，一直追随到今天。

从 1990 年到 2002 年的这一时期，"星期日讲座"在各方面都得到了极大的发展，成长为区内外知名的文化品牌。

1.4 "星期日讲座"的变革

21 世纪已全面进入信息时代，以计算机和网络为核心的现代技术的不断发展，使图书馆的传统业务受到很大冲击，海量的资源铺天盖地，大众获取信息的渠道也更多元化，对讲座的追捧有了相当程度的降低。加之 2005 年重庆大学城初具雏形，沙坪坝区图书馆周边的重庆大学、重庆师范大学等相继入驻大学城，听众群体流失较大。面对这样的局面，"星期日讲座"进行了积极的探索和变革。2006 年，沙坪坝区图书馆与重庆大学学工委合作，推出"星期日讲座·大学城讲坛"（以下简称"大学城讲坛"），讲座进校园，方便学生参加。与此同时，保留在馆内的"星期日讲座"与图书馆所在的渝碚路街道合作，图书馆方面主要负责讲座的策划、实施，街道方面重点负责讲座的宣传、听众的组织。

2012 年，沙坪坝区图书馆与著名的红岩魂广场所在地——童家桥街道合作，推出"星期日讲座·红岩文化大讲坛"（以下简称"红岩文化大讲坛"），讲座进社区，方便群众参加。

2015 年，借鉴近年来兴起的"讲座联盟"模式，建立起以沙坪坝区图书馆为领头羊，各街道、镇文化中心为成员的讲座联盟，资源共享。

2. "星期日讲座"面临的困境

沙坪坝区图书馆"星期日讲座"发展到今天，为了适应主客观环境的巨大变化，尽管做了很多积极的尝试，取得了一定的成效，但仍然面临很多困境。

2.1 优秀讲师资源缺乏保障

师资是保证讲座质量的关键因素，沙坪坝区图书馆的"星期日讲座"在发展过程中的前期二十多年里，之所以能取得相当的成功，很大程度归功于有一支优秀且相对稳定的讲师队伍。从某种角度说，是他们成就了"星期日讲座"，同时他们也在"星期日讲座"这个舞台上逐渐成长。而现在，沙坪坝区图书馆在讲师邀请上面临着较大的困难，优秀的、有知名度的讲师自然能大大提高讲座的吸引力，然而作为区级图书馆，提供的平台影响力有限、经费有限，导致讲师资源相对匮乏。当然，工作人员在师资挖掘方面也在一定程度上存在着工作做得不够扎实、不够全面等问题。

2.2 听众群体主动参与性不够，年龄层次分布不均

不难发现，不管是面向学生的"大学城讲坛"，还是面向市民的"星期日讲座""红岩文化大讲坛"，自发、主动前来参加的听众占比很小，大部分有赖于学校、社区的组织，否则，上座率甚至不足50%。而且，在"星期日讲座"和"红岩文化大讲坛"中，老年听众往往占比超过70%，青少年以及中年人相对较少，这违背了公共图书馆面向大众提供无差别服务的初衷，也不利于讲座的可持续发展。

2.3 讲座选题范围局限

这点在"星期日讲座"和"红岩文化大讲坛"中表现得尤为显著，以老年人为主体的听众群体，他们的兴趣点大都集中在养生、保健这类话题上。那么，为了贴近他们的关注点，主办方往往更多地安排这类主题的讲座，这样看似符合听众需求，但从另一个角度看，这类讲座对年轻人的吸引力无疑是极低的，由此进入一种恶性循环。

2.4 讲座工作人员配比不足

讲座从选题、联系主讲人等前期准备，到现场活动的组织，最后到活动信息撰写、讲座内容的整理，都需要投入大量的人力。但目前沙坪坝区图书馆活动辅导部专职工作人员仅一名，要负责馆内讲座、展览及其他阅读推广活动，工作量非常大。由于人手不足，目前"星期日讲座""大学城讲坛"每年分别举办8期，分上下半年，连续四个周日；"红岩文化大讲坛"的举办是不定期的，每年3—4场。这种不定期、不连续的安排方式，不利于培养听众的参与习惯。而且目前"星期日讲座"的工作是由其他部门人员兼任，由于时间和精力的冲突，无法保证讲座的高质量、高水准。

3. 公共图书馆讲座工作的开展思路

3.1 加强宣传力度，致力品牌打造

做好公益讲座的宣传工作，提高知名度，扩大影响力，应该是公共图书馆讲座工作永恒追求的目标，包括前期宣传和后期宣传两个部分。前期宣传的主要内容是向大众预告讲座，宣传途径可以有海报、网站、媒体等，近年来兴起的微信公众号也是加强前期宣传的一个非常好的途径。前期宣传的对象在落实广泛性的基础上，还要充分体现针对性，这就需要我们掌握丰富的读者信息资

源，面对不同类别的讲座，能够做到向潜在听众群体开展有针对性的宣传，达到事半功倍的效果。

后期宣传的主要任务则包括，撰写讲座活动报道发布到本馆网站，并积极向相关媒体报送，以及整理讲座文字，制作讲座录音、视频，上传到本馆网站，供市民免费收听、收看，还可以将视频送到机关、学校、企业、社区等地方，进一步扩大讲座在时间、空间、深度上的影响。讲座的后期宣传，对于树立讲座品牌具有更积极的意义和更良好的效果。品牌效应的重要性毋庸置疑，公共图书馆的讲座就应该致力于做精品、塑品牌。立足于每一场讲座精益求精，立足于讲座的每一个环节尽善尽美，由量的积累到质的蜕变，逐步培育品牌发展壮大，提高公众知晓度和社会影响力。试想，面对一个优质的品牌，何愁政府不支持推介、合作方不接踵而至，又何愁主讲人不欣然应邀、听众不慕名而来。由此，讲座也就进入了一种良性循环。

3.2 选题多元化，形式多样化

一场讲座是否具有吸引力，归根结底取决于讲座主题本身。因此，选题的把握尤为重要。

3.2.1 选题应贴近实际、贴近生活、贴近群众。选题应该是当前社会的舆论焦点、群众普遍关心的热点话题，与生活息息相关的民众需求。

3.2.2 选题要反映地域特色。要讲解本地历史、文化、城市变迁、未来发展等，加深市民，特别是年轻人对本地区的了解，激发市民对本地文化的自豪感，彰显讲座特色。

3.2.3 选题注重包容性。我们既要抓住听众的现实需求，又不能因一味迎合听众让讲座选题范围越来越狭隘，要力争使选题能够涵盖各个领域，我们当然无法要求听众每个门类的讲座都喜欢，但应该让每一个听众都能找到自己感兴趣的讲座，如此，方能更好地发挥公共图书馆在社会文化中的导向作用。

此外，在讲座形式方面也要不断创新，比如沙坪坝区图书馆早前尝试过的音乐会、辩论赛等，都是一些成功的案例。针对不同类别、不同主题的讲座应该选择最合适的形式。例如，当前我们都觉得爱好文学的人不多，"星期日讲座"几乎不开设文学类的讲座，那就等于放弃了这一大领域，也放弃了热爱文学的群体走进讲座，我们是否可以考虑抛弃严肃的讲授课堂，做成气氛轻松随意的沙龙，不一味地追求听众人数，更多地在于保留这个领域，体现文化价值，并以足够的耐心培养听众群体；又如，我们身边有很多各行各业的典型人物，每年各级、各类媒体、机构也会进行评选，从他们身上可以汲取正能量，但由于种种原因，他们也许并不适合或者根本无法胜任一场讲授式的讲座，我们可以考虑把他们请进讲座，以访谈的形式呈现给大家，听众也能获得较高的参与度。

同时，我们要重视视频讲座的开展和推广，它可以成为现场讲座的有效补充，尤其适合中小型公共图书馆，利用大型图书馆等机构的优质资源，一定程度上缓解经费压力。此外，讲座工作还应该与图书馆其他工作相结合，有利于更好地营造氛围，突出主题，吸引更多读者参与，如沙坪坝区图书馆曾在举办"德国最美的书"展览期间，推出图书装帧设计讲座，取得了很好的效果。总而言之，今天的讲座绝不应该拘泥于传统的单一形式，要注重多样化，从而使讲座更生动、更有吸引力。

3.3 组建专业团队，建立规范流程

工欲善其事，必先利其器。组建一支高素质的专业团队，是做好图书馆讲座工作的保障。讲座工作，不像图书馆其他传统业务那样比较单一，选题策划、公关协调、宣传推广、组织实施、整理加工等环节，对馆员提出了较高的要求。因此，讲座工作人员必须具有良好的政治素养，树立正确的人生观、世界观和价值观，具备社会责任感和使命感，在主题策划、讲师筛选上有较强的把握能力；有过硬的专业素质、较强的沟通协调能力、组织应变能力、宣传策划能力，以及快速学习、融会贯通其他领域新知识的能力；有强烈的创新意识，有创新才有生命力，就是要在内容上、形式上追求新意，调动起听众的参与热情，只有抓住听众，才能为公共图书馆的讲座提供赖以生存和持续发展的活力源泉。

要推动讲座的长远发展，还离不开科学规范的工作流程。从选题策划、讲师联系，到信息发布、现场管理，再到后期整理加工，团队中的各个成员都应该有一个准确的角色定位和岗位职责，在每一场讲座的整个流程中，各负其责，各司其职，既保证每个环节的顺利进行，又避免重复劳动。

3.4 整合社会资源，合作共赢

公共图书馆在举办公益讲座的过程中，应努力与相关部门、单位、机构，包括民间组织建立合作关系，结成利益共同体，优势互补，互利共赢。近年来，

沙坪坝区图书馆在这方面进行了一些尝试，送讲座进学校、进社区、进机关、进军营，使公益讲座走出图书馆，成为图书馆服务的有效延伸，取得了良好的社会效益。但目前双方的合作方式，无一例外都是图书馆策划讲座选题，双方商讨确定，然后由图书馆负责主讲人的选择、邀请和讲座现场整个流程的组织，合作方提供场地、组织听众。合作方式的单一性、肤浅性显而易见，迫切需要在合作形式上更丰富，在合作深度和广度上大力拓展。比如，在讲师资源这个环节，充分挖掘各专业团体、组织的力量，包括作家协会、摄影家协会、医院等，图书馆可以依托他们拥有的大量优秀资源，建立起一个庞大的、可靠的讲师资源库，并有条件开办成多个系列讲座，有利于讲座的延续性，培养多元的听众群体。同时，一定要重视和媒体的合作，酒香也怕巷子深，公共图书馆要善于借助媒体的平台，宣传推介自己，提升知名度，打造品牌。

参考文献

［1］王春玲.延伸图书馆公益性讲座　努力打造公民教育终身课堂［J］.河南图书馆学刊，2014，（2）.

［2］戴宿勇，王建兵.浅谈公共图书馆如何办好公益讲座［J］.福建图书馆理论与实践，2014，（4）.

- -

★作者简介

陈华洪，1981 年生，女，重庆市沙坪坝区图书馆活动辅导部主任馆员。研究方向：图书馆管理与服务，曾发表论文十余篇。

大数据环境下的区县公共图书馆智能管理服务平台构建探讨

梁小红（合川图书馆 重庆 合川 401520）

［摘 要］阐述大数据对区县公共图书馆智能管理平台建设的意义；介绍大数据在图书馆智能管理平台建设中的应用案例；探讨区县公共图书馆应用大数据进行智能管理平台建设的方法，以及大数据应用中需注意的问题。

［关键词］大数据 智能管理平台 区县公共图书馆服务

［分类号］G250.7

根据维基百科的定义，大数据是指因数据量巨大而无法通过常规软件工具在可容忍的时间内进行捕捉、管理和处理的数据集合，具有数据规模大、数据类型多、生成速度快、精确程度低等特征。大数据时代的到来，对各行各业产生了巨大的冲击，也给区县公共图书馆的智能管理平台建设带来了新的发展契机。

区县公共图书馆面临着部门作用淡化和薄弱、服务功能满足不了广大读者需求的困境，资源类型缺乏多元化、系统化、专业化，管理服务模式需要进行彻底的变革和创新。区县公共图书馆的服务必须承载新时代的理念，服务的功能和手段必须是大数据时代的最新技术和方法，其数字信息必须是科学研究的最前沿信息，并引领学校科学研究和人民群众生活向更高的目标前行和发展。因此，大数据时代区县公共图书馆未来面临着更大、更复杂的挑战。

1.公共图书馆管理服务使用现状

1.1 大数据时代数字资源下载量上升

随着大数据时代的到来，各类新媒体推出了各种平台供读者使用，数字资源下载量呈上升趋势。以重庆市合川区图书馆为例，城区内有 150 万常住人口，

2013 年—2016 年数字化资源使用率增长迅速。（如图 1、表 1 所示）

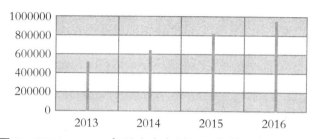

图 1　2013—2016 年重庆市合川区图书馆图书下载量

表 1　2013—2016 年重庆市合川区图书馆电子书下载量

年份	下载量
2013 年	527229
2014 年	657350
2015 年	827646
2016 年	962728

1.2 重庆市区县公共图书馆智能管理服务使用现状

重庆市作为中华人民共和国直辖市，是长江上游地区的经济、金融、科技、航运和商贸物流中心，是西部大开发重要的战略支点、"一带一路"和长江经济带重要联结点以及内陆开放高地，既以"江城""雾都"著称，又以"山城"扬名。

据笔者调查，重庆市的区县公共图书馆有 40 个，各自都有自己的管理平台，有 12 个区级公共图书馆（合川区图书馆、北碚区图书馆、沙坪坝区图书馆、渝北区图书馆、永川区图书馆、铜梁区图书馆、潼南区图书馆、万盛经开区图书馆、涪陵区图书馆、长寿区图书馆、荣昌区图书馆、九龙坡区图书馆），建立有"重庆市区域性公共图书馆联盟"，并搭建有重庆市区域性公共图书馆联盟平台。

平台依托北京超星公司的技术支持，以 12 个馆的数字资源为堡垒，平台内资源共建共享，整合部分的大数据，但目前还不够完善，正在进一步改进中。

通过调研发现，受传统服务习惯性思维的影响，国内大部分图书馆数字资源局限于读者通过数据库检索、电子图书使用、信息咨询解答等来满足对文献信息的需求，数据挖掘方式单一、检索咨询个性化缺乏，对读者信息的需求、使用行为、习惯和偏好分析不足，缺少对读者行为发展、科研需要的预测分析，个性化服务的广度、深度不够，精准化靶向服务严重不足，跟踪解决学术问题的能力不够，科技成果转化的能力更是欠缺。

2. 大数据在图书馆管理服务平台中的应用案例

2.1 新加坡国家图书管理局

新加坡国家图书馆管理局（National Library Board，简称 NLB）是由新加坡国家图书馆和 25 个公共图书馆组成的图书馆系统，拥有图书及其他馆藏已超过 1000 万种，每年借阅量多达 3000 万次。鉴于每年要处理各种庞大且复杂的数据集，NLB 决定在整个系统内全面推进大数据应用，促进组织战略制定和业务工作的开展。其以现有硬件资源为基础，在技术供应商支持下，建立了 Hadoop 分布式系统集群，解决了数据存储和计算设备的可扩展性问题。NLB 在 Hadoop 平台上，利用数据挖掘和文本分析技术，对各类数据进行挖掘分析，并依据分析结果，优化图书馆的馆藏结构，促进资源的发现、获取和利用。

NLB 每年需要处理大量不同来源的图书资料数据，并从中选择符合用户需求的资源，因而资源采购也是其大数据应用的重要方面。NLB 在 Hadoop 平台上建立需求分析（Demand Analysis）和馆藏规划（Collection Planning）功能模块。其中，需求分析模块用于预测用户的资源需求；馆藏规划模块则根据需求预测的结果，结合各图书馆空间和预算的实际情况，以及不同种类图书的读者利用特点，制订馆藏发展计划。NLB 利用大数据技术，将图书馆资源处理和选择的过程，由以往的个人经验判断模式转变为数据分析辅助决策模式，使图书馆资源更符合用户兴趣与需求，从而最大限度地提升资源利用率。

2.2 俄亥俄州立大学图书馆

美国俄亥俄州立大学图书馆亦积极促进大数据应用，其利用 *Tableau* 软件对大量业务和运营数据进行分析，为图书馆资源建设与服务提供决策参考。*Tableau* 是一款数据可视化分析软件，有单机版、服务器版、云端版等不同版本，提供数据过滤、整合、查询、分析和可视化呈现等多种功能，用户可以灵活地处理、分析小型乃至大规模的数据集，创建各种类型的数据图表和视图，发布及共享数据分析结果。

俄亥俄州立大学图书馆将 *Tableau* 应用于资源建设的典型案例，是通过数据分析确定优先进行数字化特藏资源。该馆拥有大量珍稀特藏资源，每年都收到来自美国及世界各地图书馆的众多馆际互借请求。由于这些馆藏属于非流通文献不能外借，这些文献需求未能得到满足。鉴于许多稀有特藏已进入公共领域，不涉及版权问题，俄亥俄州立大学图书馆决定使用 *Tableau* 分析用户需求，再将用户需求量大的特藏资源首先数字化。其具体过程是：利用 *Tableau* 链接并整合相关数据，包括馆际互借请求数据、馆藏目录数据及 Google Books 的数据等；设置筛选条件，包括近年来学者请求借阅次数、作品出版时间范围、文献类型特征，并自动排除可通过 Google Books 获取的条目；结合上述条件加以过滤，最终生成已进入公共领域、可进行数字化的特藏资源列表。

3. 大数据环境下区县公共图书馆搭建智能管理服务平台方法

3.1 大数据环境下整合数据优势互补

用户信息行为数据分布广泛，区县公共图书馆必须全面采集能够反映用户阅读兴趣、需求和使用意愿的各种来源的数据，才能保证获得准确可靠的数据分析结果。具体包括图书馆自动化管理系统中的图书流通数据、馆际互借和文献传递数据；数字资源访问系统中的资源检索、浏览、下载等资源利用数据；图书馆微博、微信等社会化媒体中用户的资源评价及推荐数据；出版社、书店等图书馆上游产业链中用户传播、浏览、阅读、收藏的信息行为数据；等等。

公共图书馆在进行数据分析时，应根据实际需要建立数据分析模型，区分教师、本科生、研究生等不同类型的用户群体，以及人文社科、自然科学等不同学科和专业，设定关联规则，开展聚类分析。大数据魔镜等工具提供有组合分析、关联分析等功能，高校图书馆可灵活加以选择利用。依据数据分析结果，高校图书馆可预测和了解不同学科、不同层次用户的资源需求特征，进而结合现有馆藏和经费情况，以及学科发展需要，制订平台建设方案。

3.2 搭建新型智能管理服务平台模型

依据精准化智库报告，根据平台数据类型、内容和价值，充分利用云技术、多媒体技术、大数据分析工具、专业化信息服务团队，深入挖掘"大数据"背后隐藏的价值，获取、提炼、分类、处理、融合大数据这部分深层次的使用价值，嵌入图书馆现有 OPAC、RFID、统一检索、发现平台等资源平台，构建新型智慧型管理服务系统平台（如图2所示），搭建实体环境与数字环境、物理空间与数字空间共生的智慧图书馆，提供基于知识发现、多维度、智慧型知识创新和精准化靶向服务。

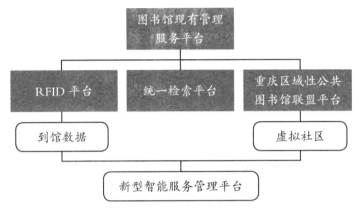

图2　新型智慧型管理服务系统平台构建

4.大数据应用中需注意的问题

4.1 用户隐私保护

图书自动化管理系统中包含大量用户个人信息，用户的图书借阅记录和资源访问记录亦能反映其研究和生活的偏好。区县公共图书馆在大数据应用之初就应该建立数据安全和隐私保护政策。尤其是当公共图书馆选择使用企业提供的云平台或大数据工具时，必须充分考虑在该平台环境发布和共享数据是否适当，应根据数据的不同类型确定保护策略，对于敏感数据不能发布或经过匿名化处理后方可发布。

4.2 经费、人员保障

智能管理平台的构建，必须依托智慧的专业馆员和优质多元的信息资源，有效支持用户知识应用和知识创新的服务。此外，还要有强大的经济支持，足够的财政经费保障，给平台建设提供经济基础，没有经济基础就没有上层建筑，在这里依然适用。麦肯锡《大数据》报告称，至2018年美国大数据资深分析存在14万至19万的缺口。这是大数据在其他行业的缺口，图书馆行业也不可避免。

5.结语

区县公共图书馆应该加强跨学科的大数据专业人员及知识的培训，提高专业领域知识，将高层次的图书情报专业知识与大数据的分析、应用技术有效结合，保证符合新型管理目标的要求。

参考文献

［1］Wikipedia.Bigdata［EB/OL］.［2017-03-06］.https://en.wikipedia.org/wiki/Big_data.

［2］https://baike.baidu.com/item/%E9%87%8D%E5%BA%86/23586?fr=aladdin&fromid=436625&fromtitle=%E9%87%8D%E5%BA%86%E5%B8%82.

［3］姚永红.大数据时代高校图书馆新型智能管理服务平台构建［J］.农业图书情报学刊.2018（1）.

［4］Tao Ai Lei. Singapore Library Mines Bigdata［EB/OL］.［2017-03-06］.http://bigdataanalytics.my/downloads/BI_Asean_Sept_2014.pdf.

［5］Tableau. Products［EB/OL］.［2017-03-06］.https://www.tableau.com/products.

［6］Murphy S. A. How data visualization supports academic library assessment: Three examples from the Ohio State University Libraries using Tableau［EB/OL］.http://crln.acrl.org/content/76/9/482.full.

［7］许丽丽.大数据环境下的高校图书馆信息资源建设探讨［J］.农业图书情报学刊，2018，（1）.

［8］胡文静等."大数据"时代图书馆生态系统的解构与重构［J］.图书馆与理论实践，2015，（9）.

［9］何海地.美国大数据专业硕士研究生教育的背景、现状、特色与启示［J］.图书与情报，2014，（2）.

★作者简介

梁小红，1983年生，女，重庆市合川区图书馆技术部主任、馆员。研究方向：图书馆数据应用平台建设与管理。

区县级公共图书馆少儿工作
如何发挥社会教育职能作用

胡祖国（潼南图书馆　重庆　潼南　402660）

［摘　要］研究少年儿童的心理特点，探讨少年儿童成才之路，优化少年儿童成长环境，使一代新人具有高尚的思想品德、丰富的文化知识、良好的身体素质，是少儿图书馆经常研究的课题。

［关键词］公共图书馆　少儿工作　教育　健康成长

［分类号］G258.22

教育是少年儿童成才之源，教育又是综合、复杂的系统工程，培养、教育少年儿童成为社会有用之才，是关系到民族素质提高和国家命运的百年大计。全党、全社会都来关心少年儿童的健康成长，是完成教育系统工程的关键。少年儿童图书馆如何发挥社会教育职能作用，研究少年儿童的心理特点，探讨少年儿童成才之路，优化少年儿童成长环境，使一代新人具有高尚的思想品德、丰富的文化知识、良好的身体素质，是图书馆开展少儿工作经常研究的课题。现就如何充分发挥社会教育职能谈谈自己粗浅的看法。

1. 巩固、发展公共图书馆少儿工作是发挥社会教育职能的关键

公共图书馆少儿工作是汇集学校教育、家庭教育、社会教育为一体的、知识性、趣味性、综合性的青少年智力开发阵地，是人类知识宝库中光辉灿烂的明珠，是教育、科学、文化事业发展的重要标志和组成部分，是搜集、整理、存储、传递和利用图书文献资源开发儿童智力的金钥匙。做好青少年服务工作是向少年儿童提供丰富的精神食粮，是早期教育的中心环节。巩固、发展公共图书馆少儿工作是造福于人类、造福于子孙后代必不可少的智力投资。我们党和国家历来十分重视和关心少年儿童健康成长，把未来希望寄托在少年儿童身

上，创办少年儿童图书馆和发展公共图书馆少年儿童事业，正越来越引起全党、全社会的重视和关注。充分发挥公共图书馆少儿社会教育职能作用，培养有理想、有道德、有文化、有纪律的社会主义新人，是时代赋予公共图书馆少儿工作光荣而艰巨的任务。

青少年时期是人类成长十分关键的时期，在社会进步、精神文明建设方面起着十分重要的作用，当前，我区青少年有20万人之多，约占总人数的四分之一，占公共图书馆外借阅览资料总人数的百分之八十，开展社会活动的主要对象仍然是青少年，为青少年服务的工作占整体图书馆工作任务的三分之二。

随着我国现代科技文明的飞速发展和"互联网+"时代的来临，高科技、新技术、网络信息不断涌现，使少年儿童耳目一新、大开眼界，他们不满足于课本知识，需要汲取课本以外的知识来丰富、充实自己，公共图书馆少儿工作要顺应历史发展的新形势、新变化，采取"排污不排外"的原则，对涉世不深的少年儿童加强教育，抵制、避免少年犯罪，帮助他们树立正确的人生观。

一位中学生在我馆法制教育基地举办的法制教育演讲会上，沉痛叙述了自己过去受不良思想侵袭，一度把"享乐至上"作为生活信条，逐步形成小偷小摸的恶习，通过阅读有教育意义的红色经典书籍和参观法制教育图片，以及聆听图书馆老师的教育，自己认识到自身的不良行为，决心改正，向学校主动检讨，利用业余时间为班级做好事，积极帮助同学，三年级时被学校评为品学兼优的"优秀学生"事例，深刻说明加强社会教育职能作用的重要性和必要性，充分发挥公共图书馆少儿社会教育的作用，关键是巩固发展公共图书馆少儿工作，这是社会文明进步的必然，是新形势下的产物。

但是，当前影响公共图书馆少儿社会教育职能发挥的因素较多，有外部因素，也有内在原因，其面临的困难和问题也不少，主要问题有：一是公共图书馆少儿工作的开展是开发智力、培养习惯、发展人才的摇篮，也是学校教育和家庭教育、社会教育的杠杆和纽带，对公共图书馆少儿工作的这些作用认识不足，对发展公共图书馆少儿工作事业采取的措施不力。二是当前普遍存在从事馆内少儿工作的人才短缺，待遇偏低，队伍不稳，工作方法缺乏活力，服务水平不高，不能以较高质量的活动满足少年儿童的需要。三是经费严重不足，服务手段落后，藏书数量少，严重影响少年儿童开阔视野，开发智力。四是公共图书馆的少儿阅读环境硬件设施较差、环境创新少、与时代并进还有很多差距。五是重视程度不够，社会监督体系不完善，少儿理论研究不够，很难提高服务质量。

为了加快公共图书馆少儿事业的发展，进一步巩固现有公共图书馆少儿工作，引起全社会高度重视和关注，必须提高思想认识，把公共图书馆少儿工作的建设同社会主义经济建设更加紧密地结合起来，使公共图书馆少儿工作稳步健康地向前发展。只有巩固发展公共图书馆少儿事业，才能充分发挥其社会教育职能作用，开拓新的服务领域。

2. 发挥社会教育职能作用要有战略观点

公共图书馆少儿工作面向广大青少年，培养教育祖国需要的合格人才，少年儿童的成长取决于多方面的因素，不能抓沙堵水，更不能放任自流，在培养少年儿童的过程中，有战略观点就是有目的、有策略、全面地进行培养教育，使少年儿童按照人才培养规律，科学、健康地成长。

2.1 要从全局出发，对少年儿童进行全面的教育和培养

公共图书馆少儿工作既是文化科学知识的宝库，又是社会品德、智力教育、社会技能培养的训练基地，也是锻炼意志、开发智力的广阔天地。个别学生堕落地走上犯罪道路的事例发人深思。一方面，有些父母为了实现他们培养子女上大学的愿望，不惜让孩子加班加点，拼命地灌输知识，结果导致孩子小小年纪就体弱多病，最终把身体搞垮了，只能休学，使"幼苗"夭折，说明对少年儿童的培养教育要有整体观。公共图书馆少儿工作充分发挥社会教育职能作用，就是从德、智、体全面出发，从开发智力、培养技能、锻炼意志等全面教育入手，形成综合社会教育战略观念。从关注儿童的自身爱好出发，寻找他们感兴趣的读物，使他们的聪明才智得到发挥；另一方面，公共图书馆少儿工作能够及时制止少年儿童追求不健康的事物，使其能够沿着正确轨道前进。长期在公共图书馆环境内坚持阅读自学能够培养意志和锻炼能力，同时也有助于养成良好习惯。

2.2 正确处理知识与智力开发的关系

从人才成长的规律来看，知识储备多的人不一定能成才，而人才的成长取决于多方面的因素，单单以学习成绩来衡量一个人能否成才是片面的。有些家长过分看重分数，盲目规定死记硬背课本知识，除学习外不能有任何兴趣爱好等，

这样不断地加重少年儿童的心理负担，对少年儿童的身心健康、思维能力、创造能力培养等都造成了严重的消极影响。公共图书馆知识资源丰富，可以帮助少年儿童开阔视野，丰富和补充课本所学的基础知识，并能增加少年儿童的求知欲，使他们思维更敏捷、反应更迅速，特别是公共图书馆组织开展的各种活动，如知识竞赛、作文比赛、绘本故事、阅读活动、法制演讲活动、主题讲座、红色教育电影、国学诵读、书评等，培养少年儿童的独立思考能力，探索问题和表达能力，丰富自己的想象力。通过这些活动，能够进一步开发少年儿童的智力，使他们具备良好的、坚实的知识储备和丰富多样的兴趣爱好。公共图书馆少儿工作应注重智力开发引导，这才是早出人才、快出人才的重要途径。

2.3 加强道德品质教育，树立理想奋斗目标

公共图书馆对少年儿童进行社会教育，首先要抓根本，因为我们着眼于少年儿童将来成为国家有用的人才，少年儿童好比幼苗，只有"根深"才能"叶茂"，只有"杆直"才能成才，加强少年儿童道德品质教育，对少年儿童心灵深处初步形成的信念是非常重要的。这比认识几千个字、能背几百首唐诗更难、更细致。公共图书馆少儿工作着眼于以下几个方面的社会教育。

2.3.1 从小教育少年儿童热爱我们的祖国、热爱我们的党，使他们作为一名中华人民共和国公民，感到伟大、光荣和自豪，长大要为振兴祖国贡献自己的智慧和才能。

2.3.2 教育少年儿童关心帮助他人，尊老爱幼，待人有礼貌，有集体观念。克服自私自利、说谎话、损害他人或集体的恶习。

2.3.3 要培养孩子们具有坚强的意志，对自己要做的事情，能独立、有始有终地完成，克服依赖别人的毛病和做事半途而废。

2.3.4 求知欲强，肯动脑筋，爱思考问题，思维比较敏捷，反应比较迅速，理解问题有独立见解，初步形成并逐步加深判断力，分辨哪些是好的、哪些是不好的，哪些应该坚持、哪些不应该去做。

2.3.5 培养少年儿童表达能力强、兴趣广泛、想象力丰富、能动脑筋的同时又能动手制作，使自己心灵手巧。

公共图书馆少儿工作社会教育战略观点，是从全局出发从小为祖国培养合格的人才，以人才成长因素综合培养教育为内容，狠抓影响少年儿童成长的根

本问题，因势利导，正确梳理智育与德育的关系，全面制订公共图书馆少儿工作社会教育的方案。

3. 发挥社会教育职能的具体做法

公共图书馆少儿工作社会教育职能的发挥，是与我国经济建设的发展、科学技术的进步，以及公共图书馆少儿事业的发展紧密联系着的。由于公共图书馆少儿工作还有待提高，面临着任务重、困难多、条件差的限制，对充分发挥教育职能有一定影响，随着社会各界特别是各级党委和政府的重视、关心、支持，加快发展公共图书馆少儿事业势在必行。当前公共图书馆少儿工作发挥社会教育职能要从现有的条件和实际情况入手，放眼未来，做到长计划、短安排，积极、努力、认真、细致地做好社会教育工作。现根据本馆情况谈几点具体做法。

3.1 认真组织青少年阅读活动

组织青少年阅读活动，是公共图书馆少儿工作需要长期认真抓好的具体工作，为了使这一活动不流于形式，根据区委区政府的"文化强区，书香潼南"的精神，多环境建设阅读阵地、组建潼南图书馆总分馆、定时增加新书新的内容，始终围绕着爱国主义、科学文化、法制观念教育等开展主题活动，使少年儿童从小关心国家大事，树立远大目标，提高民族自尊心和自信心。

3.2 坚持阵地服务，提高服务质量

公共图书馆应以丰富的藏书、灵活的服务方式，简化手续，切实搞好阵地服务工作。图书馆少儿工作人员，要为人师表，态度和蔼，说话和气，并对少年儿童中的不良风气，耐心说服，积极引导，使他们乐于来图书馆。

3.3 积极组织各种兴趣小组

随着阅读活动不断深入，根据少年儿童不同的爱好，加强与学校联系，成立美术、音乐、无线电、文学评论、手工制作、讲故事等兴趣小组，以诱发少年儿童对事物的好奇心和丰富的想象力，充分发挥他们的聪明才智。

3.4 经常组织丰富多彩的社会活动，使少年儿童开阔视野，增长知识

三十年多年来我们先后举办了少年儿童书画展览、革命传统图书展阅、特长培训、演讲比赛、法制教育阅读活动、阅读知识竞赛、专题作文竞赛、网络知识大赛、红岩魂系列活动、爱心流动书吧、关爱留守儿童送书活动、故事大赛等1000余次活动，加强了青少年爱国主义和人生观方面的教育，提高了青

少年热爱伟大祖国的自觉性。

3.5 加强与教师、家长、学生、老年人的交流

每年不定时召开读者座谈会，针对不同年龄和职业的群体，向他们调查研究少年儿童的个体特性，了解少年儿童的心理特点，经常掌握少年儿童思维活动规律，才能有的放矢，搞好服务工作。举办有代表性的座谈会了解情况，也是公共图书馆与学校、家庭、社会相互了解、相互配合，把培养教育少年儿童工作做细、做活的方法，为使他们将来成为国家的栋梁而共同努力。

★作者简介

胡祖国，1969年生，男，重庆市潼南区图书馆馆长、副研究馆员。研究方向：图书馆管理与服务。

面向文化共享工程的公共电子阅览室
管理系统设计与实现

周薇薇（荣昌图书馆　重庆　荣昌　402460）

［摘　要］本篇创造性地尝试采用综合化管理视角，探讨图书馆公共电子阅览室的体系建设。从公共电子阅览室的功能需求出发，分别以读者视角和管理人员视角探讨了电子阅览室系统的内在需求，采用信息技术实现了公共电子阅览室的技术架构，并对公共电子阅览室的关键功能和技术进行研究。通过这项研究，旨在探索图书馆电子阅览室的综合化建设的路径。

［关键词］图书馆　电子阅览室　共享资源　管理技术

［分类号］G250.76

1. 需求及技术架构设计

1.1 概念及研究现状

公共电子阅览室是以计算机技术、互联网技术、数字图书馆技术为支撑，以共享数字资源为内容，为读者提供互联网信息浏览与查询、电子文献阅览、信息资源导航、检索、影视欣赏、健康益智类游戏、与计算机、网络应用有关的各类学习、培训服务等，是读者使用数字化资源获取图书馆服务的重要场所。公共图书馆电子阅览室的资源包括本地和远程、本馆和馆际共享资源等，它广泛涉及数字图书馆服务、休闲娱乐服务、教育培训服务等范畴和领域。公共电子阅览室信息管理平台建设内容一般包括：用户登记管理、内容监控管理、软硬件设备运行管理、服务统计等。业内学者对公共电子阅览室的建设也提出过各自的观点。

1.2 需求分析

根据公共电子阅览室的建设需求，结合国家文化和旅游部《公共电子阅览室管理信息系统功能规范（V1.0）》要求，公共电子阅览室应实现对服务信息、运行数据与基本信息的综合管理。主要以用户登记、内容监管、系统运维、服务统计分析、站点（包括工作人员）档案管理和管理信息传输等主要功能模块为手段，实现对上机用户的实名登记和限定时长、网络信息资源的安全可控、资源导航、黑名单更新、服务日志记录统计分析、站点基本信息档案管理。同时，在规定的条件（如检索、统计）下完成系统要求的服务。在图书馆电子阅览室的客户端需要实现全面的用户上网管理，包括对用户上机的实名登记、上网身份证件的扫描，对用户上机的时间限定、次数设定，在阅览室管理允许的范围内授权用户登录客户端机器，对用户上机过程中非法访问进行实时截屏，对非法访问发送警示消息等。

在图书馆电子阅览室的服务终端需要实现对用户上网行为的管理，系统实时记录客户机器上机的行为历史，并关联到上机的用户，做到用户上网行为实时记录、实时查询及统计。在此基础上，电子阅览室可对某段时间内的用户访问特定的资源进行统计与查询，并实现对用户上机访问的资源进行实时监控管理，对于列入黑名单的访问地址进行有效阻止，并进行实时留痕处理与记录，实现公共图书馆资源的有效管理和监控。

1.3 架构设计

根据公共电子阅览室建设需求，公共电子阅览室管理信息系统的建设应在规范公共电子阅览室上机用户的行为基础上，管理和监督公共电子阅览室网络信息，掌握公共电子阅览室的运行服务状况。在这个框架下，公共电子阅览室业务系统总体框架可以设计为"六横两纵"的架构模式：即横向自底向上由运行环境平台层、综合信息资源库、数据集成交换层、应用支撑平台层、应用管理平台和门户展现层六个层次；纵向由信息标准规范体系与网络信息安全保障体系两个部分构成。在这个体系下，公共电子阅览室系统横向辅以信息标准规范体系和网络信息安全保障体系；纵向贯穿于图书馆整个信息化服务平台技术体系框架各个层面的技术与管理。

2. 关键功能和技术研究

如前分析，公共图书馆电子阅览室在对读者服务的视角上，是图书馆提供电子阅览服务的场所，以网络设备和计算机设备向用户提供服务，其服务内容包括计算机应用、网络资源使用、图书馆订购电子资源的检索及光盘阅览等。在图书馆管理视角下，公共电子阅览室是通过技术手段，针对文化共享工程中提供的资源，为读者提供服务，并能跟踪读者访问资源，进行上网记录，实现相关的网络管理。在此基础上，我们定义公共电子阅览室基本信息管理包括：公共电子阅览室基本信息和公共电子阅览室设备信息。基本信息数据由终端管理信息系统通过数据交换实时增量上传，上级分支中心管理信息系统可以通过自动更新实现与管理机构的信息同步。

3. 应用效果

根据以上综合化系统的设计思想，我们实现了面向公共电子阅览室的管理软件。系统的典型案例是将其部署在安徽省的省、市、区县垂直图书馆系统（以安徽省图书馆、铜陵市图书馆、繁昌县图书馆为代表）。省级图书馆的电子阅览室配置包括服务器、存储器和客户机等；市、区县级图书馆电子阅览室的配置主要是服务器和客户机。电子阅览室服务器的操作系统配置一般是 Windows Server 2008，数据库采用 SQL Server 2008；Web App Server 采用 APACHE TOMCAT 6+ 版本；Java 语言环境为 SUN JDK1.6；客户机采用 Windows XP 及以上系统，并配置 IE 8 及以上的浏览器软件，各级网络通过 TCP/IP 协议实现服务器和客户机之间的信息传输。

我们所实现的公共电子阅览室综合化信息管理系统满足了图书馆公共电子阅览室在读者和管理人员视角下的需求，并做到了软件架构模块化，实现了多级组织架构，其纵横延伸服务的管理模式具有明显的综合化管理特色。

4. 结语

本篇以省级图书馆公共电子阅览室建设为例，采用综合化的管理视角，对公共电子阅览室的建设体系的相关技术和管理的内容进行了深入的分析和讨论。公共电子阅览室建设项目是文化共享工程承上启下的重要项目，通过综合化视角下的规范化建设，可以发挥公共电子阅览室所应具备的功能和作用，为我国文化共享工程的建设打下坚实的基础。

参考文献

［1］李欣.公共电子阅览室建设及云计算的应用［J］.河南图书馆学刊，2012，（3）：52–53.

［2］李阳.公共图书馆电子阅览室探讨［J］.图书馆论坛，2003，（3）：62–63.

- -

★作者简介

周薇薇，1981年生，女，重庆市荣昌区图书馆馆员。研究方向：自动化管理。

基层公共电子阅览室管理问题与建设

肖世琴（北碚图书馆　重庆　北碚　400700）

［摘　要］电子阅览室已成为公共图书馆的重要组成部分，但基层电子阅览室在发展过程中还存在很多问题。本篇结合笔者近年来的工作经验，通过对基层公共电子阅览室存在的问题和现状分析，提出提高管理和服务水平的基础性建议。

［关键词］公共图书馆　公共电子阅览室　建设

［分类号］G250.76

自文化和旅游部、财政部于"十二五"期间在全国实施"公共电子阅览室建设计划"以来，从地级市、县级，到乡、镇、街，甚至社区以及行政村，均开展了规范化的公共电子阅览室建设。从电脑终端等设备按标准配置，以宽带形式接入互联网，建立电脑桌面一站式导航服务，改造配套设施，到依托文化共享工程的服务网络和设施，以及文化共享工程、国家数字图书馆丰富的数字资源，与文化共享工程建设、乡镇文化站建设、街道（社区）文化中心（文化活动室）建设，基本上完成了公共电子阅览室在基层的普及，为基层读者特别是未成年人、老年人、进城务工人员等特殊群体提供了服务与便利。如何充分发挥基层公共电子阅览室的作用，提供更加完善的服务并服务更多的人群，是我们现在需要认真探讨的课题。

1. 当前基层公共电子阅览室建设与服务

1.1 基层公共电子阅览室建设情况

公共电子阅览室基层建设已经全面铺开，乡镇基本上都完成了公共电子阅览室的建设，成功投入使用，部分条件较好的社区、村也都建成了公共电子阅览室，以重庆市北碚区为例，截至2015年底，全区17个镇街，共建成公共电子阅览室 61 个，并全部投入使用，实现了公共电子阅览室建设全覆盖。2016 年，北碚顺利通过文化和旅游部验收，成为国家公共文化服务体系示范区。

1.2 基层公共电子阅览室服务现状

由于刚刚起步，基层公共电子阅览室在设施建设、人员素质、管理方式等很多方面仍然存在着一些问题，其服务现状是：（1）笔者每次到基层公共电子阅览室辅导维护时，发现使用者寥寥无几。即使有读者，也是在浏览网页、聊天、听音乐、看电影和玩游戏，很少有人上网查找资料帮助学习；（2）服务管理人员技能欠缺，业务操作不规范；（3）投入少、规模小、设备陈旧、人员不足、人才匮乏等问题在基层公共电子阅览室中普遍存在；（4）电子阅览室在初期管理和设置上还缺乏统一规范、统一标准，各地各馆各行其是，造成了社会各界对电子阅览室的许多误解，把公共电子阅览室当成免费的网吧，这不得不引起我们的注意和思考。如果不及时调整，兴利除弊，公共电子阅览室的影响力就会降低，作用也会大打折扣。

2. 基层公共电子阅览室存在的问题

2.1 基层公共电子阅览室设施建设不足

根据《"公共电子阅览室建设计划"实施方案》规定，公共电子阅览室面积不应少于 40 平方米。但在实际建设中，有些社区无法达到这个标准；公共电子阅览室场所和其他文化设施共同使用的情况也不少。

电子阅览室使用的终端属于现代化电子设备，更新速度快，但在基层公共电子阅览室中，一台终端设备使用多年是常有的事情。如此一来，终端出现的问题越来越多，如启动速度慢、上网速率低、软件运转不灵等，这些都直接影响读者查找和阅读信息。长此以往，就会形成恶性循环，降低阅览室信息服务的效果，影响读者查阅信息的积极性。

2.2 基层公共电子阅览室普遍缺乏专职管理人员

要为读者创造一个舒适的上网环境，保证每台设备的正常运行至关重要。但大多数管理人员是"半路出家"，计算机操作水平欠佳并且缺乏公共电子阅览室的管理经验，导致电子阅览室建成后成了摆设，没有发挥应有的作用，而且设备的维护工作大多还要依靠所在区县图书馆的工作人员和非阅览室的计算机专业人员，导致出现问题不能及时解决。在很多镇、街道和社区，管理人员多为兼职，工作任务重，而且流动性大、更换频繁，但受限于编制和相应的待遇问题，很难吸纳专业人才。这些都对基层公共电子阅览室的运行造成了负面影响。

2.3 对电子阅览室信息资源宣传不够

公共电子阅览室与网吧最重要的区别在于拥有丰富的可免费使用的数字资源。例如，北碚图书馆经过多年努力，数字资源建设已颇具规模，拥有电子图书、电子期刊、论文、视频等资源。这些资源在镇、街道、社区电子阅览室均可免费使用。但很多读者不知道社区的公共电子阅览室拥有丰富的可免费使用的数字资源，也不知道如何使用这些资源，甚至很多管理员也不知道公共电子阅览室有哪些资源以及如何使用。加强信息资源建设，宣传馆藏资源，应该是电子阅览室的基本任务之一。但由于管理人员缺乏积极性和主动性，致使进馆读者不知所措，在浩如烟海、庞杂无序的网络信息面前显得十分吃力。

2.4 公共电子阅览室管理平台软件更新不及时

公共电子阅览室软件系统除常规的网络安全软件外，还配置有专用的公共电子阅览室管理平台，提供工作信息统计摘要、资源访问统计日志、公共电子阅览室的用户上机登记管理以及公共电子阅览室的设备管理等功能。该平台简化了用户的上网流程，也方便服务人员的管理。

在信息化高度发展的今天，各种软件层出不穷，日日更新，月月不同。但是在笔者从事本区内的基层公共电子阅览室建设与维护工作的 2 年时间内，公共电子阅览室管理平台几乎没有更新内容，使用过程中也出现了不少问题。例如：在软件平台上设置成人每天上网时间为 2 小时，但是在用户使用不到 2 小时甚至刚登录上网时，就提示上网时间已到，用户只能下机改天再来；客户端终端开机没有登录界面，用户可以直接进入系统上机，管理人员必须卸载这台终端的管理软件重新安装，才能解决这个问题。出现的问题也不止一次地上报给上级管理中心，但都没有得到有效的解决。

3. 充分发挥基层公共电子阅览室的作用应努力的方向

3.1 加大财政投入，为公共图书馆电子阅览室提供良好的基础设施

公共图书馆电子阅览室作为政府主导的公益性文化服务项目，仍应该加

大财政的投入，增加必要的维护更新费用，这样才能使终端软件、硬件更新换代，为读者提供更新、更齐全的设施设备，才能使服务工作做到更好、更有效率。

3.2 提高基层公共电子阅览室管理人员素质

为了更好地发挥公共电子阅览室的作用，服务社会、服务群众，确保设备的正常运行与维护，应为公共电子阅览室配备专职的工作人员，并定期开展从业人员培训，提高其业务能力和管理服务水平，把工作人员培养成懂图书馆学、懂计算机知识、懂网络资源应用等具备各种能力的专业人才。管理服务人员应以饱满的热情全心全意为读者服务。

3.3 加强公共电子阅览室信息资源的宣传

对电子阅览室的宣传工作主要有以下几个方面：首先是对馆室的宣传。例如：电子阅览室的地理位置、设备情况、功能和开放时间，等等，让读者对电子阅览室有一个概括性的认识，知道到电子阅览室能做些什么。其次是对数字资源的宣传。工作人员要及时更新和扩充资源内容，通过宣传栏、发放宣传资料、宣传展板等让群众了解数字资源，通过开展放映影片、免费培训、网上读书、知识问答、网页制作等趣味活动，让更多的群众走进电子阅览室，使数字资源得到充分的利用。再次是对到馆读者上网过程中遇到的问题要及时热情地给予专业的指导，加强与读者的沟通联系，使读者能够顺利地利用电子阅览室查找所需信息资源，提升读者的满意度。

4. 结语

综上所述，电子阅览室已逐步成为公共图书馆为群众服务的重要组成部分，其网络信息上的优势是其他文化设施无法比拟的。因此，为了更好地为广大读者提供更优质的服务，只有解决好其存在的问题，按照社会发展和读者阅读多样化的要求，不断调整和创新服务新模式，提高电子阅览室的管理服务水平，才能促进我国图书馆事业健康、可持续地发展。

参考文献

［1］张强.浅谈公共图书馆电子阅览室的功能、问题及科学管理［J］.大众文艺，2015，（10）.

［2］杨瑛.浅析公共图书馆电子阅览室的建设及发展现状［J］.中小企业管理与科技旬刊，2015，（8）.

［3］李瑞山.浅谈县级图书馆电子阅览室读者服务中存在的问题及对策——以玉龙县图书馆为例［J］.云南图书馆，2015，（3）.

［4］罗媛，朱子龙.公共图书馆电子阅览室使用情况调查——以湖北省图书馆为调查对象［J］.管理观察，2015，（20）.

★作者简介

肖世琴，1988年生，女，重庆市北碚图书馆助理馆员。研究方向：电子阅览室建设与管理。

公共图书馆推行"5S"管理模式的探讨

何　斌（涪陵图书馆　重庆　涪陵　408000）

[摘　要] 简单介绍"5S"管理的内涵，阐述了公共图书馆推行"5S"管理的意义，探讨了公共图书馆推行"5S"管理的内容和为实施管理提供保障的措施。

[关键词] 公共图书馆　"5S"管理　推行模式

[分类号] G258.22

随着科学技术的迅猛发展，公共图书馆事业取得了长足的进步，实现了自动化、网络化。传统的管理模式已不能适应现代图书馆的发展。创新成为各项事业发展的源泉和动力，公共图书馆管理模式的创新成为公共图书馆建设的一个新课题。

"5S"管理是一种先进的现代企业管理模式，是对现场环境进行整理和整顿，从而提高工作效率的一种管理方法，其在生产领域已得到广泛推广和应用。"5S"管理的目的和公共图书馆建设的价值取向高度统一。公共图书馆作为公益性文化服务机构虽非企业，但与服务型企业非常相似。通过清洁、有序的环境来提高服务效率的企业管理思路完全适合图书馆。因此，公共图书馆管理也适用"5S"管理模式，将"5S"管理运用于图书馆管理，也是近几年图书馆所倡导的。在公共图书馆推行"5S"管理有利于培养员工的良好习惯，调动员工的工作积极性，提高整体服务水平和工作质量，更好地为广大读者提供便捷、高效的文献信息服务。

1. "5S"管理的内涵

"5S"活动是指对生产现场各生产要素不断进行合理配置和优化组合，达到改善生产环境和产品质量，以及培养员工思维方法的管理方法。"5S"来源于日本，日文 SEIRI（整理）、SEITON（整顿）、SEISO（清扫）、SEIKETSU（清洁）、SHITSUKE（素养）发音的第一个字母"S"，所以统称为"5S"。"5S"活动是将整理、整顿、清扫、清洁、素养依次按顺序不断循环进行的过程，其中素养的提高是核心和精髓。

整理是对物品按工作需要分为必需品和非必需品，清除掉非必需品，相应增加工作场所的面积和空间。整顿是将留下的必需品分门别类定物、定量和定位地放置，并进行有效标识，从而减少寻找物品的时间。清扫是清除工作现场的脏污，做到无垃圾、无灰尘、无污垢，防止污染，防止安全事故的发生，保持工作环境的整洁有序。清洁是将前"3S"进行到底，使其制度化、规范化，以制度来维持成果。素养是每个员工养成良好的习惯并遵守规则，通过前"4S"最终达到提高员工素质，改善员工精神面貌，培养团队精神和进取上进的精神。这五个环节相辅相成、缺一不可，"5S"管理法是一种精细的管理方法，在企业生产和产品服务等方面发挥了巨大作用，使企业能有效地迈向全面质量管理。实践证明，"5S"管理的实施能有效地提高工作效率，避免浪费时间，生产秩序化、标准化，使现场整洁有序，对节约生产成本，提高产品质量有积极的促进作用。

2.公共图书馆推行"5S"管理的意义

2.1 减少浪费，提高工作效率

在公共图书馆各办公室和服务部门，如果物品到处摆放，随处可见与工作无关的物品，各场所拥挤混乱，环境脏、乱、差，员工服务质量差，必定造成效率低下。整洁、明亮的环境，标准、规范的工作流程，整齐的书架、排列有序的图书、醒目的标识、便捷的设施，这一切使读者能在最短的时间内找到自己所需要的文献资料，从而提高了工作效率。通过"5S"管理达到节约成本、优化配置，减少了时间、物品和人力资源的浪费，做到人尽其才，物尽其用。

2.2 提升公共图书馆的社会形象，提高公共图书馆的核心竞争力

通过"5S"活动，员工以饱满的工作热情、专业的业务技巧为读者提供便捷高效的信息服务，及时处理和化解各种矛盾和纠纷，使读者满意而归，取得良好的声誉和口碑，赢得一大批忠实的读者。公共图书馆环境的优化、服务质量的提高可以增加读者的阅读兴趣和学习效率，吸引更多的潜在读者走进图书

馆、利用图书馆,从而扩大公共图书馆的影响,提升公共图书馆的社会形象,提高公共图书馆的核心竞争力。

2.3 提高员工的素养,培养员工和读者的良好习惯,为提高整体国民素质做贡献

通过"5S"管理,改善员工的精神面貌,培养精益求精的业务素质和遵守规章制度的良好习惯。培养员工的团队精神和部门协作,使员工更有尊严和成就感。同时,教育和培养读者养成良好的阅读习惯,成为优美环境的缔造者和维护者。员工和读者共同践行"5S"管理理念,相互配合、支持,达到共同进步、和谐发展,共同提高综合素质。

2.4 提高服务质量和社会效益,"5S"管理既是品质的保证又是安全的保障

通过推行"5S"管理,图书馆窗明几净、秩序井然,读者置身于整洁有序、轻松安全的阅读环境中,工作人员愉悦、热忱地为读者提供高效便捷的信息服务。公共图书馆各种布局以人为本,通道和休息场所不会被占用,各阅览室宽敞明亮,各种设备摆放位置合理,危险操作警示明确,消防设施齐备,灭火器放置合理,逃生路线明确。防患于未然,消除安全隐患,减少和杜绝事故的发生。

2.5 激发员工的竞争意识和创新意识,开创公共图书馆发展的新局面

由于"5S"管理要求不断地改善局面,形成良性循环,这就要求员工不断发挥潜能,在客观上激发创新意识和积极进取的精神,不断提出合理化建议并在工作中加以实施。

3. 公共图书馆推行"5S"管理的内容和保障措施

3.1 公共图书馆推行"5S"管理的内容

3.1.1 整理。按照是否使用,以及使用的频率对图书馆的办公用品、设施设备、文献资料等物品进行区分,分为必需品和非必需品。工作场所除了要用的物品以外,与工作无关的物品都要清除掉。长期不用的物品可放保管室,需要用时再取,腾出空间,相对增加工作场所的面积。经常对文献资料进行清查和剔旧工作,清除知识陈旧、严重损坏的文献资料。整理对象包括图书馆网站上失效的信息等。图书馆各办公室、借阅室、大厅和走廊按要求合理布置物品的存放,把杂乱无章变得井然有序,改善有限的空间,创造一个整洁有序的工作环境。

3.1.2 整顿。通过整理,对公共图书馆的开放场所和工作区域进行合理布局,

把必需品分门别类给予定物、定量、定位。坚持"以人为本"的原则，一切以方便工作人员和读者为出发点，所有工作需用的物品按规定的位置摆放整齐，数量明确，并设有效、醒目的标识进行管理，所有的设施设备都有固定的位置。各通道畅通无阻，视野开阔，加强安全管理，提高员工安全意识，防止水、电、火、盗等因素造成的安全事故的发生。流通部门要做好图书、报刊的上架、排架工作，做到定位合理、准确，经常巡查，发现乱架现象及时整架、归位。各种文献存取方便、查找快捷，达到不浪费时间查询文献，使信息服务工作始终处于节约、高效、便捷的状态。采编工作要遵循优化馆藏结构、提高馆藏质量、合理配置资源的原则细化采访条例，如复本量的设置，避免重复建设，造成不必要的浪费，用有限的购书经费满足更多读者的需求，提高文献资料的利用率。

3.1.3 清扫。清扫使公共图书馆的每个角落，从地面到天花板，从设施设备、办公桌椅到图书馆网站，彻底清除垃圾、污垢、失效的信息，做到无垃圾、无灰尘、无损坏、无污垢，环境清洁卫生、整齐美观。清除图书馆的脏污，防止污染和安全事故的发生。清扫过程也是检查设备及文献资源状况的过程，对仪器设备加强维护、保养，使之始终处于良好的运行状态，确保能便捷、高效地使用。对破损藏书进行修补或剔除。图书馆整体环境的清洁度与读者的满意程度密切相关。一个清洁的环境能给读者创造一个愉快的阅读环境，在感染读者的情绪和行为方面具有重要意义。通过清扫，保持图书馆洁净明亮、环境优美，为员工和读者提供一个赏心悦目的工作和阅读环境。

3.1.4 清洁。将前面"3S"进行到底，使整理、整顿、清扫做到制度化、规范化，通过制度化来维持成果。制定和完善各部室的管理规则、规章制度和工作标准、条例等。比如书库管理规则要有防火、防尘以及温湿度的具体规定。采编部的规章制度应优化馆藏结构，优化文献加工处理流程，缩短文献加工处理周期，提高文献加工处理效率。涉及图书馆服务的规章制度必须按国家质量监督检验总局、标准化管理委员会发布的《公共图书馆服务规范》（GB/T28220-2011）的要求来制定。各部室各项工作都能做到有章可循，以规范化、标准化、制度化来维持前"3S"的成果。如果一个公共图书馆的环境脏、乱、差，服务质量差强人意，使读者不满意，反过来会给读者一个不良的示范，会有"破窗效应"，形成恶性循环，读者在阅览室进食、果皮纸屑到处扔、图书资料凌乱堆放、污损、撕毁图书、大声喧哗等各种不文明现象就会出现。

3.1.5 素养。素养是"5S"管理的核心和精髓。没有人员素质的提高，各项工作就无法有效地开展。通过上述持续不断的"4S"活动，培养员工文明礼貌习惯，按规定行事，自觉遵守各项规章制度，对自己高标准、严要求，养成良好的工作习惯，自觉加强业务学习，不断提高专业水准。改善员工的精神面貌，提高员工的团队精神和积极向上的进取精神，认同图书馆文化，爱岗敬业，遵守职业道德，提升员工的素质，成为对任何工作都严谨认真、能提供优质信息服务的高素质人才。

"5S"活动中的五要素是紧密联系、相辅相成、逐步递进、缺一不可的。整理是整顿的基础，整顿则是对整理的巩固，清扫是体现整理、整顿的效果，清洁是对前"3S"的更进一步，素养则是核心和精髓。"5S"活动通过对工作环境的整治，达到改善和提高管理的效果，最终目的是人员素质的全面提高。

3.2 推行"5S"管理的保障措施

有计划、有步骤地进行，宣传和教育在循序渐进、潜移默化中发挥作用。牢牢把握"常组织、常整顿、常规范、常自律"四原则，使"5S"活动不断强化和循环运行。

3.2.1 成立推广管理机构。一是成立推广委员会，一把手亲自任第一负责人，确保"5S"管理有坚定的组织领导并长期推行和坚持下去。二是成立督查小组，按管理标准、目标时时检查、验收。促进"5S"管理的深入、持久。三是明确职责，小组每个成员分工明确，落实具体任务。

3.2.2 制订推行计划和实施细则。推行计划和实施细则要明确发展方向、预定目标、实施步骤。制度设计要具体、明确、充分，可操作性、针对性强。规定每个员工的岗位职责。首先制订"5S"活动的总体目标、方针；再根据总目标制订活动计划，确定"5S"管理每个阶段的任务，并规定期限；最后，分阶段制订活动步骤。

3.2.3 开展形式多样的宣传、培训活动。推行"5S"管理，对全员开展形式多样的宣传、培训活动。可以以学习、座谈、参观等结合现场指导和督察考核，从一扇门、一扇窗、一个抽屉、一个书架入手，不放过任何细节，逐步从上到下，从里到外，彻底改变脏、乱、差，让"5S"在每个员工心里生根发芽，成为自觉。

从根本上改变各种不良习惯，增强全体员工的向心力和归属感，营造一个清新明朗、合理有序、朝气蓬勃的工作环境。此外，在推广过程中要取得广大读者的配合和支持，宣传和培训也针对读者展开，服从"5S"管理要求的规章制度和工作流程，爱护公共财产，爱惜图书，培养读者良好的阅读习惯和获取信息的能力。

3.2.4 检查和总结。根据检查标准对"5S"活动结果进行全面检查，督促员工更好地做好整理、整顿、清扫工作，开展自查自纠，找出存在的问题及薄弱环节，不断克服工作中的短板。将"5S"活动成果进行汇总，通过总结，提出问题，不断加以改进，积累经验，促进"5S"活动的持续有效运行。

3.2.5 考核评定和奖惩。考核评定和奖惩标准应科学、合理、先进。根据检查标准制定考核评定标准，引入竞争机制，激发员工积极进取的工作热情。提供监督的途径和方法，以作为评定和奖惩的依据之一，比如设立意见箱、公开监督电话、设投诉通道、定期召开读者座谈会，进行读者满意度调查。

4. 推行"5S"管理应注意的问题

4.1 领导重视，全员参与

由于此活动要求持续进行，形成良性循环，这就要求调动员工的积极性，走出认识误区，克服畏难情绪，正确、全面地理解"5S"的内涵。如果领导不够重视，员工不支持、不配合，仅当作大扫除，抱着应付的心态，虎头蛇尾，一阵风过了又复原，就会流于形式，收不到效果。

4.2 掌握相应的工作方法和技巧

环境的美化、标识的使用、安全保护用具的使用以及接待读者等各项工作，需要掌握相应的工作方法和技巧。在实践中不断总结经验，创新工作方法和技巧，挑战新目标，把"5S"贯彻到业务工作的方方面面。

4.3 建立并完善各项制度和奖惩措施

具体任务和职责落实到个人，避免员工相互推诿。以完善的规章制度和奖惩措施来不断巩固成果，持续改善管理质量。

4.4 坚持定期检查考核，常抓不懈，促进"5S"活动的持续有效运行

严格执行"5S"管理，持之以恒，常抓不懈，坚持定期检查考核。从员工到管理人员都得到严格的考验和锻炼，造就一批能独立思考，能从全局着眼、具体着手的改善型人才，提高现场管理水平。

4.5 定期进行全员消防培训和消防演练，做好突发事件应急预案

公共图书馆作为重点消防单位和公共文化场所，安全工作尤为重要。必须定期进行全员消防培训和消防演练，做好突发事件应急预案。

5. 结语

公共图书馆工作人员要坚持创新精神，勇于实践，让自己立于不败之地，以新思路、新视角开拓公共图书馆的管理工作，提高公共图书馆的服务效能和管理效益。通过"5S"活动，夯实内部管理基础，提升人员素养，提升员工的执行力，边推行、边实践、边完善，使各项工作有条不紊地进行。营造轻松愉悦的工作环境和阅读环境，塑造出卓越的图书馆形象，使公共图书馆成为藏书布局合理、设施齐备先进、环境舒适温馨、服务优质的公共文化服务场所。

参考文献

［1］王佳佳.5S 在企业行政管理中的应用研究［J］.创新科技，2016，（2）:60.

［2］范军.5S 管理法在图书馆管理中的应用探讨［J］.江西图书馆学刊，2012，（5）:34.

［3］吴丽君.基于5S 管理的图书馆流通管理探索［J］.科技视界，2014，（36）:276.

［4］韦锦.图书馆大流通服务 5S 管理体系的构建［J］.图书馆学刊，2013，（1）:20.

★作者简介

何 斌，1968 年生，女，重庆市涪陵区图书馆采编与资源建设部主任、副研究馆员。研究方向：图书馆学基础理论与图书馆管理，曾发表论文十余篇。

浅析公共图书馆对幼儿阅读的影响

郑　婷（合川图书馆　重庆　合川　401520）

［摘　要］幼儿早期阅读教育已成为国内外关注的焦点，如何利用图书馆资源有效地开展幼儿早期阅读教育，已成为社会早期教育的研究课题。而且开展幼儿读者阅读指导工作对促进儿童综合能力发展有着至关重要的作用，同时也是公共图书馆在促进社会发展过程中不可推卸的责任。

［关键词］公共图书馆　幼儿教育　阅读

［分类号］G258.22

联合国教科文组织在《公共图书馆宣言》中提出，"公共图书馆要帮助少年儿童自小就培养并加强阅读习惯，激发其想象力和创造力"。宣言阐述了公共图书馆具有对少年儿童辅助教育的义不容辞的责任。2003年国务院办公厅转发教育部《关于幼儿教育改革与发展的指导意见》，提出以社区为基础，开展灵活多样的社区早教教育网络，提高0—6岁家长科学育儿能力。其宗旨是激发图书馆积极参与开发低龄儿童潜能，促进图书馆为幼儿早期教育及其家长提供双重优质服务提上议程，从而使图书馆的幼儿服务进入一个新的局面，为图书馆对儿童读者的早期教育研究提出了崭新的课题。

目前，我国公共图书馆的读者阅读工作大多只注重学龄儿童读者，幼儿读者的早期阅读教育却常常被忽视。在我国，0—6岁的婴幼儿是一个占比很大的群体，多达1.8亿人。但公共图书馆对于这部分群体的阅读工作却呈现出内容少、活动形式简单化的情况，且已经无法满足日益增多的幼儿及其家长的需求。李学锋在《少儿图书馆开展儿童早期教育初探》一文中提出："当今世界对于幼儿早期教育及其家长，特别是母亲的教育是非常关注的热点之一。如何在图书馆开展早期教育工作，增加公共图书馆的一项工作职能，成为公共图书馆少儿工作者当前所面临的重要问题"。

1. 幼儿早期教育阅读的重要性

所谓早期教育阅读是指在幼儿阶段，以图画、绘本类的书籍为主，以看、听、说有机结合为主要手段，从兴趣入手，萌发幼儿热爱图书的情感，丰富幼儿阅读经验，提高阅读能力，在阅读过程中，引起幼儿阅读强烈的识字愿望，获得有关书面语言的知识，扩展思维、发展想象、增强语言的表达能力，从而为幼儿学习正规的书面语言做好充分的准备的一种寓教于乐的语言活动。早期阅读对促进幼儿语言发展具有重要作用。语言是人类学习的工具，语言水平高低直接影响儿童认识世界的能力。国外有关研究表明：人的主要阅读能力是在3—8岁形成的。研究结果显示具有阅读能力的幼儿比一般的幼儿拥有更强的自信心和求知欲，能运用语言和人进行畅通的交流，并且会形成良好的学习习惯。而且阅读能力越强，主动学习的潜能就越大，所获得的知识、信息也就越多。可见，在幼儿时期养成一个爱阅读、会阅读、能阅读的良好习惯多么重要，它将会为幼儿的终身学习奠定一个良好的基础。

早教阅读对促进幼儿智力发展具有重要作用是在0—3岁的婴幼儿期，是人类的智慧潜能开发的最关键时期。美国教育学家布鲁姆在《人类特性的稳定与变化》中提出了著名的假设：若17岁时的智力发展水平为100，0—6岁时就已具备50%，8岁时可达80%，剩下的20%是在8—17岁中获得的。美国心理学家推孟在"天才发生学"的研究成果中指出，"44%的天才男童和46%的天才女童是在5岁以前开始阅读的"。一些国家的幼儿教育学者也认为，学生在学校学习成功与否与早期阅读经验有着密切的因果关系。国内大量资料也都证明了这一点：许多卓有成就的人物一般在幼儿期就已经学会了阅读，儿童出现"早慧"现象也是因为他们在幼儿时期解决了阅读问题。

2. 图书馆在幼儿阅读中所起的作用及优势

2.1 图书馆在幼儿阅读中应该起到重要的作用

一位日本学者认为学校和图书馆犹如一辆马车上的两个轮子，只有两者协调运作，车子才能跑得快。而学校只是针对学龄儿童的教育，0—3岁的幼儿早期教育的职责应归图书馆，但非常遗憾的是，不少家长、老师在培养0—3岁幼儿健康、快乐成长的过程中却忽视了图书馆的资源。

2.2 图书馆开展幼儿早期阅读教育的优势

图书馆是家庭教育、学校教育和社会教育体系中极为重要的链条，对幼儿的启蒙教育有着得天独厚的优势。

2.1.1 资源优势。图书馆拥有不同载体和介质的、适合幼儿文化品位的读物，有传统的印刷资料，如绘本故事，还有玩具及计算机网络资源，吸引着幼儿及其家长走进图书馆，让他们在少儿馆寻找到让自己有所见、有所闻、有所喜、有所问、有所知、有所想、有所盼的新天地。

2.1.2 人才优势。图书馆凭着多年的社会实践经验，有着一大批充满爱心、熟悉儿童心理的工作人员和志愿者，他们当中有很多人学习或从事课外辅导及教育工作。他们不但业务精湛、知识面广、专业技能强，而且乐业敬业、甘于奉献，是儿童的良师益友。

2.1.3 环境优势。少儿阅览室多是设施齐全，布置也多以整洁、舒适、欢快为原则，而且是根据幼儿的心理特性，从建筑布局到色彩环境都把意趣放在首位，为幼儿读者提供了个性化的阅读空间。宽敞明亮的幼儿阅览室、活动室、玩具室，为幼儿及其父母提供了良好的阅读氛围，使他们有一种安全感和亲切感。

3. 图书馆幼儿阅读的服务模式

3.1 创设良好的阅读环境

有关资料表明，聪慧儿童的共同特点之一就是喜欢阅读。早期开始阅读识字的孩子，智力发展更为迅速，阅读兴趣和能力提高更快，知识面更加丰富。但要使幼儿养成持久阅读的兴趣与习惯就必须依赖于后天环境的熏陶与培养。图书馆的亲子阅览室应在幼儿阅读环境的布置上下功夫，因地制宜精心设计，以保证能够长久吸引幼儿读者的阅读兴趣。例如：阅览室的书桌椅高度要适中、墙壁的颜色要鲜艳、摆放造型可爱的物品，等等。

3.2 亲子阅览室的书籍来源可具有特色

少儿馆的图书采集多为订购方式，也大力提倡接受社会、家长的捐赠。例如，在幼儿园小朋友毕业离园前，幼儿园组织家长将一些保存较好的低幼读物捐出来，盖上捐赠章，签上捐赠者的姓名作为留念；或者让已过了幼儿期的小读者捐出自己儿时的书籍，这样既拉近了小读者和图书馆的距离，也是对潜在图书资源的有效利用。在图书馆采购图书时，必须综合考虑幼儿的心理特征、阅读倾向、知识结构和教育要求，购入适合幼儿阅读水平与兴趣的文献资料。一是幼儿思维能力有限，认知活动有限，0—3 岁的幼儿还处于视觉认知期，因此培养幼儿的阅读习惯首先要从视觉开始。幼儿83%的信息是通过视觉获得的，此时他们具有好奇、好动、注意力不集中、贪玩的心理特性。因此，图书馆需根据这个时期的幼儿特点为其提供色彩艳丽、线条简单的绘本、色卡。二是针对部分幼儿的特定爱好，专门收藏一些个性化的文献资料，如根据幼儿想象力丰富、喜欢摆弄玩具的特点，可收藏相关的图书和智力平面拼图、立体拼图等；根据不少男孩子喜欢舞刀弄枪、欣赏和痴迷各种兵器和汽车的特点，可收集一些有关古今中外各种兵器的图画及相关故事书或者汽车模型，等等，以满足他们的特殊需求，培养他们的兴趣，发展他们的潜能。

3.3 幼儿早期教育及阅读活动的深化工作

对于幼儿来说，他们尚未掌握凭借书面文字进行阅读的能力，对于那些图文并茂或以图为主的图画书籍，虽然可以通过视觉的途径直接感知某些画面的含义，但要真正读懂还是很难实现的，所以成人特别是父母，在孩子阅读图书时，要主动给予适当的帮助。亲子阅读的效果要比其他人员的辅导效果更好，既可以帮助孩子克服陌生环境带来的不安全感，又可以满足他们依恋父母的心理需求，从而喜欢到图书馆来阅读。同时需要注意的是，阅览室的专业人员及家长在指导幼儿阅读时，一是要教会幼儿正确的阅读方法，如让幼儿知道每本书都有封面、封底和目录，阅读时要按页码顺序翻书等；二是要帮助孩子学会观察的技巧。在进行绘本书的阅读时，能否准确把握画面内容，直接影响到孩子对图书内容的理解。在这个过程中，观察显得尤为重要，需要成人用适当的语言主动引导幼儿观察，通过比较画面与画面之间的区别，帮助幼儿更好地感受人物情感的变化与故事情节的发展。

4. 结语

阅读是成长的基石，阅读是精彩人生的开始。日本的教育理论家木村久一在其著作《早期教育和天才》中提出："在孩子的乐趣中，最重要的是读书。一个人喜好什么样的书，往往决定于他第一次读的是什么书，而且幼年时期读的书往往能左右这个人的一生"。公共图书馆作为社会文化教育机构，肩负着培养下一代的光荣而艰巨的任务，应充分发挥自己的教育职能作用，采取积极措施，为倡导阅读、构建书香社会、提高少年儿童素质做出贡献。

参考文献

［1］韩波.幼儿教育法与图书馆服务模式［J］.山东图书馆季刊，2004，（2）.

［2］李学锋.少儿图书馆开展儿童早期阅读教育初探［J］.中小学图书情报世界，2007，（4）.

［3］李丽.浅谈幼儿早期阅读教育［J］.世纪桥，2007，（8）.

［4］罗维军.幼儿早期阅读的价值及指导策略探究［J］.辽宁师专学报：社会科学版，2008，（6）.

- -

★作者简介

郑　婷，1990年生，女，重庆市合川区图书馆助理馆员。研究方向：少儿阅读服务管理。

浅论电子阅览室开展休闲娱乐性服务的
合理性与必要性

周薇薇（荣昌图书馆　重庆　荣昌　402460）

［摘　要］本篇根据文化信息资源共享工程对社会主义"两个文明"建设与发展的意义、坚持"以人为本"的思想、构建社会主义和谐社会的作用和图书馆的性质对电子阅览室的要求等，探讨了电子阅览室开展休闲娱乐性服务内容的合理性与必要性。

［关键词］文化信息资源共享工程　电子阅览室　服务内容
［分类号］G250.76

1. 电子阅览室开展休闲娱乐性服务内容的合理性

1.1 坚持"以人为本"的思想，是我们确定电子阅览室服务内容的根本理论依据

坚持"以人为本"就是要从人民群众的根本利益出发，不断满足人民群众日益增长的物质文化需要。电子阅览室要满足人民群众日益增长的物质文化需要，首先必须把拥有网络信息、多媒体信息、光盘文献信息（数据库），这些涵盖政治、经济、科学、文学、艺术等各类优秀文化，具有明显的科学性、普及性和教育性的服务内容建设好，这是图书馆电子阅览室的主要服务内容。有这类需求的读者也是电子阅览室的主要服务对象。其次，应补充适量的休闲娱乐性服务内容，来满足一般读者的需要，以此吸引更多的读者走进电子阅览室。一个图书馆办得好不好，不是看它的藏书多少，最重要的是看它能否为更多的读者服务。电子阅览室的读者数量，同样是检验其服务质量好坏的重要标准。

1.2 电子阅览室开展休闲娱乐性服务是用先进文化占领互联网阵地、抵御腐朽没落文化的侵蚀，是构建社会主义和谐社会的需要

一个领域、一个阵地都存在先进思想和落后思想的争夺问题，网络休闲娱乐阵地也同样如此。我们不用先进的、健康的网络休闲娱乐性服务内容去占领它，那么，腐朽没落的思想就必然占领它。因此，我们在电子阅览室设置休闲娱乐性服务内容，就是要用文化信息资源共享工程这一惠及千家万户的公共文化服务体系来占领网络休闲娱乐阵地。一个农妇高兴地说："我老公以前在外打麻将，输十几元，回家我们都要吵架；现在他输上几百、上千元我也高兴。"原来，她的老公是在电子阅览室的电脑上玩起了麻将游戏，再也不赌博了。同样的社会效益在许多电子阅览室屡见不鲜。

1.3 图书馆的社会性为电子阅览室服务内容的确定提出了具体的要求

电子阅览室既是文化信息资源共享工程的重要组成部分，又是公共图书馆的一个重要的新型服务窗口。因此，它的服务内容的确定必须受到图书馆性质的制约。图书馆的社会性决定了图书馆的读者具有广泛性，每一个走进公共图书馆电子阅览室的读者都享有在法律、法规和有关管理条例的制约下，自由使用资源的权利，图书馆不能有任何排他性。休闲娱乐性需求，是许多读者前来电子阅览室的需求之一，电子阅览室没有理由剥夺读者利用电子阅览室进行休闲娱乐的权利。

以上三点足以说明，电子阅览室开展休闲、娱乐性服务内容具有充分的合理性。

2. 电子阅览室开展休闲娱乐性服务的必要性

2.1 开展休闲娱乐性服务是市场竞争的必然要求

电子阅览室是文化信息资源共享工程在图书馆等场所开展服务的阵地，是国家占领网络阵地的重要举措，它虽然不是经营性机构，但是根据"一手抓公益性文化事业、一手抓经营性文化产业"的方针，它必须用先进的思想、健康的、全面的服务内容、丰富多彩的服务形式和优质的服务质量参与社会竞争，必须具有与社会上的"网吧"等网络服务场所竞争的实力，这才符合新形势下的发展要求。

2.2 对读者的非排他性，延伸开展休闲娱乐性服务的必要性

走进电子阅览室的读者类型有学习型、研究型、查找型、娱乐休闲型，等等，形形色色，需求各不相同。而广大群众对公共图书馆来说，享有平等使用的权利。他们在使用电子阅览室时，享有充分的自由权利（在法律、法规、管理条例的范围内）。电子阅览室即使不设置休闲娱乐性服务内容，读者同样可以从互联网上下载这些内容，同时管理人员也不能干涉。既然如此，电子阅览室不如设置休闲娱乐性服务内容以满足读者需求。

2.3 休闲娱乐性服务对学习研究、资料信息查找等具有较大的辅助作用

首先，读者在长时间的脑力劳动之后，需要放松、休息，这时玩玩游戏、聊聊天，不是雪中送炭吗？其次，网上一些娱乐软件，有很多是帮助学习、研究和查找资料、保存、传递文件信息的。如"腾讯QQ"，它有QQ硬盘，是个"无形的U盘"，为保存、携带文件提供方便，"腾讯QQ"还可以方便地发送、接收文件，可以在学习、研究时相互交流；腾讯的电子邮箱可以传送资料、文字、音乐、照片、图形等信息。在电子阅览室的很多读者都习惯用这一便捷工具，如果电子阅览室没有装载"腾讯QQ"等软件，就不能满足读者的需要。

2.4 开展休闲娱乐性服务，对于增加图书馆人气、增强共享工程知名度，具有较大的宣传、吸引作用

在经济发展落后的地区，由于社会文化素质和知识层次偏低、知识型人才密度不高等原因，利用共享工程电子阅览室进行科研、学术探讨、文艺创作等高素质型读者较少。在图书馆电子阅览室使用网络的读者群，多数是娱乐型、休闲型和部分学习型的读者。

2.5 对开展休闲娱乐性服务内容给以明确肯定和规定的必要性

加强规范管理，使电子阅览室在文化信息资源共享工程这一全国性的新型文化服务体系下，健康、迅速地成长壮大，进而形成我国网络服务的主要支柱之一，影响、带动整个网络服务行业向着社会主义"两个文明"建设要求的方向发展，在丰富和活跃人民群众的文化生活、传播社会主义先进文化、促进经济社会协调发展、构建社会主义和谐社会等方面发挥积极作用。

3. 结语

综上所述，电子阅览室设置休闲娱乐性服务内容符合"以人为本"的思想，

有利于用先进文化占领网络服务阵地，有利于构建社会主义和谐社会，体现了公共图书馆社会性的服务要求，符合"一手抓公益性文化事业、一手抓经营性文化产业"发展的方针，有利于引导网络服务市场和行业健康发展，更能够吸引更多的读者走进电子阅览室，了解、利用文化信息资源共享工程，使文化信息资源共享工程真正成为惠及千家万户的文化基础工程。因此，电子阅览室设置休闲娱乐性服务内容具有充分的合理性和明显的必要性。

参考文献

［1］文化部、财政部关于进一步加强全国文化信息资源共享工程建设的意见.2005-2.

［2］袁少如.浅谈落后地区的文化信息资源共享工程建设［J］.图书馆学研究，2005，（7）.

★作者简介

周薇薇，1981年生，女，重庆市荣昌区图书馆馆员。研究方向：自动化管理。

快发展时代的数字图书馆建设

舒　春（潼南图书馆　重庆　潼南　402660）

［摘　要］当今时代的特点是信息化、自动化，结合"工业4.0"给我们的启迪，在建设区县级图书馆的工作中，也应当使读者体验到硬件设施和科学技术给生活带来的便利。另一方面，自助服务成为新时代的显著特点，快发展时代的图书馆建设也应当具备一定程度上的自助功能。

把网络技术应用到数字化图书馆的建设上来，不仅可以满足人们日益增长的阅读需求，同时也翻开了我国精神文明建设的新篇章。

［关键词］两化融合　快发展时代　自助图书馆

［分类号］G251.5

两化融合即信息化和自动化相融合，这个概念最早在工业领域被提出来，但是随着技术的日渐成熟，被慢慢移植到生活的方方面面。随着我国的经济发展和人民对精神文化需求的日益增多，越来越多的图书馆建设被提上议程，然而由于传统的图书馆存在着诸如借阅不便、人力成本过高等问题，新型的数字化图书馆建设迫在眉睫，这也与人们习惯于通过网络及移动通信设备获取信息相关。在这种网络环境下，区县级行政单位所面临的现实问题更加严峻，因为地方政府的财力有时不足以支撑先进图书馆的建设。两化融合这个概念如果将它形象化，可以将信息化理解成系统集成，自动化理解为自助服务。读者可以通过移动终端或类似银行ATM设备实现电子图书借阅或者自助获取阅读服务。

1. 我国两化融合数字图书馆建设概况

需求决定了发展，人们对精神文化的需求决定了数字化图书馆的建设。两化融合通过终端设备在互联网上实现信息的传阅，利用网络技术对图书馆资源进行管理，这些资源包括纸质书籍、网络数据库以及电子图书等。通过这种技术，让读者能够对资源进行快速查找、预约借阅，对图书管理员而言，也能实现无纸化办公和远程办公等，从而使我国图书馆事业保持健康、稳定的发展。

1.1 图书馆建设遇到的问题

虽然目前我国数字化图书馆的建设取得了长足的发展，但实事求是地讲，依然存在诸多的问题。

1.1.1 作为提高我国普通公民素质提升的渠道问题。图书馆在宣传上还应当下功夫，许多人对于图书馆还依然停留在传统借阅模式的印象上，并没能了解其优势和便利，这样就导致了前往图书馆的人流量不多，在某种程度上阻碍了图书馆的发展。

1.1.2 图书管理员的综合素质有待提高的问题。作为公众服务行业，应该视读者为"上帝"，让读者有舒服的借阅体验，优质的服务体验才能让读者络绎不绝。

1.1.3 作为新时代互联网图书馆的管理者问题。图书馆工作人员应当是具备必要的专业知识且熟悉计算机的复合型人才。然而部分图书馆，特别是区县级图书馆存在人员配置老龄化问题，他们不习惯用信息技术、互联网技术武装自己，这也给新时代图书馆的建设带来了不利影响。

1.1.4 互联网型图书馆资源的问题。数字化图书馆应当同时具备虚拟、数字以及纸质文献，但多数区县级图书馆目前还停留在传统的纸质资源阶段，无法满足人们对现代信息的需求。此外，图书馆即使有网站，也信息更新不够及时，图书馆的数字资源不够丰富，这也是与时代发展不匹配的。

1.1.5 资金问题。据调研发现，一台 24 小时的自助图书馆建设成本大约为40 万元，这还不算上运行成本、购书成本等，所以对于区县级地方政府而言，所需要承担的资金压力特别大。

1.1.6 技术问题。前面提到信息化可以理解为系统集成，这些系统包括但不局限于借阅系统、监控系统、射频识别系统等，虽然单个系统在应用上已经日渐成熟，但兼容起来还是存在很多维护难题；并且主站（图书馆）系统与自助从站（自助图书馆）系统一时还无法统一，所以存在技术协调的问题。同时，自助图书馆存在备书量不能满足读者不同需求的问题，无法提供足够类型的书籍以供不同层次的人借阅。

2. 两化融合数字图书馆的优化方法

2.1 图书馆的宣传

两化融合数字图书馆的宣传方式有多种途径。

2.1.1 采用街面宣传的方式：图书馆大楼门前摆放宣传板、悬挂宣传横幅，向过往行人发放宣传单，现场解答读者咨询。

2.1.2 新书展览：图书馆精选百种优秀书目进行推荐，以帮助广大读者更加快捷地选读自己喜欢的、健康向上的图书。

2.1.3 公益视频讲座：通过在图书馆内的多功能厅开展讲座，让广大读者对图书馆文化产生兴趣。

2.1.4 图片展：通过宣传，旨在提升读者和员工的文明礼仪素养，提升图书馆的形象。

2.2 提高数字图书馆建设人员的综合素质

只有正确地对待自己的工作，才能使数字图书馆发展得更好。图书馆管理部门可以建立一些奖惩制度来约束图书馆工作人员，使他们认识到自己工作的重要性，激发他们的工作、学习热情，进而使数字图书馆更好地发展。

2.3 提高图书馆工作人员的专业技能

在建设数字图书馆的过程中，不可避免地会使用一些先进的科学技术，这就要求建设人员能够掌握并合理运用这些技术，从而加快建设进度。图书馆可以组织一些相应的技术培训讲座，并鼓励内部员工相互交流学习，共同进步。

2.4 网站建设

聘请专业人士搭建宣传网站，并通过社交媒体平台向公众宣传，从而让人们更好地通过网站了解图书馆的具体情况，包括软、硬件设施、文献更新、资源查阅等。

2.5 资金问题

首先，可以通过政府部门划取专项建设资金；其次，可以通过广告的形式向社会企业融资，对于图书馆而言，可以获得企业融资建设图书馆；对于企业而言，可以在图书馆的网站、内部报纸、杂志增设广告。

2.6 技术问题

将信息技术融入图书馆的建设中。图书馆有关部门可以聘请一些网络工程师、信息工程师来为图书馆数字化建设工作提供一些宝贵的意见和建议，从而将信息技术有效地融入数字图书馆建设中，更好地推进数字图书馆的建设工作。

通过创新的方式收集文献资源。我们知道，传统的图书馆主要通过以下几种方式获得文献资源：订购、捐赠、交换、复制、征集等。这些渠道虽然可行，但也可以尝试用更多方式进行，如呈缴本，地方政府通过制定规章制度，规定本辖区呈缴本，该方式可作为图书馆获取文献的稳定来源；征集函，政府通过社会各界媒体包括报纸、电视、微信、杂志、网站等组织社会各界向图书馆捐赠资源；自发活动，图书馆通过设立证书、举办座谈会等方式邀请社会各界参与到捐赠活动中，并登记在册，进行荣誉鼓励。

3. 两化融合数字图书馆的发展趋势

虽然受到了技术条件以及资金投入等多方面的影响，但是现代化的图书馆依旧是有效服务于广大群众的发展方向。区县级图书馆应当因地制宜，有效、合理地选择适合本区域条件的图书馆建设方案，同时还应该加强后期的服务。从本质上来讲，现代化图书馆最终将会以公共服务终端的形式，为未来图书馆提供网络条件，这将为实现全民阅读的推广打下坚实的基础。

3.1 因地制宜地开展图书馆建设工作

作为一种创新形式，自助图书馆的建设要避免盲目跟风，避免脱离实际地搞大规模建设。比如发展相对较成熟的大城市，可以加大政府以及社会资本的投入，实现 24 小时自助图书馆的全面覆盖；在条件相对欠成熟的区县，尽量促进社会信息资源的共享、整合，将诸如企业资源库、文化活动室、学校阅览室的资源进行归纳、收集，可以发挥其最大的效益。

3.2 注重后期服务

现代化图书馆在后期服务中应当以下面三方面作为中心。

3.2.1 图书管理网络集成。网络集成的子项应当包含但不局限于借阅者身份识别系统、设备报警系统、借还系统以及书籍更新系统等，始终要保证总馆与分馆信息互通，才能实现资源的共享，使资源实现最大化利用。

3.2.2 物流系统。该系统的主要目的在于书籍的适时配送以及设备网络维护。

3.2.3 反馈系统。经常性地开展问卷调查，收集读者的需求和意见，将该信息进行反馈，从而指导图书馆建设和运行。

为了保证广大读者的文化权益，实现国家公共文化的标准化，自助图书馆一定会随着科学技术的进步而不断地优化。所以，未来图书馆的发展必然会数量更多，网点覆盖面更广，其发展方式将会是区域共建和同城共享相结合。

4. 结语

当今社会，图书馆扮演着越来越重要的角色，为人们的休闲、学习、工作提供了很好的场所。本篇主要对快发展时代的图书馆做了简要的介绍，列举出以自助图书馆为代表的两化融合图书馆目前的发展现状、发展过程中遇到的问题以及对应的解决方案，并对未来的发展做出了描述。希望本篇提到的内容能够引起相关部门的重视，并推出行之有效的方案，一同为社会主义精神文明建设贡献应有的力量。

参考文献

［1］李强.浅析图书馆自助服务［J］.农业图书情报学刊，2010，（9）:316-319.

［2］王莉.免费开放背景下的自助图书馆应用与思考［J］.图书情报，2012.

［3］仇春秀.浅谈自助图书馆利与弊［J］.华章，2012，（16）:306.

［4］高娃.基于现代网络环境下的数字图书馆建设探讨［J］.信息技术，2016，（6）.

［5］张静.基于现代网络环境下的数字图书馆建设探讨［J］.信息产业，2014，（3）.

［6］王会丽.高校图书馆地方文献数据库建设论析［J］.图书馆学刊，2007，（2）.

［7］王天亮，李晓瑜.网络地方文献资源的分布及开发利用研究［J］.现代情报，2010，（6）.

［8］胡海鹰.大数据背景下地方文献数字化探讨.［J］.河南图书馆学刊，2015，（5）.

［9］邬琴棋.对县级图书馆开展数字资源服务的思考［J］.内蒙古科技与经济，2012，（6）.

［10］夏雁.文化信息资源共享工程县级支中心若干问题的思考［J］.图书馆，2009，（5）.

［11］李东来，刘磊，王素芳等.区域图书馆整体协同发展网络信息技术支撑研究［J］.

图书馆理论与实践（1）75–79.

★作者简介

舒 春，1982 年生，女，重庆市潼南区图书馆馆员。研究方向：图书馆阅读推广，曾发表论文十余篇。

理论探讨

关于公共图书馆有声读物的利用和建设研究

宗　杰（合川图书馆　重庆　合川　401520）

［摘　要］随着互联网技术的发展、智能手机的普及、移动电台、移动听书平台的迅速崛起，有声读物资源越来越丰富，这些条件使公共图书馆有声读物建设成为可能。公共图书馆通过有声读物服务，在宣传好书的同时也宣传了图书馆自身，打造出公共图书馆自己的品牌，也为公共图书馆自身未来的发展开辟了一条新的道路。本篇对有声读物的概念和发展状况进行了梳理，并分析了公共图书馆有声读物建设的可行性，最后论述了公共图书馆有声读物利用和建设的措施。

［关键词］有声读物　可行性分析　措施

［分类号］G255.75

2017 年 2 月 18 日，第 1 期《朗读者》节目在央视一套黄金时段播出，节目邀请各领域有影响力的嘉宾和普通民众朗读精心挑选的经典美文，反响强烈，豆瓣评分高达 9.5。互联网上随即出现每期的朗读清单和书目，节目组录制音频的"朗读亭"开始进入图书馆、高校、企业和社区，吸引了大批市民前往朗读。而在此之前，充满音韵感的《中国诗词大会》《见字如面》等电视节目已经风行，通过声音和文字的结合为社会文化生活带来感触和温度。

1. 有声读物的概念与发展状况

有声读物亦可称之为"听书"，英译"spoken words""audio-books"或"talking book"，一般认为是通过特定的音频处理技术和数字存储技术对文字作品进行艺术化加工和再现的音频产品。美国音频出版商协会对其定义为"其中包含不低于 51% 的文字内容，复制和包装成盒装磁带、高密度光盘或单纯数字文件等形式进行销售的录音产品"。《辞海》中的解释为"录制在磁带中的出版物，也就是人们常说的可发音的'电子书'"。

有声读物率先兴起于 20 世纪 30 年代的美国，起初是美国政府专为盲人读者发起的专项计划。1931 年，美国盲人基金会与国会图书馆确立"有声阅读计划"，其最主要的目的在于为第一次世界大战受伤老兵和其他视障人群提供阅读的材料。1986 年，作为致力于促进语音音频和提供行业统计的美国音频出版商协会（Audio Publishers Association，简称"APA"）的成立并随之开始建立有声读物行业标准，除继续向阅读障碍人群提供有声阅读服务外，低幼龄儿童开始被纳入有声阅读服务范围。

我国自古有听的传统，古代茶楼的评书可以说是我国较早的有声阅读的表现形式。茶楼的评书以口耳相传的形式保存。有载体的有声读物直到 20 世纪 90 年代才在我国兴起，如 1994 年高等教育出版社音像中心出版的《世界名著半小时》；成立于 1996 年的北京鸿达以太文化发展有限公司创办的家佳听书馆；2000 年湖南音像电子出版社出版的《中国诗文朗诵》；2007 年上线的北京静雅思听旗下的多种主题的"私听馆"。由此可见，我国的有声读物相比于西方国家晚了许多，但服务范围和对象同样发起于视力障碍群体。

移动终端和互联网产业的快速发展使以手机应用为代表的移动互联网迅速崛起，利用手机上网的网民规模呈现出高速增长趋势，互联网的开放分布式资源格局被打破，移动互联网已经渗透到社会各个领域，同时改变着在线网民的阅读习惯，有声读物的兴起满足了"听书"群体的需要。相对于国外较为成熟的有声读物市场，国内听书市场尚未完全形成。随着移动互联网技术的发展，如"懒人听书""氧气听书""播客"，以及"喜马拉雅""蜻蜓""荔枝FM"等听书平台开始致力于移动听书领域的发展，越来越多的文学作品将被有声化，播客更是以每月达 5000 小时的内容更新量成为国内最大的有声读物出版发行商。

根据《速途研究院：2017 年第一季有声阅读市场调研报告》，自 2012 年起，我国有声阅读市场规模呈现倍数增长趋势，iiMedia Research 的监测数据显示，近年来有声书阅读用户规模得到了迅速扩张，截至 2018 年，中国有声阅读的用户规模达到 3.85 亿人，较 2016 年的 2.18 亿人，增长了 1.67 亿人。中国有声书市场规模从 2016 年的 23.7 亿元增长至 2020 年的 82.1 亿元，年均复合增长率达 36.4%。可见，有声阅读发展速度还是相当快的。

2. 公共图书馆有声读物建设的现实意义

有声读物是近年来新兴起的阅读风尚，是阅读形式的一种革新。公共图书馆迎合、满足公众对新阅读方式的需求，吸引公众关注并使用图书馆，是公共图书馆发挥自身教育和导向职能的前提。公共图书馆提供各种类型的有声读物，既丰富了公众读者对图书馆资源选择的种类，也为残障、低文化水平、低年龄段等特殊受众群体更简单、方便地使用信息资源提供了帮助。例如，为学龄前儿童制作童话故事、作文等类型的有声读物，帮助孩子在学习文化的同时，激发学习的积极性。此外，公共图书馆通过有声读物服务，在宣传好书的同时也宣传了图书馆自身，打造出公共图书馆自己的品牌，也为公共图书馆自身未来的发展开辟了一条新的道路。

3. 公共图书馆有声读物建设的可行性分析

图书馆有声读物的服务对象并不局限于盲人，还包括后天因疾病、意外致盲的失明者、视力逐渐减弱的老人、识字不多的儿童，甚至包括文化水平较低、阅读普通书籍存在障碍的、几乎属于文盲的"文化障碍"群体，而且从发展的眼光看，视力不存在障碍的其他社会群体也可以是其服务对象，因为在社会及生活压力越来越大的今天，闭上眼睛，静静地倾听，既养眼，又能获取自己所需的信息，何尝不是件有益的事？从这种层面上看，图书馆有声读物建设的社会需求只能是有增无减，具备良好的发展前景。因此，笔者认为，公共图书馆进行有声读物资源建设，并围绕其开展服务是可行的。

3.1 媒介的便利条件

手机、平板电脑等电子设备的普及为开展有声读物服务提供了非常坚实的硬件基础。2017 年上半年，中国的手机用户人数达到 13.6 亿，手机上网用户突破了 11 亿。手机等移动设备技术的日益普及和完善，为公共图书馆有声读物建设提供了便利条件。

有声电子书比普通电子书具备更加容易被读者接受的优越条件，具体如下：（1）有声电子书可以彻底解放读者的双手，特别是在拥挤的公交车等特殊环境下尤其明显，这是普通电子书无法做到的；（2）普通电子书受播放器屏幕的制约，字体往往很小，再加上经常摇晃不固定，长时间地阅读很容易让读者的眼部产生疲劳，而有声电子书在不伤害眼睛的同时，还可以怡情养性、博览群书，毫无身体负担；（3）配合背景音乐和播讲者的演绎，比起枯燥的书面阅读，声色俱佳的有声电子书可以让读者更容易地理解书中内容和意境；（4）为低年龄段、文化程度低或有视觉障碍的读者群制作相应的有声电子书，可以拓宽图书馆新的服务领域。

3.2 信息获取成本降低

传统图书大多价格昂贵。目前，市面图书价格普遍过高。据国家广播电视总局的数据显示，2005 年我国单册新书平均定价 36.75 元，2015 年平均定价为 60.26 元。这意味着 11 年间，新书的平均价格涨幅已超过 50%。较高的图书价格不利于纸质信息和知识的传播。相比而言，有声图书的价格则较为便宜。例如，18 元可以买到天方听书网一个月的会员服务。在会员期内，会员可以选择网站超过百万图书的音频资源，且音频资源更新频率较高，基本天天均有上新。对于经济能力有限的读者来说，无疑是个利好消息，进而放弃纸质图书，选择听书这一性价比较高的信息获取方式。此外，树木是纸张的主要成分，巨大的用纸量以大量树木被砍伐为代价，且随着时间的流逝而变脆、发黄甚至损毁。有声读物不依赖于纸张，不受到变脆和发黄的威胁，且不占据存储空间，因而受到环保人士的青睐。

3.3 公共图书馆所具备的优势

公共图书馆自主制作并提供有声读物资源服务，具有网站或广播等平台所没有的优势：（1）有声读物类网站的用户多为流动性的，而公共图书馆具有较为稳定的受众群体，新的阅读方式必定吸引众多读者中的相当一部分成为有声读物的拥护者，所以公共图书馆有着更加坚实的群众基础；（2）公共图书馆自主制作的有声读物全部是无偿为读者服务的，而相当一部分有声书网站都是对读者收费或间接收费的，价格优势对于公众而言一目了然；（3）现今很多有声书网站只能在线收听，不提供资源下载。而公共图书馆的有声读物资源可以提供网站下载、对外窗口拷贝、光盘借阅、在馆收听等多条途径方便读者使用、存储、借还；（4）残障弱势或低年龄段读者群体，可以在图书馆管理员的指导和帮助下，更快捷、简单地获取资源；此外，公共图书馆还可以针对有特殊需求的读者，为其提供订制有声读物资源，使服务更具有人性化。

4. 公共图书馆有声读物建设的措施

4.1 强化图书馆自主建设，优化馆藏资源结构

移动互联网技术以及智能应用不断升级改造使图书馆传统业务正面临着大面积萎缩，纸质文献借阅量也呈现出明显的下降趋势，有声读物的出现不仅保障了视觉障碍、文盲、低幼儿童等弱势群体基本阅读的权利，同时也顺应了数字时代碎片化阅读的需求。

2013 年，由教育部语言文字信息管理司制定的《中国语言资源有声数据库建设工作规范（试行）》，明确了由国家语委主管，按照国家统一规划、地方组织实施、专家业务负责、社会参与建设工作目标，为中国语言资源有声数据库建设提供了制度化保障。图书馆的公益性特征决定其可凭借馆舍空间和资源优势，广泛开展有声资源库自主建设。具备条件的图书馆可在调研、论证的基础上借鉴中国语言资源有声数据库建设思路，联合地方政府或地市、社区图书馆，牵头制定有声读物资源行业建设标准，从经典读物选题、数据规范、格式标引和数据库平台入手，保障有声读物建设质量。

另外，切实做好有声资源中长期建设规划和资源选题，通过设立录播室或有声资源制作中心，对版权保护期内作品，理应积极争取作者授权，聘请专业演播人员对原作品进行有声制作，对已经溢出版权保护期的经典作品优先进行加工录播。条件欠缺的地区图书馆可依托区域内联盟组织，本着共建共享原则，立足区域特色，优化有声资源建设结构，使实体馆藏和有声数字资源协调发展，跨越数字鸿沟中的信息不对称障碍，推动公共文化均等服务深入发展。另外，图书馆通过强化有声读物自主建设，不仅可以合理优化馆藏结构，同时也为残障人士、低幼儿童等特殊群体以外的受众群体更加便捷地利用图书馆资源提供帮助。

4.2 加大对有声读物的宣传力度

我国的有声读物发展历史较短，人们对有声读物的认知尚浅。目前，习惯于通过有声阅读的方式进行信息获取的读者多以 80 后、90 后为主，这意味着还有很大一部分读者对有声读物的认可度有待提高。因此，需要建立层次性的

有声读物推广机制，帮助其他读者认知、体验有声读物，提高人们对有声读物的需求度，进而建立有声读物网络，促进有声读物健康、快速发展。

4.3 细分用户需求，提供针对性服务

优秀的内容还在于细分受众，以聚合不同受众群体，增强用户黏合度和忠诚度。公共图书馆可以按照以下方式细分用户：（1）按年龄划分。可以将有声阅读推广细分为儿童、青年、老年，其中儿童可细分为学龄前和学龄期儿童阅读推广两类，学龄前儿童又可细分为0—2岁、3—5岁。（2）按内容划分。历史类有声阅读推广第一阶段可以从比较简单的、读者感兴趣的专门史入门，如《安史之乱》；第二阶段可以讲述中唐历史；第三阶段可以讲述整个唐朝历史；第四阶段可以讲中国通史；第五阶段可以讲史评。层层推进，只有知识面足够宽，内容足够精彩，才更能抓住各个层面的受众。（3）按难易程度划分。唐诗、宋词类有声阅读推广可以根据难易程度进行划分。首先选出一些朗朗上口、耳熟能详的唐诗宋词，针对少年儿童进行推荐；其次，可以挑选某些作者的作品，设置专题作者有声资源系列，向成年读者进行推送。

4.4 创建有声读物品牌

借营销手段来提高品牌影响力和知名度已经成为互联网经济时代各方的发展共识。图书馆作为公益性服务机构，除拥有海量实体和虚拟文献资源外，自身更是一个具有无限价值的文化品牌。图书馆借助营销理念将线下实体馆藏与线上虚拟资源有机结合，广泛开展线上线下联动服务，是推动图书馆由传统向智慧化转型的必然选择。有声资源建设不仅能够缩短多元化群体阅读需求，更能够消除视觉障碍者在社会融入和人际交往中存在的心理障碍。2012年，在本着"政府引导建设，用户免费使用"原则的指引下，"云图公共数字有声图书馆"与"深圳读书月"开展"图书漂流"合作，在地铁站等公众场合放置听书设备供市民扫码下载，每天突破六七万人次下载量，20万张数字体验卡亦是呈现出供不应求的状态，有声阅读的尝试引得相关主流媒体进行了全面报道。

4.5 重视馆际互动和合作

当前，对信息资源进行共享已经成为人们的共识。任何一个图书馆都不可能做到涵盖所有信息。因此，馆际互动与合作便成为图书馆不断发展的重要推动力之一。馆际合作可以丰富馆藏资源，避免对资源进行重复建设而产生的浪

费。对有声读物这类投入较大的信息资源，馆际合作可以有效降低图书馆建设有声读物的成本。且由于各馆之间人员素质、专业倾向不尽相同，馆藏资源的侧重也各不相同，开展馆际合作，有助于弥补本馆资源的不足，对提升有声读物和图书馆的质量都有着积极的作用。

5. 结语

在当前社会环境下，有声读物得到大众的认可和青睐，市场需求量大。移动互联网技术更新升级，也为公共图书馆的有声读物建设提供了广阔的发展前景。公共图书馆在加强数字资源建设的同时，也应注重有声读物资源建设，并促使其在全民阅读中得到广泛利用。

参考文献

［1］王德银，李明.图书馆有声读物资源建设及推广［J］.晋图学刊，2016，（5）:7.

［2］有声读物［EB/OL］.［2018-01-29］.https://baike.so.com/doc/5343140-5578583.html

［3］Audiobook［EB/OL］.［2016-03-17］.https://en.wikipedia.org/wild/Audiobook.

［4］陈琳，唐守利.浅析我国图书馆有声读物的利用及建设［J］.图书馆理论与实践，2016，（10）:39.

［5］北京鸿达以太文化发展有限公司简介［EB/OL］.［2017-09-18］.http://www.homestar.com.cn/company.shtml

［6］田莹.新媒体时代有声读物的发展问题与对策分析［D］.开封:河南大学新闻与传播学院，2013.

［7］关于静雅思听［EB/OL］.［2017-07-18］.http://www.justing.com.cn/#/about.

［8］2016年移动有声阅读市场规模将达22.6亿［EB/OL］.［2016-03-21］.http://mobile.163.com/13/0329/11/RB40GSH60011671M.html

［9］速途研究院:2017年第一季度有声阅读市场调研报告［EB/OL］.［2017-06-05］.http://www.jiemian.com/article/1370929.html

［10］徐新，我国2005—2015年图书定价水平走势与特征观察［J］.出版广角，2016，（06）.

［11］中国语言资源有声数据库建设工作规范（试行）［EB/OL］.［2015-08-26］http://www.dyjy.gov.cn/newsInfo.aspx?pkId=26986

［12］焦雯.云图公共数字有声图书馆让真正的全民阅读成为可能［N］.中国文化报，2013，11（4）:4.

★作者简介

宗 杰，1988 年生，男，重庆市合川区图书馆研究生。研究方向：数字阅读服务与管理。

全面二胎政策对公共图书馆的影响及对策分析

王　珑（北碚图书馆　重庆　北碚　400700）

［摘　要］为应对人口老龄化，我国于 2016 年 1 月 1 日起开始实行全面二胎政策。公共图书馆免费向社会公众开放，服务有阅读能力的不同年龄段公众，在社会教育中起着重要的作用。二胎政策的施行必将给图书馆的服务、管理以及员工职业规划带来影响。本篇将分析全面二胎政策对公共图书馆的影响，并就化解二孩政策对图书馆事业冲击的对策进行探讨。

［关键词］全面二胎政策　公共图书馆　对策

［分类号］G258.22

我国计划生育政策的形成和发展经历了较长的历史过程，近年来，由于人口结构不协调、老龄化严重引发的社会问题日益加剧，我国计划生育政策出现三连跳。从 2011 年的全国各地实施"双独二孩"政策到 2013 年实施"单独二孩"政策，再到 2015 年 10 月，第十八届中央委员会第五次全体会议公报指出："坚持计划生育基本国策，积极开展应对人口老龄化行动，实施全面二孩政策。"计划生育政策的调整预示着我国人口结构将发生巨大的变化，母婴产业、教育行业等亦将日趋繁盛。公共图书馆作为社会教育的基地，担负着重要的教育职能，也必将受到二胎政策的影响。

1. 全面二胎政策对公共图书馆的影响

保存人类文化遗产、开展社会教育、传递科学情报、开发智力资源、提供文化娱乐是公共图书馆的主要职能，将图书馆资源用方便快捷的方式服务于社会大众是每一位员工的职责所在。从长远来看，全面二胎政策将很大程度上影响图书馆的服务方式、日常管理以及员工的生活秩序。

1.1 直接影响公共图书馆的服务方式

二胎时代的到来，将使图书馆阅读人群中孕产妇、青少年、儿童增多。这些阅读群体的阅读需求也不一样，孕产妇关注孕产期自身的保养、孩子的养护等方面的内容；青少年则对探索性的知识更感兴趣；儿童乐于接收新奇有趣的信息。因此，需要图书馆调整服务方式，如书籍采购、讲座类型、借阅方式等，才能适应人口结构变化引起的阅读群体、阅读需求和阅读方式的新情况。

1.2 影响公共图书馆的管理

女性员工是图书馆建设的一支重要队伍，在图书馆日常运行和管理中发挥着重要作用。当前我国各类图书馆中女性占比 60% 以上，受二孩政策的影响，有生育意愿的女员工的人数将会增加，生育二胎的员工多为图书馆的中青力量，她们在进行孕检、休产假时将会打乱图书馆的工作分工和管理秩序。

1.3 影响员工身心健康

选择生育二胎的员工（无论男女）需花费更多时间和精力用于孕育二孩和照顾家庭，往返于工作、家庭和孩子之间，身心备感压力，容易表现出烦躁、抑郁、紧张等负面情绪，影响身心健康。

2. 应对举措

如今全面二胎政策已实施将近五年，我国人口出生率有所回暖，将在未来的几十年里实现人口逐步增加。公共图书馆应尽早探索新型服务方式，应对接下来的服务群体的变化，同时与有二胎生育意愿的员工做好沟通和协同，保证图书馆管理秩序有序进行，并关心孕育子女的员工的心理诉求，帮助他们保持良好的身心状态，工作家庭两不误。

2.1 成立信息服务部，探索新型服务方式

近年来，网络服务、信息中介服务的兴起和盛行，以微博、微信、手机阅读 APP、小说门户网站等为载体的阅读介质日渐成为主流，由于其阅读方便、信息获取快捷、更新速度快等特点，对读者更具吸引力，也因此抢夺了图书馆大量的用户资源。为适应公众对新媒体的喜爱，图书馆应与时俱进地调整服务方式，如开通微博、微信公众平台、建立读者 QQ 群、图书馆手机客户端等，成立服务信息部专门管理这些微服务平台，及时推送和发布图书信息。

2.2 从视觉和听觉上打造有特色的阅读环境

美好的事物更能吸引人的关注，将图书馆阅读环境设计得或如家般舒适、或如宫廷般辉煌、或如音乐厅般典雅、或如游乐园般欢乐，加以音乐、影视点缀，读者身临其中，更能享受获取知识的乐趣。例如，旧金山 Ingleside 公共图书馆利用奇特的照明设计，将图书馆照得光明敞亮，使读者如置身于天堂（图1）；法国富热尔图书馆内开辟了一个用藤条制作的亚空间，读者仿佛是在大自然中阅读，这样的设计更能激发读者，特别是青少年的想象力（图2）。

图 1　旧金山 Ingleside 公共图书馆　　图 2　法国富热尔图书馆

2.3 设置"志愿者"工作岗位

高校图书馆都设置有勤工助学岗位，学生可以根据自身条件按需申请，利用课余时间在图书馆做兼职，通过自身劳动获取生活补助，而馆方也可以借助这些同学的努力，减轻图书馆员工的工作量。公共图书馆也可以参考这样的模式，设置"志愿者"服务岗位，这样就不至于员工休产假期间工作完全停滞。现在的家长都特别重视孩子社交能力的培养，他们会鼓励自己的孩子申请成为一名"志愿者"，一方面体会劳动的辛苦，一方面增加社会参与感，同时提高与人交往的能力。

2.4 柔性协调员工生育计划

图书馆可以对有生育计划的员工进行调查，掌握有生育打算的员工人数、时间等基本情况，对她们的生育计划进行柔性协调，错开生育时间，避免扎堆休产假的情况发生，当然，不能做硬性规定。同时优先照顾年纪较大的员工的生育计划，体现人文关怀。

2.5 为孕期、哺乳期员工营造舒适的工作环境

孕期、哺乳期的员工容易犯困、疲惫，图书馆可以设立"妈咪休息室"，里面配置微波炉、冰箱、小床等基本设施，让孕期、哺乳期的员工能有一个卫生、安静、私密的场所休息，保证她们在工作时间里能兼顾自己的身体。

3. 结语

全面二胎政策对公共图书馆的影响将会随着时间的推进渐渐增大，图书馆通过早日建立预案、整合资源，根据各馆的发展情况拟订相应的应对措施，将有望化解或减轻二胎政策对图书馆管理和运行带来的冲击和压力。

参考文献

［1］中共十八届中央委员会第五次全体会议公报［N］.中国广播网.2015-12-29.

［2］李文彬.图书馆群体成员结构分析［J］.毕节学院学报，2009，（3）:102-107.

［3］刘敬敏、丁维勇、贾会涛.全面放开二胎政策对人口出生率的影响研究——以唐山市为例［J］.当代经济，2016，（13）.

★作者简介

王　珑，1987年生，男，重庆市北碚图书馆古籍部主任、助理馆员。研究方向:古籍、图书馆管理与服务，曾发表论文数篇。

论公共图书馆在构建公共文化服务体系中的作用

刘　杰（涪陵图书馆　重庆　涪陵　408000 ）

［摘　要］随着社会的发展，社会公共文化服务设施在不断地变化。公共图书馆在构建公共文化服务体系中有着非常重要的作用，公共图书馆作为基本的公共文化服务场所，开展免费借阅服务，提升社会服务效益，因此，要加强公共图书馆在构建文化服务体系中的重要性认识，让公共图书馆发挥出最有效的作用。

［关键词］公共图书馆　公共文化服务　免费开放

［分类号］G258.22

2015 年，中共中央办公厅、国务院办公厅印发了《关于加快构建现代公共文化服务体系的意见》，意见提出的目标是，到 2020 年，基本建成覆盖城乡、便捷高效、保基本、促公平的现代公共文化服务体系，人民群众基本文化权益得到更好保障，基本公共文化服务均等化水平稳步提高。图书馆作为构建公共文化服务体系的重要组成部分，通过开展优质服务和特色服务，体现出公共文化服务体系的公益性、基本性、均等性和便利性，对打造更为完善的公共文化服务体系发挥了重要作用。

1. 贯彻执行公共图书馆免费开放政策

1.1 公共图书馆免费开放是其公益性所决定的

图书馆是收集、整理、保管、流通各类出版物和文献资料，以供读者使用的一种文化教育机构，它是由政府通过全民税收支持其经费开支而免费为全民服务，公益性是其立馆之本。因此，公共图书馆存在和发展的根本意义就在于为社会无偿提供最优质的服务，从而获得最大的社会效益。

1.2 公共图书馆免费开放是公众需求所决定的

公共图书馆免费开放是公众可以进行均等化学习的一项重要工程，让不同的人得到相同的获取文化学习和教育的机会。公共图书馆的免费开放让文化需求者进入图书馆的门槛降低，实现了所有文化需求者在公共图书馆享受服务均等性的原则。公共图书馆近几年来的免费开放，逐渐取消了各种收费，让公共图书馆的读者数量得到了提升，让更多的读者享受到了学习和受教育的权利，也让图书馆文献资源得到了更充分的利用。如重庆市涪陵区图书馆于 2008 年率先在重庆市开展免费开放服务，并于 2016 年在全市率先开展免押金办证服务，让读者在图书馆借阅图书、查询资料、电脑上网都实行全免费，同时利用自助办证机和自助借还机实现智能化借阅服务，实现了真正意义上的免费和智能服务。

2. 完善公共图书馆服务体系，提升服务质量和服务效益

2.1 加强公共图书馆总分馆体系建设

公共图书馆存在的目的是对社会提供文化信息资源，让市民享受到无须付费就能获得阅读的机会，享受其提供的各类文化信息资源服务。但是随着社会的不断发展、城市的不断扩大、人口的不断增长，公共图书馆的信息资源和服务已不能满足不同地域读者的需求。因此为了最大程度地满足读者的需求，完善公共图书馆服务体系，提供更为有效的文化信息资源服务，笔者认为，最为有效的方法就是建设图书分馆，用总分馆制度的模式来完善图书馆的服务体系。此外，利用网络实现图书的通借通还服务，让读者可以从各个分馆进行图书借阅，让图书资源得以最大化利用。同时，图书分馆的建设要因地制宜，不单单是满足读者对文化信息资源的需求，更重要的是提升当地市民的文化修养和综合素质。重庆市涪陵区图书馆自 2009 年建设第一个图书分馆——涪陵区顺江移民图书分馆开始，几年来，通过各种资金渠道，共计建成直接管理、共建共享、协助管理等多种模式的分馆 26 个，主要分布在各街道社区、乡镇、企业、学校、机关、事业单位等，部分分馆实现了通借通还服务，基本建成了覆盖城乡的公共文化服务体系。

2.2 开展流动服务，进一步完善公共图书馆服务体系

要想公共图书馆更多地满足读者对信息资源的需求，就需要灵活的运用方

法，让流动网点和流动服务来进行填补，完善公共文化服务体系。现有的公共图书馆主要提供的是阵地服务，读者只能到图书馆内进行图书借阅和资源查询，对于城市内许多距离图书馆远、人员流动大，且存在较大文化需求的地方，流动服务的重要性就得以彰显。如车站、广场、远离城市的乡村等，都是社会公共文化服务相对比较缺乏的地方。因此，对流动服务更要加强重视。流动服务的方式多种多样，如利用图书流通车、建设24小时自助图书馆、图书漂流箱等，都可以让图书馆的服务走进人民群众的身边，让他们享受到相同的文化服务待遇，学习相同的文化知识。让文化服务从被动变换成主动，让乡村和城市有相同的文化服务，让两者之间的差距逐渐变小，化解乡村和城市不均等的矛盾，让民众切实感受到公共文化服务的便利性和均等性。

3. 加强公共数字文化建设，拓展公共文化服务能力

3.1 公共数字文化的建设

随着社会的不断发展，电子阅读正逐渐代替文字阅读。数字文化服务，包括共享工程、公共电子阅览室建设计划和数字图书馆推广工程等，已经成为公共文化服务重要的组成部分。公共图书馆要以数字图书馆（用数字技术处理和存储各种图文并茂文献的图书馆，实质上是一种多媒体制作的分布式信息系统，把各种不同地理位置和信息资源用数字技术存续，便于跨越区域、面向大众的网络查询和传播）为中心，让数字图书馆覆盖全国各个城市和乡村，让文化服务和文献提供得到有效提升，让城市乡村得到无差异文化服务，如利用手机移动图书馆、图书馆微信公众号等方式，把文献资源利用网络的方式进行推送，让文化服务到达每个人的身边，满足每个人的文化学习和阅读需求。

3.2 加强公共文化服务能力

公共数字文化服务也需要不断创新服务方式，增强服务内容，给予特殊人群特殊服务，如针对残障人士、农民工、老年人等人群的服务。目前国内有非常多的阅读爱好者是视障人士，由于受视力的影响，使他们在阅读图书时面临很大的障碍。图书馆应当设置专门的视障阅览室，提供给视障人士专用的图书和设备，供他们阅读，同时开通有助于视障人士自动阅读的电子图书，让其通过不一样的阅读方法，获取同样的文化知识。这样，既让视障人士得到平等的文化服务，也可以从侧面提高他们的文化修养、提升他们的综合素质。

同样，还可以利用共享工程各分中心和基层支中心为农民工开展服务，如利用电子阅览室在春节期间免费开设为农民工购买火车票的平台、有针对性地对农民工开展技能培训和业务指导等；利用数字图书馆将文献资料传递到部队军营，让部队士兵在网络上获取文化知识，改变部队官兵枯燥单一的生活，为其牢记文化之魂打下基础。

4. 加强公共图书馆人才队伍建设

提高公共图书馆人才队伍的综合素质，避免和现代图书馆事业发展相冲突。公共图书馆人才队伍素质的提高，也有利于服务质量的提高。如果人才队伍有良好的政治思想和较高的服务水平，就能更好地服务读者，促进公共文化服务体系的快速发展。

4.1 具备良好的政治思想素质

政治理论学习和思想素质教育是提升图书馆工作人员服务意识和奉献精神的重要途径。只有加强党的理论、方针、政策的学习，定期或不定期地举办有关党情、党史等的知识竞赛或专题讨论，才能在图书馆工作人员的思想中牢固树立为人民服务、为读者服务的宗旨，才能切实履行图书馆员的责任和义务，为读者提供热情周到、耐心细致、体贴全面的服务。服务质量提高了，图书馆事业才能蒸蒸日上。

4.2 具备较高的业务水平

图书馆事业要得到快速的发展，人才是不可缺少的，人才对图书馆的发展有着直接影响，也是图书馆非常宝贵的资源。现代图书馆的工作方式除了传统的阵地服务工作以外，还采用了更多先进的和智能化的设备，服务内容也发生了巨大的变化，其主要体现在信息技术的发展与应用上。一名合格的专业技术人员必须具备基础知识、专业知识、相关学科知识、系统分析与综合能力，以及不断地完善自己，使自己的业务素质和水平有一个较大的提高。可采取技能培训与业务学习相结合、继续教育与职称考评相结合等方式，使图书馆工作人员感受到不断进步的重要性和紧迫性，从而更好地为读者服务。

5. 结语

公共文化服务体系的建立是为了保障民众平等地拥有文化学习机会的权利，而公共图书馆的免费服务是让民众的文化权利实现平等的重要表现之一。

因此公共图书馆应当抓住机会，在完善自身、提高服务能力的同时，积极创新，在公共文化服务体系建设中发挥积极重要的作用，成为引领公共文化服务体系建设的主力军。

参考文献

［1］蒋永福.文化权利、公共文化服务体系与公共图书馆事业［J］.国家图书馆学刊，2007，（4）:16-20.

［2］王瑞英.公共文化服务体系中公共图书馆的服务定位［J］.图书与情报，2009，（5）:122-126.

［3］金昆.浅谈新时期公共图书馆人才队伍建设［J］.江苏科技信息，2014，（3）:32-33.

［4］王晶.新时期图书馆工作人员素质亟待提高［J］.山东省青年管理干部学院学报，2002，（5）:122.

★作者简介

刘　杰，1976年生，男，重庆市涪陵区图书馆副馆长、馆员。研究方向：数字图书馆建设与发展，曾发表论文数篇。

新农村建设中公共图书馆可持续发展初探

向春昱（渝北图书馆　重庆　渝北　401120）

[摘　要]自党的十六届五中全会提出"建设社会主义新农村"的伟大构想以来，农村社会发展的中心任务就是社会主义新农村建设，社会主义新农村建设的目标是"生产发展、生活宽裕、乡风文明、村容整洁、管理民主"。可见，和谐、文明、进步是新农村的重要标志之一，精神文明建设是新农村建设的重要内容之一。公共图书馆是文化传播的集散地；是加快农村发展的加油站；是保持社会稳定的大本营。因此，国家和地方文化部门要充分认识到公共图书馆在社会主义新农村建设中的特殊地位和作用，力求在传播科学信息、开展社会教育及丰富农村群众的文化生活等方面发挥应有的作用。本篇首先分析论证了社会主义新农村建设中公共图书馆可持续发展的必要性，进而提出了社会主义新农村建设中公共图书馆实现可持续发展的策略。

[关键词]新农村建设　公共图书馆　可持续发展　必要性策略

[分类号]G258.22

人类社会的持续发展，离不开知识的积累和创新。知识的积累和创新是推动人类社会不断向前的车轮。尤其是在知识经济时代，创新是社会发展的源泉。新农村建设更需要有先进智力成果的支撑。公共图书馆为社会主义新农村智力、思想、道德建设保驾护航，它为新农村建设目标的实现提供强有力的思想、智力、文化服务。在社会主义新农村建设开展得如火如荼的进程中，公共图书馆建设要以全面建成小康社会的伟大事业为己任，要与人类社会的可持续发展相适应，要与社会主义新农村建设的目标相匹配，只有这样才能不辱使命。

1. 新农村建设中公共图书馆可持续发展的必要性分析

党的十六届五中全会提出建设社会主义新农村的伟大构想，未来的农村衣、食、住、行等物质生活需求基本得到满足，文化资源数量和质量也要满足农民多方面的需求。随着第三次科技革命的深入，知识经济一日千里，新农村建设的主体——农民，应该具备懂技术、会经营、学科学、用科学的良好素质。这些素质是通过接受教育和自我学习逐渐达到的。

农村实行家庭联产承包责任制以来，物质生活水平连年提高，但精神文化生活空虚而简单，贫乏而单调。这严重制约着农民科学文化素质的提高和思想道德素质的提升，甚至制约着整个农村社会的进步。因此，公共图书馆作为传播知识、传递信息、满足农民终身学习教育、丰富农村文化生活的重要机构，只有走可持续发展之路，才能为农村的可持续发展提供知识资源，彰显存在的价值。可见，公共图书馆坚持可持续发展策略是时代所需。

1.1 提升农民综合素质的需要

中国是一个农业大国，大量的人口生活在农村，从事农业生产活动。由于受社会制度、思想观念、历史原因的影响，农村人口的素质远远落后于城市人口，许多地区思想保守，观念陈旧，不重视教育，教育投入远不及城市。尤其是经济欠发达地区，农民的孩子没钱上学，中途辍学的现象比比皆是，而辍学的孩子只能回家务农。无论是在知识上，还是在思想上，他们都跟不上现代农业发展的要求，形成恶性循环，农民很难走出困境，致使一些地区的农民越来越贫困，严重阻碍了农村经济社会的进步与发展。在建设社会主义新农村的潮流中，为了帮助农民了解必要的科普知识，增强科学种田、科技致富的思想意识，树立学科学、用科学的良好社会风尚，有必要发挥公共图书馆传播知识、传递信息、启迪思想的社会教育功能。

1.2 在农村普及科技文化知识的需要

在科技飞速发展的今天，农业必须走出"靠天吃饭""靠体力养家糊口"的老路子，除了依赖科技，别无选择。公共图书馆拥有丰富的农业科技信息，最新、最直接的致富渠道的文献资源，对想要致富的农民来说，就是一座巨大的知识宝库，就是绕过弯路，直奔小康的加油站！公共图书馆可以为农民提供必要的科技信息服务，可以通过各种途径，掀起农民读书的热潮。在农村普及科学文化知识，承担着为农民提供科技信息服务的重任，发挥着为农村致富挖掘大量科技信息的重要作用。

1.3 加快农村精神文明建设的需要

随着经济的发展，科技的进步，人们的文化水平只有不断提高，才能与之相适应。尤其是对农民来说，文化底子薄，直接制约着农村的进步与发展。公共图书馆里的各种信息资源，能够全方位满足农民农闲时间的阅读需求；能够帮助农民排解科技致富路上遇到的困惑；能够使文明健康的文化活动在农村文化阵地中占有一席之地。可见，公共图书馆在丰富农民文化底蕴、对创造性劳动发挥指导性、决定性力量、满足农民和其他公民一样同等享受人类文明成果的要求、加快农村精神文明建设步伐等方面作用明显。随着社会主义新农村建设的深入，农民对公共图书馆的需要和依赖会日渐强烈，公共图书馆可持续发展势在必行。

2. 社会主义新农村建设中公共图书馆可持续发展战略

公共图书馆实施可持续发展战略，既可发挥为知识经济保驾护航的信息支撑作用，又可以使自己伴随着知识经济的成长而获得新生。公共图书馆可持续发展涵盖图书馆信息资源的有效、协调发展；图书馆人综合素质的全面发展；读者利用信息资源权利平等、均衡发展。在建设社会主义新农村的大潮中，公共图书馆尤其要满足农民精神生活和物质生活的需求。可见，社会主义新农村建设中公共图书馆可持续发展之路任重道远。

2.1 公共图书馆信息化建设之路

在网络化、数字化的时代背景下，公共图书馆传统的图书、期刊等查阅方式已经与飞速发展的信息时代不相适应。图书管理系统只有实现标准化、规范化和兼容性，才能提高搜索效率和搜索准确度。这就要求公共图书馆要从长远利益出发，不断开发新的信息管理系统，不断升级软件工程，统一建模语言，优化数据库结构，科学分类各种信息资源，以提高信息搜索效率。公共图书馆还要建立一支服务农村读者的专业队伍，为他们提供科技咨询，代查科技资料，长期跟踪服务和定点、拓展服务。各个图书馆实现资源共享，优势互补，扩大信息传播的覆盖面。

2.2 公共图书馆以读者为中心的建设之路

印度著名的图书馆学家阮冈纳赞在1931年出版《图书馆学五定律》，全书体现了以读者为中心的思想。一些公共图书馆在20世纪50年代就提出了"一切为了读者""千方百计为读者服务"的口号。在推进新农村建设的过程中，公共图书馆的特殊群体——农民，应该得到特别的关注，尽可能让农民读者在图书馆享受到尽可能多的周到的或者免费的服务。例如，为了最大限度上满足农民读者的信息获取需求，增加农民读者个性定制服务项目，如图书馆要定期进行社会调研，根据不同农民对信息的选择方向，明确图书馆资源的发展方向，更好地履行图书馆的社会职能。

2.3 公共图书馆科技化建设之路

当今世界，科学技术突飞猛进，文化知识的发展和创新日新月异，作为整理、吸收、传播文化知识的图书馆，已经有效地推广了新生产技术，发展了新产业。事实证明，公共图书馆已经成为提供科技信息、创新社会服务体系、引领农民终身学习的文化教育基地。可见，公共图书馆只有走出一条科技化建设之路，才能成为转变农民生活方式和思维方式，塑造农村新风尚的有效载体。

3. 结语

总之，新农村建设为加快农村图书馆建设提供了历史机遇。文化建设机构如何抓住机遇，创新思路，推进公共图书馆可持续发展，更好地为拓宽农民视野、提高农民素质、培养新型农民服好务，是一个值得深入研究的课题。相信在党和政府的呵护下，信息时代公共图书馆的自身建设和发展会不断得到加强，它在社会主义新农村建设中的作用也会发挥得淋漓尽致！

参考文献

［1］郭文君.图书馆管理的发展趋势解析［J］.中国科技信息，2009，（11）:145.

［2］夏彤.知识经济时代的高校图书馆管理创新［J］.林业科技情报，2008，（3）:147.

［3］唐安顺，阚小良.图书馆管理的国内外现状与发展趋势［J］.医学信息:上旬刊，2010，（10）:78.

- -

★作者简介

向春昱，1971年生，女，重庆市渝北区图书馆馆员。研究方向：图书馆总分馆建设，曾发表论文十余篇。

浅析公共图书馆管理中的问题及措施

胡祖国（潼南图书馆　重庆　潼南　402660）

［摘　要］随着网络、计算机等科技的发展，人们已由传统的从书本中获取知识信息的模式，转化为从网络平台获取信息知识的模式，这使得图书馆面临着巨大的生存挑战。除此之外，在市场经济的影响下，图书馆之间的竞争也日益激烈。因此，图书馆只有加强核心竞争力的开发，改变以往赖以生存的环境，促进管理思想与模式的变革，在现代化知识管理思想的指导下，对管理资源进行有效的合理重组，才能在提升市场竞争力的基础上，从容面对各种挑战，创造出更多的社会效益与经济效益。

［关键词］图书馆管理　相关问题　解决措施

［分类号］G258.22

1. 图书馆管理存在的相应问题

1.1 服务形式单一

传统的图书馆管理模式针对读者对图书进行借阅时，往往采用的都是一对一的服务，图书馆的工作也都是围绕着图书馆现有的馆藏书籍展开的，而且大多数的文献以及参考资料都是以纸张为载体，没有其他的储存方式。

管理图书馆必须要具备专业的知识，对于不同的资料、书籍以及文献等，一定要进行科学的分类，才便于读者进行查找。而如今大多数的图书管理员都不具备这方面的专业素养，图书摆放看似整齐，实际上在分类方面却是显得异常杂乱。因为由于管理员的专业素养不够，再加上服务单一，导致图书馆无法正常地开展创新工作，使得很多读者都对图书馆存在着较大的意见，从而不愿意进图书馆浪费时间，还不如在家查阅电子资料。

1.2 对创新的认识不足

现今，很多的图书馆在制度创新方面还是非常积极的，但是忽略了管理方面的创新。因为管理创新不足，导致管理水平比较低，阻碍了图书馆的发展。

图书馆的服务对象是不限制年龄、不限制学历、不限制身份的用户群体，因此对于资料的储存，种类会比较多。图书管理员需要根据各地不同的特点，针对一些经常性的群体进行统计、访问等，来了解他们的需求，从而使图书馆可以更好地满足读者的需要。

而如今，图书管理员因为在这方面的意识不足，导致他们根本就没有对图书馆藏书的质量引起重视，使得图书馆管理缺乏创新意识，对于图书馆建设的重要性也没有引起足够的认识，使得图书馆的资金投入，没有用到合理的需求上，从而导致图书馆使用率低，这也是管理的不足之处。

1.3 管理人员专业知识不足

图书馆的管理创新要有一支精良的管理团队，管理是维持图书馆正常发展的主要源泉。而对于如今大多数图书馆来说，管理创新根本就无法落到实处。管理人员的业务能力比较低，再加上工作能力有限，缺乏一定的积极进取观念，使得他们的管理能力比较低；其次，也缺乏一定的管理技能，没有专业的图书馆管理知识，使得图书馆的服务水平不到位，影响了图书馆的发展。

1.4 信息资源共享不完善

以前的图书馆大多都是以纸质的藏书为主。但是随着信息时代的来临，信息化已经成为人们生活的主旋律。数字化图书馆已经成为图书馆发展的主要形式。

目前，很多国家已经运用了信息资源共享这样的信息服务体系，而我国在信息共享体系的建设中还稍显不足，特别是一些经济比较落后的地方，因为资金等因素的制约，无法使图书馆涉及先进的信息领域，从而使图书馆服务的渠道无法进一步开展，影响了图书馆的发展。

2. 图书馆管理发展创新工作措施

2.1 管理制度创新

随着信息时代的来临，读者对图书馆也有更高的要求。因此，要把信息技术应用于图书管理中，满足市场发展的现状，建立与之匹配的图书馆创新管理模式，使得图书管理的措施更加科学化、合理化。同时，对于图书管理人员的素质，也要有相应的要求。管理员之间要有竞争和创新意识，要有管理的危机意识，才能全面提升潜力，让自己不断进步，满足图书管理的需求。

2.2 拓宽服务创新领域

对于大多数图书馆来说，对外开放的并不多，服务比较单一，一般藏书量比较多的往往都是高校图书馆，但是高校图书馆一般只针对学生开放。

在经济时代，为了加大资源在社会上共享的力度，可以尝试开放高校图书馆，让更多的人可以使用图书馆的资源，提高图书馆的使用效率。创立经营模式的管理理念，不仅可以达到资源共享的目的，同时还可以为学校带来不少的经济收入。

当然，对于藏书量，也需要根据不同的人群，做出相应的调整，从而使图书馆的发展更好地贴近社会，满足不同读者的需求。

2.3 提高管理员素质

人才往往是推动经济发展的基础。对于图书馆的管理，图书管理员的作用是非常重要的。他们的观念决定着图书馆的直接发展命运。因此，必须要提高图书馆管理人员的综合素养，提升其专业技能，让其可以提供更专业的服务给读者。

图书馆的管理模式从"以书为主"到"以人为主"的变革，是现代图书馆管理理论与实践相结合的必然结果。实行以人为本的管理模式，即在实际管理工作中，充分重视读者的核心地位，并加强优质服务的提供。除此之外，全面激发图书馆员的创新思维，尊重其各项权利，通过加大对馆员的培训力度，使其职业素养及专业水平得到提升，进而实现人生价值。

2.4 从封闭单独到开放共享

随着环境的变化以及开放的思想观念的形成，图书馆也需要转变管理模式，接受新的理念，实行开放管理。为落实开放管理，图书馆管理人员应打破藏书、布局、时间、部门、规章等禁锢，通过建立为读者服务的管理理念，将图书馆与读者之间的距离无限拉近，充分促进图书馆内外的动态循环。

3. 结语

发展公共图书馆事业对我国的发展起着重要的作用，但是由于我国的公共图书馆事业起步比较晚，所以不得不承认还存在着比较多的问题，主要是图书馆在理念、建设方面存在的问题。我们应该意识到，我国的公共图书馆建设的重点应该放在乡镇，因为农村的精神文明发展对于我国社会主义的发展有着重要的作用，而且政府在建设公共图书馆时应将重点放在中小型公共图书馆上，争取将读书的权利普及到每个人。

参考文献

张达那.图书馆自动化业务流程及金盘集成管理系统问题浅析［J］.科技情报开发与经济，2011，（3）:82-84.

- -

★作者简介

胡祖国，1969年生，男，重庆市潼南区图书馆馆长、副研究馆员。研究方向：图书馆管理与服务。

新形势下的数字图书馆知识产权保护问题研究

闫阳陵　张　弛（涪陵图书馆　重庆　涪陵　408000）

［摘　要］新形势下的数字图书馆在提供信息服务和保存文献资料方面有着传统图书馆无法比拟的优势，但由于信息资源的数字化和网络传播的广泛快速，数字图书馆也面临着前所未有的挑战。本篇对数字图书馆在知识产权领域产生的新问题进行了整理和研究，并在此基础上提出了相应的对策，以期实现图书馆传播文化、服务社会的宗旨。

［关键词］数字图书馆　知识产权　合理使用

［分类号］G250.76

图书馆是搜集、整理、收藏图书资料供人阅览、参考的机构。早在几千年前的古希腊就出现了图书馆，那里收藏着数量巨大的文献资料和书籍供人们查阅。尽管经过十几个世纪的发展与演变，图书馆的名称和形式都发生了巨大的变化，但其主要功能却始终如一，即储存各类文献书籍供人类阅读或借用，以此达到保存人类文化遗产、开发信息资源并丰富和提高人们的生活和社会教育水平。不可否认，图书馆在人们的社会生活和精神世界中发挥了重要的作用。但随着社会的发展和信息时代的到来，需要存储和传播的信息量越来越大，信息的种类和形式也越来越丰富，传统图书馆的相关机制显然不能满足这些要求。为了平衡利益机制，满足人们对知识的渴求并最终实现教育公众的目的，人们提出了新的设想，期望储存的信息电子化，这样不仅能使储存的空间大大拓宽，同时信息的存储和用户的访问不受地域和时间限制，任何地方的用户都能随时随地通过网络访问数据库，从而方便地获取相关信息。这种设想促使了数字图书馆的诞生。

1. 数字图书馆的概念与特征

1.1 数字图书馆的概念

数字图书馆（digital library）是用数字技术处理、存储各种书籍和文献的图书馆，实质上是一种多媒体制作的分布式信息系统。数字图书馆以网络为载体，把不同地理位置的信息资源数字化，以便于存储和跨区域的网络查询及传播，其间涉及信息资源加工、存储、检索、传输和利用等多个过程。所以，数字图书馆就是一座没有围墙的虚拟图书馆，其基于网络环境下共建共享的可扩展的知识网络系统，不仅规模巨大、分布广泛，且没有时空和地域限制，在实现跨库链接与智能检索的同时，更加方便了人们的查阅。这种拥有多种媒体内容的数字化信息资源，提供信息的高水平服务是传统图书馆无法相比的。

1.2 数字图书馆的特征

数字图书馆是一门全新的科学技术，也是一项全新的社会事业。相比传统的图书馆，它具有以下几个显著的特征。

1.2.1 无实体的新型图书馆。数字图书馆是一种先进的、电子化的信息服务机构，它依托于网络，是一个由网络连接的分布式的图书馆群体，形成了网络信息资源的一种新型管理模式。它对应于各种公共信息管理与传播的现实社会活动，表现为各种信息资源的重组和传播。它以图书馆的资源组织模式为基础，借助计算机网络通信等高新技术，以知识分类和精准检索为手段，有效地进行信息整理，使人们获取信息资料不受空间、时间限制。所以，比起传统的图书馆，数字图书馆并没有实体的存在，只在网络中以系统的形式出现，这也是其自身最大的特点。

1.2.2 数字图书馆具有智能化、操作自动化以及对全文的检索技术，其提供的服务是以知识概念引导的方式，将文字、图像、声音等数字化信息，通过网络传输，从而做到信息资源共享。任何一个拥有电脑的用户只要通过联网，登录相关数字图书馆的网站，利用信息语言对所要查询的内容进行有效的识别、推理、定位，都可以在任何时间、任何地点方便快捷地享用世界上任何一个"信息空间"的数字化信息资源，得到内容相对全面、具有一致性的文献信息。

1.2.3 数字图书馆信息更新速度快、资源全面，可以广泛地应用于社会文化、终身教育、大众媒介、商业咨询、电子政务等一切社会组织的公众信息传播，既是完整的知识定位系统，又是面向未来的互联网发展的新型信息管理模式。

"数字图书馆"概念一提出，就得到了世界广泛的关注，各国纷纷组织相关团体进行探讨、研究和开发，进行各种模型的试验。随着数字技术在应用领域的发展，数字图书馆已由设想变成了现实，为社会发展提供必需的信息资源，是知识经济不可或缺的信息资源载体。

2. 数字图书馆面临的新问题

数字图书馆的出现使图书馆中原本局限的、孤立的、散布于世界各地的文献信息资源通过网络汇集起来，从而极大地方便了各类资料的保存和查阅。但同时由于数字图书馆建设进程的加快，越来越多的文字信息都需要数字化及网络化。从印刷纸张到信息数字化，从实体柜台到虚拟网络，信息资源的数字化和网络化使得文献载体、传播方式和获取手段等都发生了根本性的变化，图书馆提供服务的方式与以往也有着天壤之别。这些变化为图书馆开辟新的发展模式的同时，也使其在知识产权领域面临着新的挑战，如数字作品的归属、合理使用的问题等。所以，要促进数字图书馆事业的蓬勃发展，首先必须科学地解决数字图书馆建设过程中出现的相关知识产权问题，既要寻求法律保护，也要在图书馆与权利人之间建立利益平衡机制，以实现教育公众、传播文化及服务人类的最终目的。

2.1 传播知识和保护作者权利之间的矛盾

尽管发生了巨大的变化，但数字图书馆为用户服务的宗旨始终不变。欧共体颁布的《信息社会著作权与邻接权》指出："担负文化教育功能的机构，如图书馆和大学，其目标之一就是保证作品与信息得到最广泛传播，协调统一文化教育功能及对权利人的法律保护"。所以，数字图书馆与传统图书馆一样，在服务用户的前提下，还承担着保护作者合法权益的责任。但随着网络技术日新月异的发展，信息传播的无偿性和广泛性与知识产权保护的有偿性和限定性之间产生了一定程度的矛盾。一方面，只有方便用户使用，让用户便捷地获取到更好、更多的信息资源，才能实现图书馆的服务职能；而另一方面，只有有效保护著作权人的相关权益，才能激励他们创作出更加丰富的作品，从而为图书馆提供更广的资源获取渠道，进一步提高图书馆的服务水平，扩大影响力，具体问题表现在以下几个方面。

2.1.1 数字图书馆在资料采集过程中的知识产权问题。数字图书馆优于传统图书馆的一个重要特征就是信息资源的更新速度快。这就要求必须要有高质量的信息资源源源不断地加入其中，否则数字图书馆将会失去其发展前景和意义。目前我国数字图书馆建设中的信息采集主体来源于丧失版权或版权问题已经得到解决的图书，比如古籍文献、电子报刊等。但由于信息资源的及时更新所需更广，信息的采集局限于上述馆藏资源始终不甚充足，因此在采集与加工过程中必然涉及众多拥有版权的并以多种载体形式发行的作品，从而必然会与相关作者发生联系，这是在数字图书馆建设中首先引起的知识产权问题。

2.1.2 数字图书馆信息资源数字化的性质问题。资源的数字化是指把各类信息，包括数字、文字、声音、图形、图像等输入计算机系统转换成二进制数字编码的技术。这种对传统资源的数字化实际上是制作出与原件相同或相近的复制件，并没有改变原作本身，相当于通过计算机这个载体把传统文献的原有形式转换成电脑可以识别的二进制编码形式。当然，在转化的过程中需要智力劳动，但这种智力劳动并没有改变原作的内容或进行某种程度上的创新，对原作内容不产生影响，所以传统文献的数字化是一种复制行为，涉及复制权，属于《著作权法》调整范畴。所以，图书馆在将馆藏作品进行数字化时，如果没有合法复制、合理使用，就容易产生侵权等相关问题。

2.1.3 数字图书馆的信息资源传播与资源共享的知识产权问题。网络的开放性使数字作品的传播和获取跨越了时间和空间。与传统资源相比，通过网络发布出去的数字作品，在具备种种优点的同时也更容易处于一种失控状态，即难以控制使用方式、难以跟踪使用状态。网络资源遍布于世界各地，一年三百六十五天、一天二十四小时向数以亿计的用户开放，很难确定哪个用户在何时何地使用了何种资源，更不用说此用户又把这一资源传播给其他人的后继追踪。

另外，作品经数字化后，在保证作品质量的同时也大大降低了复制成本，而网络环境又使复制更加方便、快捷，因此，传统的合理使用方式受到巨大挑战。比如，个人可以复制作品供自己使用，但网络数字作品却难以控制其复制的数量及传播；个人可以转让合法取得的作品，但由于数字复制品和原作质量相当，所以只有在转让后删除复制品才能有效保护知识产权，而这一点往往也难以保证。

除了上述在与著作权人发生联系时有可能出现的知识产权问题，图书馆在数字化进程中也可能出现自身权益保护不利的问题。

2.2 数字图书馆自身的权益保护

邻接权（neighboring rights），也称与著作权有关的权益，最初定义为表演者权，但随着时间的推移，已经适用于整个知识产权领域，具体到图书馆领域体现在图书馆对作品数字化并将其有序地公布于网上供用户使用，不论是翻译行为还是复制行为，都付出了一定的劳动，且图书馆作为信息发布者，是整个信息流中的重要一员，其相关权益属于邻接权范畴，理应得到法律保护。而对于图书馆拥有自主知识产权的作品，如自建各种数字作品的对象数据库，更是直接适用知识产权法。

此外，数字图书馆还基于合理使用制度享有一定权利。合理使用制度是在特定条件下，法律允许他人自由使用著作权作品而不必征得著作权人的同意，也不必向著作权人支付报酬，只需要指明作者的姓名和作品的名称出处，但不得侵犯著作权人享有的其他的著作权权利限制制度。合理使用是平衡著作权人和作品使用人之间利益的制度，是信息与知识传播自由的一个法律保障。宪法赋予了公民采集信息和获取知识的权利，图书馆作为传播知识和文化的重要载体，只有权利得到法律许可和保障才能更好地担负起相关责任，但数字图书馆在建设过程中必须明确合理使用的范围及判断标准，以防止侵权行为的发生。

3. 对数字图书馆知识产权保护的一些建议

3.1 建立专门统一的管理机构

数字图书馆的建设和发展离不开高素质人才。图书馆行业内部可以建立一个具备精通网络管理又熟悉图书馆业务的复合型人才的管理机构，在科学理论的指导下，通过调查研究，制订出符合时代发展要求，且切实可行的数字图书馆建设目标和实施方案，而政府相关部门也应积极参与，对该管理机构的行为进行规范和指导，二者结合共同促进我国数字图书馆事业的发展。

3.2 协调和平衡各方的权益关系

由于用户在互联网中对信息资源的浏览和下载频繁，图书馆应当制订相应的措施来规范其使用。而对于某些不适用合理使用原则的文献资料，图书馆应该禁止提供服务。数字图书馆针对不同的用户提供不同的服务，对于个人学习以及科研的需要，属合理使用的可以自由浏览和使用。当然，版权人声明不准使用的除外。

3.3 认真学习，加强立法

目前，我国颁布的有关知识产权法律法规中涉及数字化图书馆的并不是很多，主要有 1990 年 9 月颁布，2001 年 10 月修订的《中华人民共和国著作权法》和 1999 年 12 月国家版权局制定的《关于制作数字化制品的著作权规定》。尽管我国的知识产权保护制度尚处于初创阶段，相关的法律保护也不完善，但我们仍然应该在数字图书馆建设中认真学习相关法律法规。同时，相关立法部门也可以借鉴其他国家先进的立法经验，以我国现有的知识产权保护制度为基础，结合我国图书馆发展的实际情况，建立一套完备的有关数字图书馆的法律体系。在立法中确认图书馆的社会服务公益性及其符合数字时代发展需要的法律地位，保障其合法权利。

3.4 充分利用先进技术

对于数字图书馆知识产权的保护，除了建立健全的知识产权法外，还应从网络这个载体入手，通过先进的计算机技术，有效地防止各种盗版与非法复制行为的发生。除了通过设置防火墙来保护知识产权以外，还可以充分运用数据加密、数字水印、信息确认及智能代理等技术，在保障网上信息资料浏览的同时，防止非法下载和复印，从而达到为用户提供信息服务和有效维护著作权人合法权益的共同目的，保障数字图书馆的建设与完善。

3.5 国内国情与国际发展相结合

新形势下，计算机网络的全球性与传统知识产权的地域性之间的矛盾，导致知识产权地域性的趋弱和国际化的加强。在某种程度上，数字作品的创作与传播已然成为一种全球行为，其知识产权保护问题不可能也不应该仅仅由一个或几个国家来解决。我国是世界知识产权组织（WIPO）和世界贸易组织（WTO）的成员国，在数字图书馆建设过程中，我们不但要考虑与数字图书馆相关的国内法律法规，也应多考虑国际条约和协定，如《保护文学艺术作品伯尔尼公约》《世界版权公约》《关于设立世界知识产权机构的条约》等。尽管我国因为文化、教育、经济及科技发展等原因，对一些知识产权的条款持保留意见，但国外一些先进的立法经验和开放包容的立法态度始终值得我们效仿和学习。

4. 结语

数字化图书馆的开发和利用是信息时代发展的客观需要和必然产物。数字化信息技术发展到今天，与知识产权的保护密不可分，两者之间相辅相成，互促互进，共同发展。知识产权保护不是遥不可及的问题，网络化、数字化将它现实地推到我们面前，只有在法律允许的范围内，按照合理使用的基本制度，加强知识产权的保护意识，平衡权利人之间的利益关系，才能维护公共利益，达到服务公众的目的，才能使数字图书馆的事业健康、有序地发展。

参考文献

［1］吴荇. 数字图书馆建设中的知识产权问题［J］. 图书馆工作与研究，2002，（3）.

［2］汤珊红. 对数字作品著作权保护的思考［J］. 情报理论与实践，2001，（5）.

［3］陈建红. 我国数字图书馆建设面临的法律问题［J］. 图书馆工作与研究，2001，（4）.

［4］郭志敏. 浅谈数字图书馆知识产权法律保护［J］. 经济技术协作信息，2007.

［5］秦珂. 电子图书馆版权保护若干问题探讨［J］. 四川图书馆学报，2000，（1）.

［6］吴汉东. 著作权合理使用制度研究［M］. 中国政法大学出版社，2005.

［7］宋婧. 浅谈数字图书馆的知识产权［J］. 大众科技，2005，（2）.

［8］Guy Hart-Davis. 因特网盗版技术内幕［M］. 电子工业出版社，2002.

- -

★作者简介

闫阳陵，1962 年生，女，重庆市涪陵区图书馆特藏与地域文化中心主任、副研究馆员。研究方向：地方文献与读者服务工作，曾发表论文十余篇。

张　弛，1961 年生，女，重庆市涪陵区图书馆特藏与地域文化中心副研究馆员。研究方向：采编与读者服务工作，曾发表论文数篇。

浅论大数据环境下公共图书馆
媒体数据库的建设与利用

吴　密（万盛经开区图书馆　重庆　万盛　400800）

［摘　要］云计算技术和物联网的推动让大数据进入了我们生活中的诸多方面，对于公共图书馆来说，数据信息是其提供服务的基础和核心，在大数据环境下，如何构建公共图书馆媒体库成为公共图书馆必须思考的问题。但是就目前的图书馆现状而言，在图书馆资源和信息的整合能力上还有所欠缺，公共图书馆不仅承担着公共职责，同时也应该拓展其社交作用和公共管理能力。因此，笔者认为公共媒体数据库的建立要基于用户行为数据库、社交网络数据库和公共管理数据库三个子库的基础之上。本篇将对大数据下公共图书馆媒体数据库的建设和利用做深入的探讨。

［关键词］大数据　公共图书馆　数据库建设
［分类号］G250.74

1. 公共图书馆媒体数据库的建设

为了能够为读者提供更加具有个性化和定制化的服务、满足读者的不同需求，在进行媒体数据库建设之前，首先要对读者的需求有足够的了解，并对用户的需求进行分类，建立起既能够处理数据，又能够提供优质服务的数据库系统。

1.1 数据库建设目标

信息的庞杂是大数据时代的显著特征，为了适应对大量信息的处理，数据库的建设要达到以下几个目标：其一，数据库要具有较强的灵活性和可拓展性，要能够在海量的数据信息中准确地获取需要的信息资源，而这个目标的实现可以利用目前已经相当成熟的数据抓取工具来实现。其二，在大数据环境下，结构化的数据、半结构化的数据以及非结构化的数据带给我们很大的冲击，在建设的过程中可以使用 Hadoop 工具实现不同数据的转化，最终达到信息的整合。其三是通过数据库资源，实现针对性的定制服务，为用户智能推送定制服务信息。

1.2 数据库建设原则

数据库的建设要遵循兼容性、可靠性和延续性等原则。首先，要考虑数据库对多样化数据的兼容性，使其能够相互转换，这样才能收集更多种类的数据信息。其次，数据库要有很强的可靠性，对于隐私性数据进行保护，保证数据在传输过程中的安全性。最后，数据库要有一定的延续性，要对客户有一定的吸引力，从他们的喜好出发，具备反应迅速、交互性强的界面设计。

1.3 数据库的建设阶段

公共媒体数据的建立首先要立足于受众群体之上，对于受众的需要进行相关调查，设计综合性和个性化的服务系统，秉承着以用户为核心的理念，在此基础上可以将其建设分为三个阶段：首先是对数据的获取阶段，这个阶段以用户在图书馆资源检索中的需求为主要依据和中心，获取大数据时代所需要的相关资源。其次是对数据的整合阶段，这个阶段是对信息的分析和整合，数据分析要遵从一定的规则，将信息进行分类和整合。最后是对实时数据的分析，尤其是对现在的公共图书馆来说，移动终端的不断发展让动态的数据分析变得更加重要，通过动态数据分析，将大数据转换成可操作的智慧型的知识服务。

2. 公共图书馆媒体数据库的利用

公共图书馆媒体数据库的利用范围十分广泛，甚至在某种程度上来说，对于公共图书馆而言，馆藏资源的多少已经无法衡量其竞争力，媒体数据库成为公共图书馆竞争力新的衡量标准。此外，对于媒体数据库的应用还远不止如此，它在很多领域都能够得到较好的利用。

2.1 提供知识咨询服务

知识咨询服务是一种新型的知识服务方式，在媒体数据库作为载体的情况下，公共图书馆的知识咨询服务具备了开展的条件。知识咨询服务以高质量的数据作为支撑，满足不同用户的需求，通过对信息的定向分析和跟踪，提供给客户需要的数据，这样的服务具有很强的可靠性和专业性，真正做到了以用户的需求为本。

2.2 公共危机预警

美国传播学者梅尔文·德弗勒认为，当社会的常态出现异常，而这种异常处于萌芽状态，如果纵容或者忽视其继续发展下去，会对社会造成不可估量的影响，或者已经打乱了社会的正常秩序，影响了社会的积极发展的时候，由于公共媒体是公众和政府之间的传话筒，故大众对公共媒体具有一定的依赖性。公共媒体数据库的预警功能是指在公共危机处在萌芽时，借助原有的数据，进行深度的分析和数据挖掘，发现潜在的关系链，进行事态发展的预测与分析，并及时向社会和公众发出警告。

2.3 构建适当的舆论环境

公共图书馆的媒体数据库可以成为政府和大众之间交流的桥梁，不仅可以对政务公开起到一定的促进作用，同时还能进行有效的宣传，让受众群体能够在第一时间了解到政府的相关公开信息，通过舆论对其进行监督，这对于构建适当的舆论环境，具有十分重要的影响和作用。

2.4 文化的选择性引入

公共图书馆的媒体数据库是一个中西文化碰撞融合的平台，随着全球化进程的不断加快，大数据环境下的我们能够轻易地获取外国文化，但是由于网络环境相对复杂，文化没有经过选择和过滤，在外来文化中也有很多文化侵略的成分，图书馆的媒体数据库对于这些信息和数据经过一个整合分析的阶段，剔除了不健康的信息，保证了文化的健康发展。传统文化是汇聚成的民族性格和民族化风格的一种反映，是文明演变的一种思想文化，是对民族历史的各种形式的整体特征的概念。传承中华文明传统文化，是图书馆发展的关键。公共图书馆的媒体数据库引起了我们对于民族文化的重视，因此，图书馆以及公共媒体必须要坚持下来，精心策划栏目，为宣传传统文化预留一定的媒体资源。

由此可见，公共媒体数据库的利用并不局限在读者这一个群体身上，而是涉及了社交和政府信息公开等多方面的内容。因此，公共图书馆的媒体数据库建设不能单一化，可以基于用户行为数据库、社交网络数据库和公共管理数据库三个子库的基础之上进行建设。

3. 结语

大数据环境下公共图书馆媒体数据库的建设是未来发展的必然，这也是图书馆数据库建设的一个转型时期。本篇在这样的基础之上，以图书馆的用户为核心，明确了媒体数据库建立的目标、原则和阶段。同时，结合媒体数据库的利用，明确其在提供个性化服务、弘扬传统文化、构建舆论环境以及公共危机预警方面的运用，提出媒体数据库要基于用户行为数据库、社交网络数据库和公共管理数据库三个子库的基础之上。希望通过这样的研究能够为未来公共图书馆的媒体数据建设提供一定的参考。

参考文献

［1］洪克诗.试析大数据环境下图书馆公共媒体数据库建设与利用［J］.电脑知识与技术，2016，（11）:8-9.

［2］张瑜.大数据环境下图书馆公共媒体数据库建设与利用研究［D］.辽宁师范大学，2014.

［3］郑辰.福州市少儿图书馆的儿童阅读推广活动研究［D］.安徽大学，2013.

- -

★作者简介

吴　密，1970年生，女，重庆市万盛经开区图书馆馆长、馆员。研究方向：图书馆管理与服务。

浅析我国文化信息资源共享工程资源建设的特点及其保障

周薇薇（荣昌图书馆　重庆　荣昌　402460）

［摘　要］分析全国文化信息资源共享工程资源建设的特点，对文化共享工程资源建设提出一些建议，探讨文化共享工程资源建设的保障措施。

［关键词］文化信息　共享工程　资源建设

［分类号］G 250.7

1. 概述

文化共享工程建设实施的六年，是图书馆事业空前发展的六年，不断提升的六年，也是图书馆工作发生巨大转变的六年。笔者将结合长期从事图书馆事业及文化共享工程资源建设与服务的实践，侧重谈谈资源建设的特点及保障措施。

2. 文化共享工程资源建设的特点及建议

文化共享工程作为公共文化服务体系的基础工程，资源建设项目内容应充分体现"三贴近"的原则，把着力点放在面向农村、面向基层、面向普通百姓，以共建共享为基本途径，全面实施文化共享工程。因此，其资源建设的特点主要表现为以下几点。

2.1 文化共享工程资源建设的定位准确

文化共享工程启动的背景，就是要提高基层文化单位提供公共文化服务的能力，解决偏远落后地区特别是中西部农村地区看书难、看戏难、看电影难的问题。该工程建设重点是文化信息资源的数字化加工、整合与服务，其资源无论在内容还是范围上都应界定明确，必须是适合基层单位使用、贴近百姓生活、广大基层群众特别是农民喜闻乐见的，能全面提升基层文化单位的公共服务能力，满足群众求富裕、求健康、求文明的需求。

2.2 资源内容丰富，类型多样

文化共享工程的主要服务对象是广大基层群众，因此在文化信息资源的建设上必须贴近百姓生活，使群众喜闻乐见的文化信息资源成为资源建设的重点。文化旅游部全国公共文化发展中心精心规划并设计了"文化信息共享工程资源建设框架表"，按类型将资源划分为14个一级类，包括文化艺术、影视曲艺、扶贫社保等，基本涵盖了农民群众喜闻乐见，并与农村生产、生活联系紧密的领域。就其资源的表现形式来看，目前加工、整合的各类资源类型多样，具体细分为音像视频节目、多媒体资源、电子图书、少数民族语言文字图书、奥运专题图书、农业电子期刊以及一批地方特色资源。

上述众多的各种文化共享资源形成了一个大型海量的资源库，不仅满足了各文化水平、各职业工种以及各种需求层次求异求新的需要，而且由于其内容丰富实用，更满足了广大群众脱贫致富、拓展文化视野、提高知识技能以及休闲娱乐等方面的需要。基于上述认识，目前文化共享工程的信息资源建设日臻完善，无论在数量规模，还是在内容形式上，均已达到了较高的水平。

2.3 地方特色资源是文化共享工程资源建设的重点

要保证文化共享工程长久持续地发展，必须建立具有地方特色优势的、能够满足广大基层群众文化生活需要的文化信息资源库，其重点在于对祖国丰富的地方文化、民族优秀文化资源进行收集、整理、加工、整合，形成共享工程地方的、民族的、特色的优秀文化资源库群。这些资源以音像、图片、文字等多种形式展示，向全国基层群众提供服务。这些具有浓郁地方特色的信息资源极大地丰富了文化共享工程的资源类型和总量，实现了共享资源的社会效益与经济效益的结合。

3. 文化共享工程资源建设的保障措施

3.1 组织保障

完善的组织结构是资源建设顺利进行的保障。好的组织结构重点是领导重视和职责分明，领导重视是资源建设的关键。领导全面负责规划组织结构的落实、人员的调配、部门的协调、资源的征集工作。好的领导艺术才能充分调动各方面的积极性，充分利用一切资源优势和人才优势，积极争取各级领导重视和政策支持，保障资源建设有条不紊地进行。职责分明是资源建设的保证。资源建设需要多方协力才能完成，只有做到职责分明，才能确保资源按质、按量、按时完成。××省中心在整个资源建设过程中层层设岗，职责分明并落实到人。其具体做法是：将项目分为决策层、管理层和作业层。决策层有项目总策划人、项目总负责人；项目管理层设置项目总协调人和项目技术负责人；项目作业层按工作内容划分小组，同时指定各组的专职负责人。在这种模式下，馆长牵头总策划，各部负责人相互配合、协调具体调度，既是领导重视，也是职责分明。

3.2 经费保障

文化共享工程是一项繁荣社会主义先进文化的创新工程，大力支持共享工程的快速、全面推进，首要是资源建设经费的保障。要明确中央财政和地方财政的投入，用行政手段保障地方财政的投入，并明确资源建设在共享工程建设中的比例。另外，在资源征集方面，应由国家颁布相应文件，要求相关部门的特色资源免费提供给共享工程使用，可节省特色资源的采购费用。

3.3 标准保障

统一建设标准是资源共建共享的前提条件。为此，国家先后规范了多个资源建设的标准和指南，如《全国文化信息资源共享工程试点工作资源建设指南》《数字图书馆标准与规范建设》。此外，还为部分特殊对象明确了参照规范，如数字化视频对象，参照《数字资源加工标准规范》《全国文化信息资源共享工程省分中心视频资源建设格式规定》；节目层、片段层编目数据，参照《中国广播电视音像资料编目规范》，以及各类型视频资源编目细则，等等。

4. 结语

全国文化信息资源共享工程资源建设只有在国家层面的准确定位，有组织的保障、有充足的经费、有规范的标准的前提下，持续地挖掘、开发地方文化信息资源，才能真正满足人民日益增长的精神文化需求。

参考文献

［1］中央办公厅、国办转发《文化部、财政部关于进一步加强全国文化信息资源共享工种建设意见》.

［2］财政部《全国文化信息资源共享工种试点工作资源建设经费管理办法》.

★作者简介

周薇薇，1981年生，女，重庆市荣昌区图书馆馆员。研究方向：自动化管理。

论农家书屋运行中存在的问题及对策

宫晓红（合川图书馆　重庆　合川　401520）

［摘　要］农民在我国人口中占有很大的比重，但是农民的文化水平普遍不高，全面建设小康社会首先就要提高农民的素质，这就需要培养农民的文化知识。农家书屋就是为亿万农民带来福音的工程，其普及范围较广。但是根据调查显示，目前农家书屋的实际运营情况不是很好，由于管理农家书屋的人就是当地的农民，他们只有管理农家小店的经验，因此缺乏科学的管理知识。此外，农家书屋运营的资金来源比较有限，缺乏后续的资金支持；再者，农家书屋的图书质量不高，这些因素都限制了农家书屋的正常运行。因此对农家书屋运行中存在的问题和对策进行研究，有利于提高农家书屋的服务质量，对于农家书屋的发展具有重要的理论和现实意义。

［关键词］农家书屋　运行　问题　对策

［分类号］G251.5

农家书屋的建立是为了解决农村群众的文化问题，但是自运营到现在，出现了很多的问题。比如图书的种类不适合农民阅读、书籍的层次和质量也不尽如人意，因此对于农家书屋的改革势在必行。我们必须从实际情况出发，根据当地农村从事生产的实际情况和当地学生受教育的情况，积极拉取赞助，政府也要适当给予补贴，改善农家书屋的环境，提高农家书屋的服务质量。

1. 农家书屋运行中存在的问题

1.1 目前农家书屋缺少健全的制度支持

农家书屋的建设与运营需要多个部门进行协调，但是现在存在农村的政府工作人员的素质不高，对于上级传递的信息了解不到位的问题，还有各级部门之间缺乏有效的沟通，部门之间一旦出现问题就相互推卸责任。农家书屋缺乏完备的管理机制，没有明确的负责人，组织分工也不明确、不合理，指定的工作人员有时候也因为农忙而缺席，这些都导致农家书屋缺乏必要的、健全的制度支持，从而给运营带来了很大的负面影响。

1.2 农家书屋的日常管理混乱

农家书屋大多是以镇为单位，管理人员也多是村上的兼职人员，比较冗杂，没有严格的管理制度。这就导致在实际运营的过程中，书屋的开放时间完全取决于个人，没有统一的开放时间。农家书屋的图书摆放比较混乱，缺乏有序性，想要阅读的农民无法进行系统的阅读。图书的借阅也没有严格的登记制度，导致很多图书丢失、损毁，无法追究责任。农家书屋的书架更是摆设，过时的图书没有及时处理，农民需要的技术方面的书籍没有及时更新，这些都导致农家书屋的管理一片混乱。

1.3 农家书屋的图书质量不高

农家书屋的主要读者是农民，农村需要的书籍都是实用性很强的书籍，比如如何指导农民发现果树上的虫害、棉花上的害虫以及如何打理棉花等，但是农家书屋是在全国范围内开展的，不同地区的农民的劳作内容不一样，导致农民需要的农业技术书籍也不同，这就要求各地组织农家书屋的负责人一切从实际出发，然而，实际工作效果却不理想，随便买几本书籍应付的状况时有发生。这样的情况打击了农民阅读的积极性，抑制了农民阅读的兴趣。

1.4 农家书屋的受众群体比较少

农家书屋的受众群体比较少，主要是镇上的农民，但是农民没有养成阅读的好习惯，对于阅读没有足够的兴趣，他们遇到劳作上的问题都是根据经验来解决。还有很多村庄的农民都外出打工，回家的时间基本都在过年阶段，没有足够的时间和精力去阅读，而且也没有足够的知识能力去阅读。这样也就打击了当地政府推广农家书屋的积极性。

1.5 农家书屋的运营缺少资金支持

农家书屋的运营资金主要是来自政府的补贴，但政府的能力也是有限的。全国的农民数量巨大，村庄更是数量极多，政府的资金来源毕竟有限，而且由于腐败问题以及政府给予农家书屋的重视不够，导致在推广的过程中资金的落实不到位，这些都限制了农家书屋的发展。

2. 解决农家书屋运行中存在问题的对策

2.1 健全农家书屋的管理体制

要有效地解决农家书屋面临的问题，首先就要健全农家书屋的管理机制，要对农家书屋的组织机构进行明确。健全农家书屋的管理机制的措施可以镇为单位，在镇上招聘文化程度比较高、有足够多空闲时间的人员，农家书屋会给工作人员一定的补贴，要求工作人员管理农家书屋，明确各级责任。通过组织人员对各级政府人员培训使用线上办公软件，建立群组，这样关于平时的值班等问题都可以有效地沟通与解决。此外，就是要建立农家书屋与当地学校图书馆之间的联系，鼓励农家书屋管理人员向图书馆的管理人员学习管理图书方面的知识，来全面提升工作质量。

2.2 建立科学的管理秩序

2.2.1 农家书屋的管理人员不可以随便指定，要建立考核上岗制度，应聘者要在上岗前对自己的职责进行了解，要对工作有极大的热情和积极性，同时还要对人品和知识技能进行考核。

2.2.2 对于图书的借阅要有严格的管理制度。以前为了防止农民将图书带回家会不爱惜图书、损坏图书、丢失图书，从而引起不必要的纠纷，都是限制农民将图书带出，这样就减少了农民阅读的时间，因为大部分农民只有在晚上有很多的时间读书。能够鼓励农民养成在睡觉前阅读的好习惯，对于农民增加阅读量具有十分重要的作用，因此可以采取一定的措施鼓励农民进行借阅。但是要建立严格的借阅制度，比如要对借阅者的借阅时间和书目、联系方式、负责人、归还时间等明确规定，必要时还要对有违规操作的行为采取一定的惩罚措施。

2.3 规范图书种类，保证图书质量

农家书屋的图书种类要齐全，采购人员可以根据当地的播种情况，在老百姓之间进行走访，可以咨询当地的农村技术人员，然后利用网络查找相关的书籍，制订采购计划，向政府申请采购图书并写明理由。同时还可以针对当地的留守儿童的实际情况，为留守儿童采购相关书籍。图书的采购要走正规渠道，不能采购盗版图书，损害农民利益。最后，农家书屋的管理人员可以绘制海报在农民之间进行宣传，引导农民选择适合的书籍，引起农民的阅读兴趣，帮助农民对书籍进行选择，因为农民的文化水平有限，不会进行筛选，而且阅读能

力也有限，对于农民来说没用的书籍要拒绝进入农家书屋。

2.4 发现农民阅读需求，引导农民养成阅读的好习惯

农家书屋的管理人员可以对经常来书屋阅读的农民进行定期和彻底的访谈，了解农民的想法和所需的知识，发现农民的困惑，因为农民对于同一类知识的阅读和了解、接受能力不一定十分彻底，农家书屋的管理人员可以进行解惑。同时，还可以在农家书屋引入电脑和上网设备，引导农民遇到问题自己学会寻找解决办法，这也是一种能力培养。农家书屋的管理人员还可以借鉴图书馆的管理方法，对书屋内借阅量比较大的书籍在海报上标出，推荐给农民，并且鼓励农民之间进行交流与讨论，加深对书籍的理解，培养他们的兴趣与爱好，鼓励下一次的阅读。

2.5 健全农家书屋运营资金投入机制

各地农家书屋的运营资金主要来自当地政府，这样对于农家书屋的长远发展是不利的，当地政府应该管理好当地的农家书屋，对农家书屋改变农民生活的重要性进行阐述，并将现在农家书屋给百姓带来的益处进行展示，吸引上级政府的注意，争取更多的支持，使政府能够早日将农家书屋的规划提上日程。除此以外，当地农家书屋的管理人员可以争取社会各界的书籍和资金捐助，同时可以与从当地走出去的大学生和企业家等取得联系，鼓励他们对家乡的发展贡献自己的一份力量，吸引投资和捐助，提高农家书屋的整体水平。

2.6 纳入图书馆管理体系

农家书屋项目由政府运营，但却是公共基础设施，不像图书馆有明确且严格的管理部门和制度，农家书屋可以将自身纳入图书馆管理体系，这样由图书馆负责农家书屋的运营指导，必要时还可以对工作人员进行专门的管理。图书馆还可以为农家书屋提供免费图书，给农家书屋的运营减少了一些经济上的负担。这样农家书屋可以将更多的精力放在拓展下一级农家书屋的活动上，比如在村级设置文化中心。图书馆还可以成为各个镇上农家书屋之间信息共享的平台，鼓励各农家书屋之间进行文化交流和管理经验交流。图书馆要意识到，农家书屋的运营也可以对图书馆的运营起到一定的推动作用，比如可以推进全民阅读，培养全民阅读的习惯，对于提高全民素质和精神文明建设具有十分重要的现实意义。

3. 结语

农家书屋是农民学习知识的平台，农民的广泛参与才是农家书屋运营的根本所在。但是目前来看，农家书屋的建立是雷声大、雨点小，后期的运营存在很严重的问题，不仅仅管理上存在责任不明确的现象，而且图书质量不高，不适合农民阅读，同时农家书屋运营的资金来源也是很有限的。农家书屋的后期运营不能仅仅依靠政府，还需要建立完善的管控机制，提高图书的质量，吸引政府及社会各界的捐助与支持。农家书屋的存在对于我国精神文明建设十分重要，我们必须给予高度的重视和科学的管理，以此提升农民的文化素养。

参考文献

［1］林易.农家书屋运行中存在的问题与对策［J］.云南图书馆，2015，（2）:61–63.

［2］陈建红，张岚."农家书屋"可持续发展的思考［J］.黑龙江史志，2014，（12）.

［3］王景霞.农家书屋可持续发展影响因素分析与对策研究［J］.艺术科技，2015，（11）.

［4］金武刚.农家书屋与农村公共图书馆服务体系融合发展探析［J］.中国图书馆学报，2014，40（1）:84–92.

［5］李晓文.农家书屋后续管理工作的问题及对策——基于对湖南省农家书屋的调查［J］.图书馆工作与研究，2014，1（10）:99–101.

［6］贾米勤.地方高校图书馆与农家书屋资源共享的研究——以广东科学技术职业学院图书馆为例［J］.农业图书情报学刊，2014，（26–2）:35–38.

［7］王前.农家书屋服务"可及性"评价研究［J］.图书馆建设，2015，250（4）.

［8］李锦兰，王天亮.以地方农民需求为导向的"农家书屋"发展策略研究［J］.农业图书情报学刊，2014，26（4）:79–83.

- -

★作者简介

宫晓红，1968年生，重庆市合川区图书馆办公室主任、馆员。研究方向：读者工作管理与服务。

浅探基层公共图书馆编目人员的发展之路

汤番番（荣昌图书馆　重庆　荣昌　402460）

［摘　要］图书数据编目在图书馆各项工作中占据着举足轻重的位置，编目工作的好坏关乎着整个数据库的质量，也直接影响着图书馆的外借工作。编目人员的职业素养和业务水平对编目工作的开展起着决定性作用。如何提高编目人员的业务理论水平和实践操作经验，从而提高数据编目的质量，是编目人员正在努力探索的一条发展之路。

［关键词］基层公共图书馆　编目人员　发展

［分类号］G258.22

1. 基层公共图书馆员工现状

1.1 员工图书情报学理论水平不高

由于历史及现实原因，基层公共图书馆中真正毕业于图书情报专业的人员很少，大多数员工是通过转调、公开招聘的方式进入图书馆的，其图书情报学的理论水平不高。图书馆转调或公开招聘员工，通常是因为人手紧缺，新进的员工一进入图书馆便会直接投入实践工作，很少有机会系统地学习理论知识。久而久之，即便是一位在图书馆工作多年的员工，其工作经验可能非常丰富，但理论知识储备可能相当欠缺。

1.2 志愿者文化水平参差不齐

由于基层公共图书馆在编人员数量较少，要增加编制和人员又困难重重，随着社会文化水平的发展，图书馆服务读者的项目越来越多，正式员工哪怕一周七天上班，人人守室，也满足不了读者的需求，请志愿者加入图书馆的服务工作势在必行。所谓志愿者，都是不计报酬、自愿为公共文化事业做奉献的励志人士，他们大多都有自己的本职工作，只能用业余时间来为图书馆服务，他们来自各行各业，文化水平参差不齐，对图书情报工作的理解也因其文化水平各有偏差。

2. 基层公共图书馆编目人员现状

2.1 图书馆编目人员数量不多

图书数据编目在图书馆各项工作中占据着举足轻重的位置，编目工作的好坏关乎着整个数据库的质量，也直接影响着图书馆的外借工作和读者服务工作。编目工作是一项看似简单，实则烦琐的工作，稍有马虎便会出错，且短时间内不易发现。因此编目工作不可能交给流动性大的志愿者来做，只能由正式员工来完成，即便是正式员工，也不可能几天就轻车熟路，必须经过专门的培训和大量的实践操练。但基层公共图书馆员工少、服务项目多，每个员工都有自己独立承担的工作，不可能派多名员工去参加专门培训，所以基层公共图书馆真正从事编目工作的人员并不多。

2.2 图书馆编目人员工作量大

随着社会科技和经济的发展，人们的文化生活水平不断提高，图书馆在人们的精神生活中扮演着越来越重要的角色。各级图书馆现有馆藏量已经难以满足读者的需求，特别是藏书旧、藏量少的基层公共图书馆，更是急需增加馆藏，这就导致编目人员的工作量会大大增加。其他岗位如果忙不过来或许可以请同事帮忙，编目工作再忙也没法找他人帮忙。一是同事根本不会做，而且没有经过专门培训就做编目，出错率相当高，特别是连锁性错误，纠错所花费的时间往往比做新数据花费的时间更多。编目人员深知这个道理，所以再忙也不愿意请同事帮忙。同事能帮忙做的，只能是盖馆藏章、贴条码、粘书标等没有技术含量的工作，真正涉及数据著录时，必须得编目人员亲力亲为。

3. 基层公共图书馆编目人员的发展之路

3.1 编目人员需要提高业务理论水平

作为专门从事编目工作的图书馆员工，仅仅有实践操作经验还不够。编目工作涉及图书的分类、数据的著录等，这些工作都有很强的理论性。如果不提高理论水平，在从事编目工作时就会只知其然而不知其所以然，在进行分类时只能完全依靠在版编目数据，如果在版编目数据错误，编目人员也无法察觉，就会导致编目数据的错误甚至造成整个数据库的错误。因此，编目人员需要不断提高自己的业务理论水平，不仅能发现在版编目数据的错误，还要做到即使没有在版编目数据，也能对图书进行正确分类。

提高业务理论水平通常有两种途径，一是积极参加上级图书馆举办的编目培训，多与同行沟通交流，共同探讨疑难问题。这种方式对提高业务理论水平最为直接有效。二是如果没有培训的机会，则自己多看图书分类及著录的相关书籍，以及图书馆界的核心期刊，日积月累地提高自己的业务理论水平。这种方式虽然耗时费力，且进度缓慢，但掌握的知识更为清晰透彻，且可反复学习，长期坚持，也会有明显的效果。

3.2 编目人员应熟练掌握原始编目技能

所谓熟能生巧，编目经验都是在长期的编目实践中积累起来的，作为专业的编目人员，应该熟练掌握各个字段及子字段的含义，当操作熟练后，即使做原始编目，也能做到既迅速又准确。也只有熟悉了原始编目，才能在下载数据时准确判断哪些字段可用，哪些字段不可用，哪些数据适合本馆馆藏特征可以直接使用，哪些数据不适合本馆馆藏特征需要修改。在走捷径下载数据之前，一定要熟练掌握原始编目技能，下载数据时，才能通过借鉴别人的数据，对编目技能进行巩固和再学习。否则，如果尚未掌握原始编目技能就去走捷径下载数据，只能让自己的编目技能日渐生疏，到最后完全依赖下载数据，没有数据便寸步难行无法编目，这对编目人员的成长极为不利，对编目工作也埋下了极大的隐患。

3.3 编目人员应懂得操作系统中编目格式文件的设置

CNMARC 格式是目前图书馆界通用的数据著录格式，虽然各种操作系统的界面各不相同，但系统内都有自己的格式设置文件。编目人员要懂得格式文件的设置，才能在编目时根据本馆数据的特点做出相应的设置。在 CNMARC 数据中，有些字段的内容是固定的，比如 101@a 子字段，只要是中文图书都录入"chi"；102@a 子字段都录入"CN"；@b 子字段录入当地行政区划代码，比如"荣昌区"的行政区划代码是"500226"；编目地方文献时，需要在 607@a 子字段录入地方主题，比如"荣昌区"则录入"荣昌区"；905@a 子字段需要录入馆代码，比如"荣昌区图书馆"的馆代码为"RCT"。如果预先在系统的编目格式文件里做好上述设置，数据著录时只需要敲回车键，系统便会自动生成设置好的内容，而不需要编目人员再手动输入。而且，普通图书、地方文献和视听资料的著录不尽相同，字段的选择和著录略有差异，如普通图书的主题分析通常只做 606 字段，而地方文献却需要做 607 字段；又如普通图书 200@b 子字段应著录"专著"，而视听资料 200@b 子字段却应著录"电子资源"。如果每条数据在著录时都需要做这样的修改，编目人员的重复工作量也未免太大。所以针对不同种类的文献，预先设置好对应的编目格式文件，著录某种文献时只需调用相应的文件即可，这在很大程度上减少了编目人员的工作量。

3.4 参与联合编目　寻求数据共享

如前所述，基层公共图书馆编目人员少，编目工作量大，如果完全依靠原始编目，逐字逐条地做数据，编目进度将会非常缓慢，编目工作很难保证时效、保证质量地完成。对于同一种图书，如果上至国家和省市、下至区县的公共图书馆编目人员，都分别对其做原始编目，众多编目人员重复着这一相同的工作，无疑是对编目人员劳动力的极大浪费。由此，图书馆界的馆际合作及联合编目便应运而生。国家图书馆和一些省市级公共图书馆率先成立了图书馆联合编目中心，众多基层公共图书馆纷纷加入，他们与国家图书馆、省市级公共图书馆签订了联合编目协议，成为联编中心成员馆，并参加了数据上传资格培训，既可以把自己编目的数据上传到国家图书馆或省市级联合编目中心数据库，也可以免费下载国家图书馆、省市级联合编目中心的数据为本馆所用。这样，只要某一个成员馆对某种图书做过编目并将数据上传到联编中心数据库，其他成员馆均可免费下载该数据，而不需要再做原始编目，只需要下载复制，便可省掉几十甚至几百字的输入。这样的数据共享，既减少了编目人员的工作量，又大大提高了编目速度，让编目工作有了质的飞跃。

4. 结语

编目人员的职业素养和业务水平对编目工作的开展起着决定性作用，编目人员唯有认识到自己的重要性，主动利用各种机会不断提高自身的职业素养和业务水平，多与同行沟通交流，共同为编目工作设计出更为科学合理的操作流程，才能为公共文化事业做出更大的贡献。

参考文献

［1］王永臣.关于多卷书著录中的一些问题［J］.图书馆学刊，2014，（12）.

［2］杨沈.浅析基层图书馆人才建设的紧迫性及培训途径［J］.青年文学家，2010，（1）.

★作者简介

汤番番，1975 年生，女，重庆市荣昌区图书馆助理馆员。研究方向：公共图书馆编目。

图书馆复合型人才队伍建设及培养机制探索

杨才友（荣昌图书馆　重庆　荣昌　402460 ）

［摘　要］随着社会经济的不断快速发展，现代人对于知识的需求量不断增加。图书馆作为现代人获取信息知识最有效的途径之一，为了提高其自身的作用和价值，图书馆复合型人才队伍的建设和培养机制就显得更加重要和必要，本篇对此进行了分析和研究。

［关键词］复合型人才　队伍建设　培养机制
［分类号］G251.6

在当前社会经济不断快速发展的形势下，信息产业已经逐渐成为当前社会在发展过程中必不可少的一项重要内容。图书馆是信息服务行业发展过程中必不可少的重要部分。在当前信息化、网络化的社会背景下，应加强对图书馆复合型人才队伍的建设，促使培养机制的有效落实，推动图书馆的整体发展。

1. 加强继续教育工作

在当前社会经济不断快速发展的形势下，对于人才的整体要求越来越高、越来越多样化，不仅要求人才具备良好的专业素质和技能，而且需要具备不断学习的意识和能力。在图书馆复合型人才队伍建设以及培养过程中，要注重继续教育的实施。继续教育主要是指人们在接受一定基础教育或者是专业教育之后，为了从根本上不断提高自身的科学文化水平，需要不断吸收最新的科学文化知识，防止陈旧知识与现代社会发展不能够有效接轨。图书馆信息资源服务要发挥自身的影响和作用，就需要根据图书馆自身的实际情况，加强人才继续教育工作的展开和实施。在实际操作过程中，针对工作人员的具体年龄结构以及知识结构，进行有针对性的培训和教育。

2. 加强现代信息技术技能教育

如今，科学技术、信息网络技术不断发展，我国已经全面进入信息化社会。对于图书馆自身的发展来说，也需要与时俱进，与现代社会保持密切的联系，这就需要在图书馆复合型人才队伍建设过程中，注重将信息技术融入其中，加强人才的现代信息技术技能教育。图书馆工作人员要把握住机遇，积极主动地参与到信息技术的培训或讲座当中，从根本上加强自身对于信息技术的掌握，这样不仅能够拉近两者之间的距离，而且能够快速有效地融入图书馆信息服务的大潮之中。

3. 转变观念，建立引人、用人机制

一般情况下，图书馆在发展过程中，都会根据地方政府的实际情况来对图书馆进行引导发展，但不同领导对于图书馆的定义也大不相同，很多地方领导对图书馆的认识存在一定偏差。图书馆管理人员自身的年龄结构以及知识结构并没有得到统一，这样不仅阻碍了图书馆的发展，对工作人员自身的发展来说，也造成了严重制约。因此，地方政府应当及时有效地转变思想观念，意识到图书馆在现代社会生活当中的影响和作用，建立一套科学合理的图书馆引人、用人机制，并且将这个机制落到实处。

图书馆在政府核定的岗位内要引进一批学历高、业务强、技术良好的复合型人才，这样不仅能够为图书馆复合型人才队伍建设打下良好的基础，而且能够缓解当前存在于图书馆当中的问题。对于图书馆当中一些年龄比较大、知识技能跟不上现代社会发展需要的人员需要对其进行相应的"淘汰"处理，只有保证新鲜"血液"的及时补充，才能够促进图书馆的正常运作。

4. 建立人才激励机制

在图书馆复合型人才队伍建设过程中，为了达到良好的人才培养目的，要尽可能保证图书馆获得上级部门的经费支持，这样能够打破图书馆职能发展受制于人的限制。同时，图书馆想要得到切实有效的发展，就需要逐渐树立"有为才能够有位"的观念，从根本上调动员工的工作积极性和主动性，让员工能够意识到只有自己的能力达到一定标准和水平，才能跟上图书馆发展的步伐。图书馆要积极争取上级管理部门的认可和支持，让其能够提供图书馆日常运营中所需要的经费，保证图书馆各项工作的有序展开。

另外，图书馆要进行岗位培训、派遣培训、外出交流学习以及让工作人员参与一些专业的讨论会或者是讲座等，这样不仅能够从根本上提高人才自身的价值和作用，而且能够推动图书馆的发展。图书馆要根据实际情况，制定科学合理的激励政策，通过竞争上岗、奖勤罚懒等措施，将工作人员的工作积极性和主动性充分调动起来，这样不仅能够从根本上保证工作效率和质量的有效提升，而且能够促使图书馆逐渐形成一个良好的人才培养机制，为图书馆的可持续发展打下坚实的基础。

5. 结语

综上所述，在当前社会经济不断快速发展的形势下，人们对于知识的需求越来越多样化，图书馆是为人们提供知识的重要场所之一，为了保证图书馆的整体服务质量，就需要加强对图书馆复合型人才队伍的整体建设以及培养。在实施过程中，要打破传统的图书馆管理模式以及人才培养理念的局限性，要与时俱进，与现代化技术以及管理理念相结合。在保证对图书馆工作人员知识结构以及综合素质能力有效提升的同时，能够推动图书馆的稳定发展。

参考文献

［1］杨沈.浅析基层图书馆人才建设的紧迫性及培训途径［J］.青年文学家，2010，（1）.

［2］沈新军.关于县级图书馆复合型人才培养与队伍建设的几点思考［J］.科技信息，2013，（1）.

［3］徐玉梅."互联网+"环境下高校图书馆文化创新模式研究［J］.河南图书馆学刊，2017，（2）.

［4］马宇明等.我国公共图书馆馆员职业能力建设研究［J］.图书馆学研究，2017，（1）.

- -

★作者简介

杨才友，1984年生，男，重庆市荣昌区图书馆助理馆员。研究方向：图书馆队伍建设。

以地方特色理念构筑全国文化信息资源共享
工程资源建设与服务体系

周薇薇（荣昌图书馆　重庆　荣昌　402460）

［摘　要］全国文化信息资源共享工程作为公共文化建设重点工程，在公共图书馆和基层文化站的自动化、网络化，以及资源建设和大众服务方面发挥了巨大的推动作用。公共图书馆大规模开展数字资源建设，形成了丰富的优秀文化信息资源，面向基层服务的数字资源提供能力显著增强。资源建设和对外服务犹如共享工程的两大推进器，因此，必须围绕地方特色资源，构建共享工程资源库群，以及创新地方特色服务，构筑共享工程服务体系。

［关键词］文化信息资源共享工程　资源建设　服务体系

［分类号］G250.7

1. 全面推动各级公共图书馆自动化、网络化建设

1.1 公共图书馆大规模开展数字资源建设，形成丰富的优秀文化信息资源

目前，省、市级图书馆普遍开展数字资源建设，使共享工程的数字资源总量已达到65TB。其中，全国文化信息资源建设管理中心整合加工了约13TB的数字资源，各级分中心整合完成了约52TB的数字文化资源，主要有电子书刊、专题知识讲座以及影视作品等，并建设了一批具有地方特色的专题资源库。

1.2 面向基层服务的数字资源提供能力显著增强

共享工程依托各级公共图书馆和乡镇、街道文化站，已建成庞大的、分布全国的服务网点，依托电子阅览室和卫星接收网络等设备，为广大基层群众提供丰富的数字资源信息服务，全面提高了公共图书馆对网络信息的获取和服务能力，提升了公共图书馆的服务水平。

资源建设和对外服务犹如共享工程的两大推进器，是共享工程建设取得实

效和可持续发展的关键，也是衡量共享工程开展情况的重要标志。而资源建设及服务体系的建立，必须紧紧围绕地方特色的理念来构筑，也就是说，资源建设必须充分体现地方特色，服务体系的建立必须结合本地的具体实践。

2. 围绕地方特色资源，构筑共享工程资源库群

资源建设是共享工程的核心。要保证共享工程长久、持续地发展，就必须建立具有地方特色优势的文化信息资源库群，以满足广大基层群众的文化生活需求。我国地大物博，各地的文化资源极为丰富，如商州文化、湖湘文化、徽州文化、秦文化、楚文化，等等。共享工程资源建设的重点，就是对祖国丰富的地方、民族优秀文化资源进行收集、整理、加工、整合，形成共享工程地方的、民族的、特色的优秀文化资源库群，充分展示其资源具有"人无我有，人有我优，人优我特"的资源主导地位。资源建设是共享工程建设的重点和难点，要使共享工程可持续发展，就应该将加大共享工程资源建设力度列为工作的重点抓实抓好。

2.1 加大本地区文化部门直属单位和各地方剧团的资源征集和整合力度

可专门派人走访文化馆、博物馆、地方剧院、艺术团体等各有关单位，征集地方文化信息资源，投入数字化加工。

2.2 注重对具有地方特色的民族、民间优秀文化资源进行征集和加工

如本地剧种、非遗、文物、饮食文化、绘画作品、摄影作品等一批具有地方特色的数字资源库。

2.3 发挥市、县地方特色文化资源建设的积极性，不断增加数字资源存量，丰富资源内容

例如：具有当地特色的人文、说唱、饮食、旅游等。

3. 创新地方特色服务，构筑共享工程服务体系

共享工程在提高城乡信息化水平，丰富广大人民群众特别是经济欠发达地区群众的精神文化生活，保障人民群众的文化权益，满足群众不同层次的文化需求，缩小东西部地区之间、城乡之间文化发展上的差距，建设社会主义新农村，构建和谐社会等方面发挥了重要作用。但是，就全国来看，发展还很不平衡，资源的利用率还不够高，广大基层群众的基本文化需求还没有得到根本的满足。因此，各地要因地制宜，充分发挥当地的特点和优势，创新共享工程服务模式、服务方式、服务手段和服务途径。

3.1 立足地方特色，创新服务模式

根据文化共享工程建设的实际和发展需要，目前有多种建设与服务模式，主要包括：一是共享机制模式，如与农村党员干部现代远程教育和农村中、小学远程教育工程结合建立的基层服务点；二是互联网服务模式，如共享工程中心通过电子阅览室为基层群众服务；三是卫星服务模式，如共享工程卫星服务点；四是移动硬盘／光盘服务模式，如通过硬盘／光盘传输开展服务的基层点。

3.2 共享工程本身是一项创新工程

共享工程没有现成的经验可以遵循，因此，我们要按照陈至立同志在贵州经验交流会上提出的要求，即一切有利于共享的机制都是好机制，一切有利于共享的办法都是好办法，一切有利于共享的途径都是好途径。立足于地方特色，不断地创新共享工程服务模式、服务方式、服务手段和服务途径。共享工程是一项文化创新工程，需要人们不断地用创新的思维、创新的理念、创新的方法来实施共享工程，使其真正成为群众喜爱的民心工程。

参考文献

［1］徐欣禄, 黄艳. 广西文化信息资源共享工程资源建设思考［J］. 图书馆界, 2007, （1）.

［2］张彦博, 刘刚. 全国文化信息资源共享工程的创新实践［J］. 数字图书馆论坛, 2007, （1）.

- -

★作者简介

周薇薇, 1981年生, 女, 重庆市荣昌区图书馆馆员。研究方向：自动化管理。

数据智能过滤在数字图书馆中的应用研究

周江焱（合川图书馆　重庆　合川　401520）

［摘　要］本篇在智能过滤技术应用个性化推荐服务的基础上，对以智能过滤技术为核心的图书馆个性化信息推荐服务应注意的问题展开了分析，旨在提高数字图书馆的服务能力。

［关键词］智能过滤　数字图书馆　个性化推荐服务

［分类号］G250.76

智能过滤技术是源于大数据挖掘机制的信息技术，是为解决图书馆信息化服务过程中信息资源过载、信息资源使用效率不高等问题形成的技术模式，信息技术与智能技术的有机结合为数字图书馆面向用户的个性化推荐服务提供了技术支持。

1. 智能过滤技术应用数字图书馆个性化信息推荐服务的意义

1.1 智能分类用户个性化信息

目前依靠传统数字技术构建的个性化推荐服务系统，需要用户根据自身的行为偏好和兴趣手动选择自己关注的信息类别，然后向系统提交申请，由系统自主判定用户需求，为用户提供个性化信息服务。受到信息传输效率的影响，当使用该系统的用户众多、信息负载过大时，系统有崩溃的风险。智能过滤技术的出现很好地解决了这一问题，根据用户使用搜索引擎的习惯、偏好、兴趣，对用户感兴趣的信息进行智能捕捉、智能搜集、智能获取，把满足用户个性化需求的信息分类显示到页面上，使用户不需要手动选择就可以智能获取分类信息。少部分用户在使用数字图书馆时目的并不明确，对个人需要的信息定位缺乏准确性，面对这种情况，数字图书馆对智能过滤技术的高效应用可对用户的个性化需求科学分析，根据系统分析结果为用户提供分类推荐信息。

1.2 对用户的个性化需求智能检测分析

随着移动互联网时代的到来，信息用户身处爆炸的信息海洋中，互联网空间庞大的信息数据催生了多种智能过滤技术，不同的智能搜索引擎技术偏重于不同类型信息的搜索获取，要么注重商业数据的搜集获取，要么注重知识资源的可视化呈现。智能过滤技术是智能技术与互联网技术的综合体，通过对不同类型信息资源的快速识别、准确定位，基于用户的行为偏好，集成语义识别、信息检索及信息过滤对不同类型的信息数据综合处理。智能过滤是一种更加高效的信息组织、加工、利用技术，能根据用户使用搜索引擎的习惯、行为，判定用户的个性化信息需求，并对用户的个性化需求进行数据分析，针对用户的需求对信息资源进行检索及智能筛选，使用户及时获取个性化信息。

2. 数字图书馆应用智能过滤技术需注意的问题

2.1 智能获取个性化信息问题

根据笔者的研究，依靠智能过滤技术，用户获取个性化信息的方式分为两种：一种是静态智能化模型，另一种是动态智能化模型。静态智能化获取方式是智能过滤系统根据读者使用系统的注册信息，包括与用户个体行为有关的各种信息，对用户静态化个性需求进行初步分析。动态智能化获取方式是通过分析用户使用数字图书馆系统的日志记录、网页浏览记录、信息查询内容、最近阅读状况等数据分析用户可能产生的阅读需求，并围绕用户的行为偏好建立用户个性化信息库，准确预测用户的个性化需求。同时，数字图书馆服务系统针对用户个性化需求分析可建立追踪机制，通过显性分析、隐性追踪的方式分析用户的行为数据。显性分析是根据用户使用服务系统的反馈信息，从用户个性化需求信息库中调取用户的基本信息，根据用户的行为偏好、信息习惯、教育背景为用户智能推送个性化信息，这种个性化信息推荐方式需要用户自主参与。隐性追踪是通过分析用户的日志记录、数字图书馆使用记录、电子文献查阅记录预测用户的个性化需求，根据系统的分析结果，为用户智能推荐信息。

2.2 用户个性化行为分析模型构建

智能过滤技术与图书馆数字系统实现有效对接，并对用户个性化需求科学分析，需要数据分析技术针对用户的个性化行为建立动态模型，及时为用户推荐个性化信息。这就要求数字图书馆首先全面收集用户的行为数据，并结合用户日常的行为数据，依据 SQL 数据库为用户建立行为主题识别库，其中包括用户的系统操作数据、性格偏好、教育背景、工作经历、自主需求等信息，可以针对不同种类的信息分为用户行为描述、用户兴趣描述两部分内容，以逻辑化的层级结构对用户的个性化数据统一规范，并以可视化界面的形式呈现出来，实现对读者行为、兴趣的精准分析。

2.3 个性化信息智能筛选问题

解决用户个性化信息智能筛选问题，首先应针对用户的个人信息进行智能筛选，并根据智能筛选结果建立用户兴趣知识库，通过对用户的个性化需求的科学分析，确定用户的系统操作行为，筛选用户的个性化信息，根据筛选结果及时更新知识库。该系统是在精准分析用户个人信息基础上，针对用户使用智能系统的日志记录、行为偏好数据再次分析，并智能筛选。由于互联网空间的虚拟性、多元化，且众多结构化、异构化的信息数据时刻处于动态变化中，所以需要系统时刻追踪分析用户的行为数据，并针对用户的行为数据精准分析，及时更新用户的兴趣知识库，将用户使用数字图书馆产生的行为数据与兴趣知识库中的知识资源及时匹配，为用户及时推荐个性化信息。

3. 系统构建

3.1 系统功能

系统功能需要满足用户的个性化需求，针对读者个体的潜藏信息需求实现用户的个性化信息定制、智能化信息推荐及智能化管理。个性化信息定制服务以用户的行为偏好数据为切入点，通过分析用户的行为偏好数据，推测用户的真实需求，依据用户的需求数据推送相关信息。智能化信息推荐是系统的核心功能，即根据用户个性化需求对信息智能过滤，为用户推荐感兴趣的信息。智能管理服务结合用户行为习惯及信息获取偏好，对用户兴趣知识库内容及时更新，获取用户行为习惯的变化数据，实现对信息的分类管理。

3.2 系统模型

结合笔者的研究，系统模型可以由三个模块组成，分别为用户模块、信息模块、管理模块。用户模块为用户提供登录、检索、信息浏览等服务；信息模块满足用户自主信息获取需求，并提供对用户的信息过滤、信息智能分类等服务；管理模块由用户数据库、系统数据库、兴趣知识库三部分组成，通过后台管理实现数据信息与用户个性化需求的有效对接。

用户模块可对用户个人信息及行为进行数据的搜集、记录。通过搜集用户的行为数据、系统的日志记录，跟踪分析用户的行为数据，并建立单独的描述性文件对用户的兴趣、行为数据进行存储，方便系统准确定位用户需求。信息模块依靠智能过滤技术，通过一系列智能算法、分析工具、爬虫工具及数据采集策略为用户及时推荐个性化信息。管理模块依靠大数据挖掘、算法工具、语义关联技术对用户数据进行智能化分析，结合用户的个性化需求实现信息的智能化提取，通过一系列的数据提取，辅助用户精准查询与科学决策，提高个性化信息推荐服务的有效性。

4. 结语

数字图书馆个性化信息推荐服务依靠智能过滤技术，是图书馆未来发展的重要趋势，采用先进的算法工具使数字图书馆对多种来源的数据信息高效过滤，结合用户需求提供必要的信息产品，不仅能强化数字图书馆的服务能力，还能使数字图书馆为用户提供多种信息资源，使数字图书馆的应用价值最大程度发挥出来。

参考文献

［1］熊培松.基于知识挖掘的图书馆个性化推荐服务模式［J］.河南图书馆学刊，2019，（3）:93–95.

［2］胡朝君，王颖纯，刘燕权.基于个性化服务的图书馆智慧互动服务模式现状实证调研［J］.图书馆学研究，2018，（16）:71–78.

［3］郝大伟.智慧图书馆个性化推荐服务体系及模式的分析［J］.内蒙古科技与经济，2018，（12）:148+152.

★作者简介

周江焱，1985年生，男，重庆市合川区图书馆网络工程师。研究方向：数字资源建设与服务。

浅议立法推动全民阅读活动

刘倩宏（潼南图书馆　重庆　潼南　402660）

［摘　要］有人认为，阅读是私人行为，不应用立法来培养，阅读爱好者最关注的是阅读环境和氛围，全民阅读不适宜用法律来推进。但更多人认为这是一件好事，应该广泛推广。例如：有人认为，随着时代的不断进步，全体民众的文化素质和修养也要提高，现在，能坐下来认真读书和看报的人不太多；有人认为，读书不仅是一个人生活情趣的表现，更是一个国家国民素质的重要体现，在当前这样一个快节奏又浮躁的社会环境下，用立法推动全民阅读非常有必要；很多人说，若再不立法，我们的子孙后代就将渐渐闻不到书墨的香气了。总之，立法推动全民阅读已招致赞成者和质疑者广泛的争论。

［关键词］全民阅读立法　必要性　建议

［分类号］D92

1. 全民阅读法规的特点

1.1 刚柔相济，软硬兼备

对公民而言，关于阅读的法律规定是软性规定，是权利和保障，是倡导和促进；对政府而言，是硬性规定，是责任和义务，是强制和任务。政府应当在全民阅读的组织领导、规划建设、活动开展、特殊人群阅读权利保障等方面履行法定职责，建立相关制度，尽力满足国民阅读需求，提升社会整体阅读水平。

1.2 体现公共文化服务的属性

全民阅读属于公共文化服务，公共服务的公益性、基本性、均等性、便利性应当体现在全民阅读立法之中。

1.2.1 公益性和基本性。推进公共文化服务，政府责无旁贷，而政府的责任就是公民的权利。法律应当规定政府将全民阅读纳入国民经济和社会发展规划，将经费纳入财政预算，保障特殊人群阅读权利等。

1.2.2 均等性和便利性。全民阅读资源配置应当做到均等、均衡，既要城乡发展均衡，也要普通人群与特殊人群发展均衡。不仅重视形式上的均等性，而且重视实质上的均等性。对于未成年人、老年人、残疾人、进城务工人员等弱势群体，政府应当提供阅读保障。

1.2.3 体现社会性。促进全民阅读固然是政府的责任，但并不是也不可能是政府唱独角戏，公众参与是全民阅读大合唱的必要构成部分。社会化是人的特点，社会属性决定了人不能离开社会。人是社会的主体，全民阅读是社会化程度很高的公共文化服务活动，当然需要全社会共同参与。因此，全民阅读法规应当鼓励、支持个人、企业和其他组织（包括非政府组织）参与全民阅读活动，捐助资金资产，加强设施建设，成立群众性读书组织，提供全民阅读服务等，在全社会营造良好的读书氛围。

2. 全民阅读立法的建议

2.1 实施全民阅读立法不能华而不实

立法推动全民阅读，是件"功德无量"的好事。但一些地方，很容易将好事办成竞赛，办成攀比，甚至是办成数字造假的"套路化"，导致华而不实。因此，这项工作的开展要务实。比如，改变国民阅读公共资源和设施不足、不均衡的现状，对全民阅读工作进行统一规划、组织保障和经费支持等，要厘清公共投入"账面"上的数字，更要将这些具体的数字，以丰盈充足的公共财政投入为兜底支撑；提高阅读质量、条件，国家要拿出"真金白银"，更要加强经费的运用管理；要建立共享机制，把好书送到百姓"家门口"。

2.2 要求各级领导干部亲自倡导和推动全民阅读

在国外，阅读被当作"总统工程"，美国、法国、德国、日本等国家都由元首、王室出面倡导阅读。"9·11"恐怖袭击发生时，时任美国总统的小布什正在佛罗里达州一所小学与孩子们并肩读书，由此可见官方对阅读的重视。实际上，美国历任总统都很关注国民阅读，并在卸任后设立以自己名字命名的图书馆。我们国家的高层领导者也应效仿，以实际行动倡导和推动全民阅读。

2.3 立法推动全民阅读

在阅读内容上要积极加以引导，即认真做好优秀图书的推介工作。目前我国每年出版的图书有几十万种，而要在有限的时间内从数目如此多的图书中选择合适的书来读，也的确不易做到。在阅读上，"望洋兴叹"早已成为人们眼前的现实。因此，选择一些具有经典性或实用性的图书推荐给不同领域的读者，尤其是中小学生，已经显得越来越重要了。回顾历史，开列推荐阅读书目，我国古已有之，如孔子亲自为学生整理删定的"六经"即是推荐阅读；在国外，如美、英、日等国，也都有各种各样的推荐书目，其中多为评论家、作家以及报纸等进行推荐。

2.4 丰富活动助推全民阅读

应对各级政府文化部门每年举办形式多样、丰富多彩的读书活动的最低场次有所规定 。通过 2012 年全民阅读调查发现，我国国民对举办阅读活动的呼声很高，有 62.6% 的 18—70 周岁的国民认为，有关部门应当举办读书活动或读书节，希望政府部门为他们举办系列读书活动，带动和促进群众的读书激情。

另外，立法组织、培养、壮大民间阅读推广人的作用也是必不可少的。培养和造就一批阅读推广人，包括依托图书馆、学校、农家书屋、新华书店等现有管理人员建立的阅读推广人队伍、专业阅读推广人队伍及公益阅读推广人志愿者队伍，通过更多的日常性、零距离、开放式的公益阅读指导活动，进行阅读指导，帮助国民获得阅读的文化自觉。

一个民族的思想基础和核心价值体系的建设离不开阅读，中华民族共同的精神家园建设更离不开阅读。全民阅读，是高尚的理想。立法推动全民阅读，是时代的需求。

3. 结语

我们相信，健全的全民阅读法律法规必将推进我国全民阅读活动的深入开展，必将提升国家文化软实力，必将增强我国国家整体实力，为实现国家富强、民族振兴、人民幸福的中国梦打下坚实的社会基础。

参考文献

［1］郝振省，陈威.中国阅读：全民阅读蓝皮书（第一卷）［M］.北京：中国书籍出版社，2009.

［2］贾梦雨.阅读立法，不会干涉个体阅读［N］.新华日报，2013-08-06（B8）.

［3］范并思.阅读推广与图书馆学：基础理论问题分析［J］.中国图书馆学报，2014，（5）:4-13.

★作者简介

刘倩宏，1974年生，女，重庆市潼南区图书馆助理馆员。研究方向：读者阅读推广服务。

公共图书馆公益性与社会影响力浅析

朱　霞（万盛经开区图书馆　重庆　万盛　400800）

［摘　要］公共图书馆是免费为广大人民群众提供文化服务的地方，因其无偿性运作模式被公认为公益性的文娱教育场所，是为广大人民群众服务的文化教育基地，它肩负着维护广大民众共同享有最新文化果实的责任，但这种公益性非常强的文化教育场所在公众心里的影响力却不大。在有些群众看来，公共图书馆就是一个可有可无的存在，一个地方有无图书馆对大家的生活并无多大改变。正是因为群众的忽视，致使公共图书馆的公益性服务本质不能充分彰显，也不能更好地保障公众的文化权益。本篇主要阐明公共图书馆的公益性与社会影响力的定义，并解释二者的联系，最后提出建议，提升社会影响力，保障其公益性本质的凸显。

［关键词］公共图书馆　公益性　社会影响力

［分类号］G250.15

1. 公共图书馆及其公益性的解读

公共图书馆是一项公共性服务事业。它由政府创办，以为人民群众服务为宗旨，并以广大人民群众为服务对象，按行政区划设置并受政府各级文化部门领导的图书馆。它承担着全面搜集、加工、整理、保存、传递和开发利用文献资源等职能，是促进社会经济文化发展的公益性文化设施和公共文化活动场所。

所谓公益性是指某事物具有公共利益或者公共物品的性质。公益性服务就是以广大人民群众为服务对象，提供平等的、不以营利为目的的无偿性服务。由此，公共图书馆的公益性就是指它拥有的全部资源由广大人民群众共同享有，它的目的是降低人民阅读成本，解决人民群众因某些原因不能阅读的难题，实现全民阅读，使图书馆能最大化地服务社会。因此公共图书馆不单是一个公共场所，也是一个地区、一定社会环境之下的文化教育坐标轴心。

2. 公共图书馆的社会影响力的解释及与公共图书馆公益性的关系

图书馆的社会影响力是指图书馆作为一种社会构成的客观存在，对社会生活中的主体（包括个体、团体、组织）倾向、认知、情感、意见、态度信仰以及行为等方面所产生的作用效力。其产生来自知识信息的传播过程，公众对图书馆提供的信息发生态度、情感、行为上的转变。这种影响是潜移默化的，服务是图书馆永恒的主题，公益性是其本质。图书馆的社会影响力主要体现在图书馆公益服务的影响力上。

图书馆的公益性和社会影响力是一个问题的两个方面，两者有必然联系，社会影响力的提升将有利于公益性服务特质的凸显，有助于大众服务的公益性效果的扩大，也将有助于影响力的不断提升。图书馆的社会影响力又是从多方面进行评定的，想要公益性特质在广大民众心里扎根，那就要从提升影响力入手。社会影响力包括公众对图书馆了解的程度、对图书馆资料的使用效率、图书馆在大众媒体中的关注量、地方政府对图书馆的支持力、图书馆在社会各界人士心中的好感度等。现根据万盛图书馆的实际情况来阐明提升公共图书馆的社会影响力以充分体现公益性服务的几点建议。

3. 提升社会影响力的建议

3.1 设施建设是提升公共图书馆社会影响力的起点

3.1.1 硬件设施的建设，改善公益服务环境。随着社会的不断发展，我国公共图书馆的各方面都在不断改善，以期能够适应广大人民群众的需求，决不能因为图书馆的内部环境阻碍了其公益性服务的效果，这有损图书馆公益性特质的凸显。近年来，万盛图书馆为扩大广大读者进行阅读活动的场地，实行办公室和读者阅览区域的分隔，在就近的咖啡屋旁也设有读者阅览座席。通过美化馆内环境，设计统一标识，形成布局合理、方便舒适、宁静优美的图书馆。

3.1.2 加强图书馆馆藏图书的建设，丰富馆内文献存储量。图书文献资料是图书馆为广大读者提供服务最基本的条件。万盛图书馆在时代背景下充分分析读者需求，购进适合读者阅读的图书，以及适合各阶层、各年龄阶段特征的图书资源。2012 年，万盛图书馆的图书收藏量只有 5 万册，到 2016 年年底，图书藏量达到 33.45 万册。

3.1.3 建立万盛图书馆网站，优化公众平台建设。2013 年万盛经济技术开发区图书馆网站向广大市民开放，读者可以进入网站查询相关信息和资料。2016 年，为更加方便广大读者阅读，开通了万盛图书馆微信公众号，只要点击关注便可轻松阅读。公众号的内容丰富，有读者服务中的"绑定读者证""我要找书""借阅续借"等，还有"云悦读"中的好书推荐、公开课、订阅中心等，手机微信公众号的方式操作方便，为读者提供了随时随地轻松阅读的优质服务。

3.2 让"以人为本"的理念深入人心，提高公益性服务思想

理念是每个事物发展方向的根本，为实现图书馆公益性的凸显和社会影响力的增强，就必须给予公共图书馆更多的人文关怀，这是由外在的人文关怀和内在的人文情感两方面共同推进的。

3.2.1 继续依靠政府的支持，不断提升图书馆的社会影响力。政府部门每年的财政拨款都及时到位，确保公共文化服务工作的正常开展。

3.2.2 要提高馆内工作人员的服务意识。2013 年至 2016 年，万盛图书馆组织了关于标准化的服务讲座 16 次，旨在让全馆工作人员树立公益服务意识，优化服务态度和效果。馆内工作人员的服务意识得到增强，让到馆的读者有一种归属感和认同感。图书馆以独特的服务模式和服务魅力吸引了更多的读者。

3.3 服务创新是提高社会影响力的关键

应读者需求，我馆精心策划、组织公益讲座和展览，讲座内容涉及面广，知识含量高，展览贴近万盛人民生活。

一是举办讲座培训吸引读者。2013 年至 2016 年底，万盛图书馆共举办如"全民终身学习公益讲座""关注青少年健康成长公益讲座""万盛的前世今生展览""春节摄影展"等讲座培训 281 期，展览 64 期，实现了公共图书馆讲座展览资源共享。

二是创新活动形式，万盛经开区地处重庆西南方，农村人口居多，近几年来万盛城镇化建设快步发展，但仍有很大一部分居住在乡镇的读者。根据万盛人口的实际情况，我馆创造性地策划、组织了读书活动，例如，"文化赶场，图书下乡""爱心图书漂流"活动等。这些活动的展开为不能随时到城区共享图书馆资源的乡镇送去图书及文艺汇演，保障了偏远地区读者的文化权益。

三是建立健全"一卡通"通借通还服务。自 2015 年起，图书馆致力于万

盛经开区两街八镇的图书馆分馆建设，至 2016 年底，建成 10 个图书馆分馆。万盛图书馆技术人员对各分馆工作人员进行了"一卡通"培训，现已实现万盛全区域内的"一卡通"通借通还，这一举措大大方便了偏远地区的读者就近使用图书资源。

四是健全馆外服务系统，拓宽服务区域。截至 2016 年底，设立乡镇流通点 16 个，并定期为流通点更换新书、组织读书活动。有效地扩大了万盛图书馆的服务区域，更大限度地保障了公民文化权益的实现，同时也提了图书馆公益性服务效能，有效地促进了图书馆社会影响力的提升。

4.结语

公益性服务是公共图书馆至高无上的行为准则，这个准则将指导图书馆的一切行动。图书馆人一直在努力，优质的服务一直在路上，没有最好，只有更好。想要公益性效能提高就必须增强公共图书馆的社会影响力。万盛图书馆一直致力于提高社会影响力来充分体现公共图书馆的公益性服务效能，也取得了一定的成效，使广大的万盛居民享受到了图书馆的公益性服务。在今后的工作中，万盛图书馆将以创新性服务为抓手，根据万盛的实际情况，策划、组织读书活动，在增强万盛图书馆社会影响力的同时，真正做到万盛图书馆的资源全民共享，进而实现全民阅读，提高万盛居民的文化素养。

参考文献

［1］章忠平.试论公共图书馆社会影响力的提升——以江西省图书馆为例［J］.图书馆研究，2014，（5）:54–57.

［2］李建民.公共图书馆公益性服务的路径选择［J］.图书馆界，2011，（6）:14–16.

［3］黄丽苑.回归公益本性 拓展公共图书馆的发展空间［J］.深图通讯，2008，（2）:24–27.

［4］王若冰.充分发挥公共图书馆在建设文化强省中的主导优势［J］.农业图书情报学刊，2007，（2）:69–71.

［5］袁金宝.当代中国武术社会影响力研究［D］.福建师范大学，2012.

［6］周金莉，袁永翠，孙海波.对公共图书馆职能定位的反思——基于"图书馆是交流中心"的实证分析［J］.四川图书馆学报，2014，（5）:18–22.

［7］郭琳.网络媒体科技传播的影响力研究［D］.北京邮电大学，2013.

［8］庞咏娣.浅析住宅合作社法律地位［J］.大众科技，2008，（9）:168–168.

［9］梁光德，许军，林余敏.公共图书馆公益性价值实现的障碍与策略［J］.新世纪图书馆，2015，（3）:7–11.

［10］冯佳.公共图书馆在国家公共文化服务体系示范区（项目）创建工作中的创新举措［J］.图书馆，2014，（3）:46–50.

★作者简介

朱　霞，1976年生，女，重庆市万盛经开区图书馆副馆长、馆员。研究方向:图书馆管理与服务。

他山之石

浅议沙坪坝区图书馆少儿阅读推广的探索

霍 量（沙坪坝图书馆 重庆 沙坪坝 400030）

[摘 要]公共图书馆是推广社会阅读、建设书香文明社会的重要力量。本篇以重庆市沙坪坝区图书馆少儿阅读推广活动实践为例，探索公共图书馆在少儿阅读推广服务中存在的问题和所起的作用，从而推动社会阅读进步，建设书香文明社会。

[关键词]社会阅读 少儿阅读 服务推广

[分类号] G259.277.19

公共图书馆作为公共文化体系建设的重要组成部分，肩负着开展社会教育、推广全民阅读、提高全民综合素质的重要职责。《公共图书馆宣言》中指出："公共图书馆要帮助青少年自小就培养并加强阅读习惯，激发其想象力和创造力。"宣言阐述了公共图书馆肩负对少儿读者阅读推广服务的重要责任。中国新闻出版研究院发布"第十三次全国国民阅读调查"报告数据显示，2015年我国成年国民图书阅读率为58.4%，同比上升0.4个百分点；0—17周岁未成年人图书阅读率为81.1%，较2014年显著上升；未成年人的人均图书阅读量为7.19本，较2014年减少了1.26本。公共图书馆更应该充分利用丰富的馆藏、现代化的数字资源、舒心的阅读环境等各方面的优势，关注和引导少儿阅读推广服务。

1. 沙坪坝区图书馆少儿阅读推广的指引

1.1 搭建特色阅读之墙——阅读伴我成长

为了培养和激发少儿读者的阅读意识、阅读兴趣和阅读热情，调动少儿读者阅读的积极性和对知识的求知欲，让少儿读者养成时刻想到图书馆、走进图书馆的好习惯，沙坪坝区图书馆开展了一系列特色阅读活动。

"阅读伴我成长——沙坪坝区 2016 年少儿讲故事大赛"积极开展好全民阅读活动，关注孩子们的阅读习惯，让孩子们的课外文化生活更加丰富多彩；开展的"童心向党"专题好书展阅活动，让更多的孩子们了解党的历史，了解长征，从小树立崇高的理想和坚定的信念，为实现伟大的中国梦自强不息；"红岩少年"读书活动阅读伴我成长——网络知识竞赛沙坪坝分赛区比赛在沙区图书馆圆满完成。开展的各种各样的特色阅读活动激发了孩子们的阅读兴趣，养成"爱读书、会读书、读好书"的好习惯，让孩子们爱上图书馆。

1.2 搭建亲子阅读之桥——"巧手课堂"和"妙妙屋"

爱读书的民族才有前途和希望，提高国民素质、增强国民人文素养之道唯有阅读。而少年儿童是祖国的未来，是祖国的花朵，象征生命的开始，因此提倡和推广亲子阅读是图书馆的使命。爱要用心陪伴，爱要以身示范，读书要从娃娃抓起，亲子阅读更要家长同行，通过开展各种亲子阅读活动，加强少年儿童对图书馆的认知度，同时提高少年儿童阅读兴趣、培养阅读习惯、提高阅读能力。沙坪坝区图书馆于 2013 年成立了"妙妙屋"亲子快乐阅读俱乐部，面向 3—6 岁的低幼儿童招募会员，邀请专家和志愿者共同参与俱乐部的建设，定期开展绘本故事会、亲子节日会和家长阅读沙龙等让全家人行动起来，共同体验亲子阅读带来的乐趣。2017 年针对 6—12 岁小朋友推出了"巧手课堂"活动，刚好与 3—6 岁的"妙妙屋"会员成长后期无缝衔接，该活动受到了家长和小朋友们的一致好评。图书馆建有 QQ 群、微信群，定期分享亲子活动照片、推荐少儿新书导读、发布阅读活动信息、征集建议与意见等。推广亲子阅读，既利国利民，又能充分发挥图书馆的功能、提升图书馆的公益性。

1.3 搭建社会实践平台——"小图书管理员"

为了让孩子们更好地认识图书馆、了解图书馆，为他们搭建一个参与社会实践的平台，沙坪坝区图书馆每年寒暑假均开展"小图书馆管理员"快乐实践活动。我馆选出了有责任心、能吃苦耐劳的小朋友参加本次活动。小图书管理员在少儿部的工作人员带领下参观学习图书馆各部门业务，了解图书采、分、编、借阅流程，熟悉少儿借阅室的规章制度，并手把手地教他们排架、整理、修补、借还书籍。每一位小图书管理员在经过培训合格后，就会集体穿上志愿者服装，轮流在少儿阅览室参加服务工作，维护借阅秩序，特别是整理书籍、排架，还要维护阅览室卫生等。

图书馆作为小图书管理员学习成长的环境、体验工作的场所，锻炼了孩子们吃苦耐劳的精神，服务社会的责任心，体会父母平时工作的辛苦，借到由自己加工的图书，收获自己劳动的甜果。

1.4 搭建便捷阅读之路——"流动图书车送书进校园"

流动图书车是重庆市政府文化惠民工程之一，沙坪坝图书馆利用流动图书车，开展流动图书馆服务。在人员密集的地方，提供读书和借还服务，定期将流动图书服务车开到社区、军营、学校、乡镇等服务点，最大限度地为读者提供快捷方便的文献借阅服务。沙区图书馆将流动图书车不定期地开进校园开展流动服务，满足了孩子们"多读书，读好书"的心愿。流动图书车每次可装载书籍2000余册，这些都是孩子们喜爱的图书，可在车上借阅，也可以由小组长领到教室发放给同学们一起阅读，孩子们的幸福感和快乐感真的可以在阅读中得到满足，在短暂的时光里充分享受阅读的乐趣。我馆专程为金沙街小学、西永小学、歌乐山土主小学的孩子们送去图书流动阅览服务，让小朋友们在愉快的阅读中快乐成长。

1.5 搭建心灵阅读之梁——"街镇讲座展览联盟巡讲进学校"

大多公共图书馆都开展了各种文化知识讲座活动，也形成了一些富有特色的讲座品牌。重庆市沙坪坝区图书馆自1986年以来，坚持举办的"星期日讲座"是全国最早举办的公益性讲座之一，被读者赞誉为"知识的喷泉"，被广大群众誉为"没有围墙的大学"。从2006年起，已将"星期日讲座"推进到沙坪坝"大学城"，免费为大学生们送去丰富的"精神食粮"。2016年，在区文化委的领导下，沙区图书馆与区内各街道、镇一起合作，开展了街镇讲座展览联盟巡讲，内容涵盖历史文化、亲子教育、养生保健、音乐艺术等，扩大了公共图书馆的公益服务事业，让居民就近享受公共文化服务。同时街镇讲座展览联盟巡讲开进学校，让孩子们感受阅读带来的欢乐、智慧、希望、勇气、热情及信心。

沙坪坝区街镇讲座展览联盟巡讲走进青木镇小学，邹扬老师通过互动游戏、提问讨论来引导同学们自己发现和懂得读书之美，为全校师生献上了一堂别开生面的阅读课——《让书香伴着孩子成长》，最后邹老师对不同年龄段的孩子给出了不同的阅读建议，希望大家在有限的时间里，能多读书、读好书。沙坪坝区街镇讲座展览联盟巡讲走进远祖桥小学，重庆市十佳读书人"全民阅读"推广人张蓓老师通过绘本故事的分享，从阅读延伸到写作，让远祖桥小学的同学们感受到写作的魅力与技巧——《从阅读到写作》。

2. 公共图书馆少儿阅读推广存在的不足

2.1 家长对少儿阅读引领不够主动

家长是孩子的第一位老师，家长必须以身作则，孩子必然跟随学习。记得学生时代老师讲过一个故事，内容大概是说有一个父亲根本不识字，但是每每孩子学习时，他都拿着同一本书陪着孩子共同学习，直到孩子成年。这说明家长对于孩子养成良好阅读习惯具有重要影响。培根曾说过："书籍是思想的航船，在时代的波涛中破浪前进。它满载贵重的货物，运送给一代又一代。"然而，据调查，在我国一些文化教育相对发达的城市，只有少部分家长能够经常和孩子一起读书，大部分家长们往往以工作忙、没时间为理由，不参与和孩子一起阅读，甚至留恋于网络，沉迷于手机，给孩子带来极坏的负面影响。

2.2 传统教育制约少儿阅读空间

学校教育一直以来以传统应试教育为工作中心，重教育、轻娱乐，重知识、轻想象，若家庭作业多，孩子做作业慢或是不自觉，那孩子用来阅读的时间就更少了。老师安排学生阅读哪几本图书，所有同学就都去读那几本图书，要先把老师安排的书读了，再去选择自己喜欢的书，由于时间和精力分配不充分，就有可能导致孩子们无法扩大阅读面，从而形成不好的阅读习惯。希望通过少儿阅读推广，让孩子们扩大阅读空间。

3. 公共图书馆少儿阅读推广的建议

3.1 经费保障，政府重视

国务院总理李克强 2017 年 4 月 19 日主持召开国务院常务会议，通过《中华人民共和国公共图书馆法（草案）》，草案明确了政府加强公共图书馆建设的责任。政府大力推广全民阅读，倡导早期阅读、自由阅读、快乐阅读、分级阅读等正确的阅读理念，使阅读深入人心，成为人们的一种文化习惯。重庆市首次全民阅读现状调查报告显示，去年重庆市民平均纸质阅读量为 5.69 本，高于全国平均水平；市民综合阅读率 85.9%，高于全国 79.6% 的水平。重庆统计年鉴 2013—2016 年服务人口统计数据显示沙坪坝区内常住人口为 110 万左右，而全国直辖市下辖区一级图书馆必备条件建筑面积最少应为 0.7 万平方米，公共图书馆馆舍应该以安全和舒适为主，合理分配各个读者的阅读空间，还应保障无障碍设施健全等。政府更应加大对公共图书馆的投入，在保障经费的条件下，每年图书馆的财政拨款年增长率应与当地财政收入年增长率同期增长，完善图书馆事业发展经费保障机制，提供与服务人口、覆盖面积相适应的馆舍，配套数字化的设施设备，对于少儿阅读的推广更应该注意突出少儿特色，打造一个活泼、舒适、富有童趣的阅读环境，让少儿读者爱上图书馆，走进图书馆。

3.2 丰富馆藏，营造氛围

2017年是重庆直辖20周年和重庆市开展全民阅读工作10周年，政府应该在加强图书馆事业发展经费保障机制后，增加丰富的馆藏资源，积极开展少儿阅读推广活动。特别是对于经费有限的基层图书馆，馆藏文献数量的多少、质量的高低，直接关系到图书馆对于少年儿童的吸引力和影响力。图书馆要"以人为本"选择读者喜爱的图书，广泛征求少年儿童的意见，为少儿读者推荐各类优秀图书；对幼儿和小学1—3年级的少儿读者重点推荐各种少儿版注音图书绘本；对小学4—6年级的少儿读者重点推荐各种文学名著等；对青少年读者重点推荐得奖图书和专题图书等；各种图书图片展览也可以让孩子了解图书馆，让每一位孩子都可以在图书馆找到自己喜欢的图书。

3.3 重视图书馆馆员专业素养

图书馆馆员是图书馆这个"家"的一员，是为图书馆的读者服务的一员，没有读者就没有服务，没有服务就没有图书馆馆员，"员"都没有了，那"家"还存在吗？作为阅读推广活动的执行者，馆员的专业素养和综合能力水平在一定程度上决定着阅读推广活动能否顺利、有效地开展。而基层图书馆受自身条件的限制，无法具备多元化人才的编制结构，只能从自身找突破口，要提高馆员多元化的知识结构，必须重视图书馆馆员的专业素养，要不定期地对馆员进行业务培训，学习掌握相关知识和技能，树立馆员的专业指导形象，在阅读推广中更好地适应公共图书馆事业的发展变化。

3.4 数字资源服务少儿阅读

调查发现重庆市民每天通过移动终端阅读电子图书的频率为2.6次，每天阅读时长为33分钟，手机阅读占65.7%、平板电脑阅读占11.5%、笔记本电脑阅读占10.1%。在数字化传媒时代，在大力推广阅读的时代，更要利用好互联网，让阅读推广无处不在，少年儿童的注意力更容易被网络所吸引，应正确引导少年儿童使用互联网，提高阅读推广服务的社会公益性。在数字阅读中，微信、微博等网络在线阅读比例最高达61.45%，要让儿童在阅读行为、阅读习惯、阅读方式、阅读内容上得到正确的指引，还可以让孩子参与到有声阅读中来，为孩子们提供健康向上的数字阅读资源。

3.5 家校联动支持少儿阅读

学校是少年儿童接受教育的场所，应使孩子从课业负担和课外辅导中解脱出来，从而让孩子有更多的自主阅读时间，在少儿阅读推广中发挥无可替代的作用；家长要对阅读给予理解和支持，父母和孩子共同阅读，促进孩子阅读成长，建立孩子的阅读空间，让孩子们体会阅读带来的勇气及信心，加强学校与家长的联系沟通，使阅读成为学生的必修课。

4. 结语

习近平总书记在会见第四届全国文明城市、文明村镇、文明单位和未成年人思想道德建设工作先进代表时提出："人民有信仰，民族有希望，国家有力量"。公共图书馆更应该重视未成年人的成长，必须更好地推广少儿阅读服务，推动社会阅读进步，建设书香文明社会。

参考文献

[1] 朱峻薇. 公共图书馆少儿阅读 [J]. 图书与情报，2010，（2）.

[2] 邵奇霞. 少年儿童阅读推广 [J]. 创新科技，2013，（10）.

[3] 方孟秋. 略论少儿图书馆的创新服务 [J]. 图书馆理论与实践，2010，（12）.

[4] 沈冯春. 浅谈公共图书馆少儿阅读推广现状及策略[J]. 河北科技图苑，2013，（9）.

[5] 重庆市统计局和国家统计局重庆调查部队. 重庆统计年鉴：教育、科技和文化业.（2012-08-06）[2014-09-14][2015-09-09][2016-09-13]. 网址 http://nianjian.xiaze.com/down/2016/chongqingtjnj-gp-2016.html

[6] 孙道进. 重庆市全民阅读调查报告 2016[M]. 西南大学出版社. 2018-04.

★作者简介

霍量，1984年生，男，重庆市沙坪坝区图书馆馆员。研究方向：少儿阅读推广服务。

深化校地合作　共建书香北碚

喻赛蓝（北碚图书馆　重庆　北碚　400700）

谢洪卫（永川图书馆　重庆　永川　402100）

［摘　要］校地合作的目的就是资源共享、互惠互利、优势互补、共同发展，北碚图书馆在校地合作方面有经验，也有不足。本篇就校地合作的现状、存在的问题、问题分析及建议对策等方面进行了探讨。

［关键词］校地合作　协作协调　对策建议

［分类号］G259.21

随着"全民阅读"被写入我国《政府工作报告》，倡导全民阅读、终身阅读正在逐渐成为社会新风尚，全民阅读构建书香城市也成为文明城市建设的重要内容。积极整合地方高校丰富的文献信息资源、学术力量和人才队伍，发挥高校对全民阅读推广、书香城市建设的引领作用，已经成为图书馆建设与发展的重要理念和现实选择。

1. 校地合作现状

近年来，北碚图书馆着眼于书香北碚建设，本着"资源共享、互惠互利、优势互补、共同发展"的原则，与西南大学、重庆师范大学等地方高校加强沟通合作，致力于开展高质量、高层次、高水平的阅读推广。

1.1 共享图书信息资源

北碚图书馆自 2011 年在全市率先实现免费开放以来，25.8 万册开架书刊就面向包含高校师生在内的广大群众免费开放，持有主城区通借通还一卡通即可免费借阅。西南大学图书馆藏书 429 万余册，涵盖社会科学和自然科学多学科、多专业领域，其中 150 多万册图书供持有校园一卡通的在校师生免费借阅，69 万余册开架书刊供持有身份证的社会大众在馆免费阅览。

1.2 借智师资教育智慧

西南大学现有专任教师 2968 人，其中教授 572 人、副教授 1115 人，他们不仅有博雅而高深的科学文化知识，而且经过高校文化的长期浸润养成了严谨的科学精神与高雅的人文精神。近年来，北碚图书馆借智西南大学专家教授，为阅读推广活动的开展提供专业指导和智力支撑，同时广泛带动西南大学学子参与活动。一是邀请各院系教授做客"缙云文化大讲堂"，构建了多元文化交流平台，满足市民多层次的文化需求；二是邀请以新闻传媒学院、文学院为主的多名教授策划每年一届的"碚城同读一本书""北碚读书月"系列活动，并担任征文、演讲、诵读活动的专家评委；三是与新闻传媒学院多媒体推广团队合作，拍摄全国文化信息资源共享工程专题纪录片《卢作孚与北碚》。

1.3 借力学生志愿服务

北碚图书馆作为公益性服务机构，在人员编制和财力、物力有限的情况下，想要开展高质量、影响范围广的阅读推广活动，必然需要依靠外界的力量。具备较高学识水平和优秀品质，且假期有参加社会实践需求的高校学生成为首要选择。近年来，北碚图书馆联合西南大学、重庆师范大学初等教育学院的青年志愿者，开展了形式多样的文化志愿服务。一是举办"青年文化志愿者"项目，高校志愿者利用周末时间，参与图书馆的日常服务工作；二是开展"梦想心愿·夏乡之泉"文化志愿服务活动，充分发挥高校志愿者的专业特长，丰富农村孩子的暑假生活；三是开展"流动的图书""图书漂流"等志愿服务活动，积极参加"向春天报到""梦想驿站"等志愿服务活动，为广大市民提供阅读便利。

1.4 共研馆藏珍贵文献

北碚图书馆藏古籍 10.1 万余册、民国文献 19.4 万余册；西南大学图书馆藏古籍 14 万余册、民国文献 4 万余册，均是"全国古籍重点保护单位"。近年来，两馆就古籍和民国文献的普查、整理、保护、开发和利用保持了良好的沟通互动。一是西南大学黎小龙、徐立等教授作为学术顾问，为北碚图书馆古籍普查、定级及《北碚图书馆藏方志珍本丛刊》《北碚月刊》的出版建言献策、监督把关，并积极推动《北碚志稿》纳入《巴渝文库》项目；二是整合优势资源，共同推出"民国乡村建设文献展""乡村振兴的历史先声——中国乡村建设百年探索展"，回顾北碚乡村建设历史，探讨和展望新时代的乡村建设。

2. 校地合作存在的问题

2.1 文献资源合作范围不广

目前西南大学图书馆相对校外市民来说是"部分开放"，社会人员只能携身份证登记后在馆阅览开架纸质文献，不能外借。其数字资源和数据库均需校内 IP 或校园网账户才能使用，不对社会人士开放。相对封闭的开放形式，无法有效缓解学习型社会中人们对信息资源的渴求与公共图书馆藏资源不足的矛盾。

2.2 学术专家合作深度不够

目前，北碚图书馆与西南大学专家学者的合作大多是个人学术知识、人生经验分享层面，鲜少有项目共建、人才培养、成果转化、信息增值等高级服务，且没有形成稳定的联动合作机制，随意性较强，不具持续性。

2.3 志愿服务合作质量不高

目前北碚图书馆青年志愿服务项目大多集中于书籍整理、图书借还、读者接待及馆外各类志愿服务活动支持等基础性服务项目，服务模式较为简单机械，专业性不强，服务层次不深。加之半天 5 元、全天 15 元的补贴，与现有物价水平严重相悖，"倒贴钱"的志愿服务模式大大降低了志愿者的热情。

3. 校地合作的障碍分析

3.1 管理体制制约

就外部管理而言，如西南大学，隶属教育部，在经费投入、政策扶持、人事任免、考核评比等方面直接受教育部的领导与指导，与北碚政府的利益关联度不强。就内部管理而言，高校的教学管理、科研管理、后勤保障的考核与评估机制没有与市场经济和北碚地方社会接轨，形成了自我封闭的办学模式，不利于校地共建。

3.2 思想观念封闭

一方面北碚政府缺乏对地方高校学科优势和人才优势的全面了解，缺乏对高校学术、科研专家研究动态的关注。另一方面，高校往往习惯于封闭办学，对开展社会服务的重要性与必要性认识不够，担心校地合作抢占校内资源，冲击教学秩序，影响人才培养质量，干扰重大科研项目的进行。

3.3 合作动力不足

受地方财政和管理体制所限，政府缺乏为高校提供土地、资金和政策扶持的动力，商定合作的项目也往往追求"短、平、快"，缺乏长远的战略部署和合作安排。同时，受高校考核评价现有机制和利益导向的影响，高校教师更热衷于纯粹的学术研究，因而也缺乏与地方政府合作的动力。

3.4 合作机制缺失

当前北碚校地合作共建的长效机制尚未建立，缺乏高校与地方政府干部队伍对接、重要决策对接、发展战略对接方面的政策机制，无法保证校地合作的持续性、稳定性和长久性，无法顺利实现各种资源的共建、共享、共益。

4. 深化校地合作的对策建议

4.1 扩大开放交流

一是空间层面。政府出台相应的扶持政策，给予相应的经济补贴，实现高校图书馆对市民的开放共享，弥补其社会服务增加的人员、水电等运行成本。逐步建立健全图书馆对外开放的工作运行制度，比如对外开放的读者范围、办证条件、办理程序、借阅期限、收费标准等，逐渐扩大对外开放和服务的种类、领域，并探索与公共图书馆实现通借通还的可能性。二是精神层面。充分发挥高校专家智囊团的作用，对北碚的文化资源开发进行充分的研究与规划，通过专家咨询会、项目论证会等形式为书香北碚建设的重大决策提供重要信息和智力支持，并采用类似政府购买公共文化服务的方式，通过定期定点举办讲座、沙龙等方式进行传播弘扬，不断扩大活动影响力，形成品牌活动。同时，高校举办的不同学科、专业类型的讲座，也可联合相关区级部门进行宣传，让市民享受更多的高品质讲座。

4.2 开展项目合作

要推进校地合作，就必须立足于高校学科建设和人才优势，以具体项目为抓手推动合作落地。一是馆藏开发项目。西南大学作为一所综合院校，拥有历史、文学、美术、设计等方面的众多专业人才，我们可与其建立长期合作关系，开展古籍与民国文献保护、文创产品开发等方面的合作。二是数据库建设项目。北碚作为全国乡村建设最成功的典范，拥有藏量丰富的地方文献。北碚图书馆和西南大学图书馆可整合资源，共同建设地方文献数据库，保存资源信息，也能形成有效的成品反馈社会。三是多媒体外宣项目。西南大学拥有众多自媒体运营、视频制作等专业多媒体推宣团队，我馆可与其合作开展全民阅读活动的策划、推广、宣传，以及单位形象外宣、"两微一站"运营等。

4.3 搭建实践平台

一是建立大学生社会实践平台。强化经费保障，建立健全志愿者服务相关制度，并严格落实奖惩和退出机制。依据志愿者的优势特长和个性特征，结合馆情和读者需求，将服务内容从书籍整理、信息咨询等日常业务逐渐过渡到知识服务、智慧服务阶段，并积极探索"真人图书馆"服务模式。二是共建实训基地。与西南大学计算机信息科学院、历史学院合作共建图书情报、古籍研究等实训基地，一方面为学生搭建学习与实践的平台，切实提升就业竞争力及社会适应能力；另一方面，大学生带着在校获得的新思想、新观念、新知识及新技术进行实训实践时，无形中可以更新北碚馆员的理论及业务知识储备，始终处于一个新旧更替的良性动态循环中。

4.4 完善保障机制

本着共建共益的目标，在合作共赢的基础上，充分发挥政府行政资源及执行力优势，努力为高校提供直接支持和帮助。一是积极主动地探索校地合作的体制机制，构建合作平台，逐步明晰校地合作的政策途径，使高校走出"象牙塔"，走向社会中心。二是合理布局高校周边产业，建立高校师生及活动深入基层与社区的长效机制，推进学习型社会、书香社会的形成。三是建立合理的机制提升高校对城市的输出水平，加大政府、企业人员进入高校接受在职教育和培训的制度供给。四是加大财政支持力度，建立保障性和激励性拨款机制，激励高校教师积极参与，为书香城市建设提供全景式、基础性、前瞻性的智力支持。

- -

★作者简介

喻赛蓝，1989 年生，女，重庆市北碚区图书馆助理馆员。研究方向：公共图书馆与社会协作协调研究。

谢洪卫，1964 年生，男，重庆市永川区图书馆馆长、馆员。研究方向：图书馆管理与服务。

不忘初心，我们是"红色文艺轻骑兵"

——涪陵区图书馆红色文艺轻骑兵阅读推广小分队活动纪实

熊世琼（涪陵图书馆　重庆　涪陵　408000）

［摘　要］为满足新时代人们基本的文化需求，促进阅读均衡协调发展，涪陵区图书馆以"红色文艺轻骑兵阅读推广小分队"为载体，常年以院坝"故事会""游园活动""行走的图书""绘本故事分享""流动车进乡村"等形式，活跃在全区的各个乡村社区、学校，将阅读的触角延伸到需要的地方去。

［关键词］阅读推广　红色文艺轻骑兵　服务乡村　纪实

［分类号］G252.17

为深入贯彻落实习近平新时代中国特色社会主义思想和党的十九大精神，切实响应习近平总书记给内蒙古自治区苏尼特右旗乌兰牧骑队员回信的重要指示精神，涪陵区图书馆党支部迅速行动，立即动员部署，组建以党员为骨干，全体图书馆员为基础的"涪陵区图书馆红色文艺轻骑兵阅读推广小分队"，其目的就是增强每一位图书馆员的责任担当，深入到田间地头，走近百姓身边，用实际行动，努力打通全民阅读推广的"最后一公里"，坚定老百姓的文化自信，增强获得感。

1. 精准对接基层百姓文化需求

图书馆作为公共文化服务的重要组成部分，应丰富基层老百姓的精神文化生活，提供更多、更好的精神文化产品，弘扬社会主义核心价值观，传播正能量，讲好中国故事，以此增强老百姓的文化获得感。以区图书馆党政主要领导挂帅，班子其他成员和各部门负责人为主体的"涪陵区图书馆红色文艺轻骑兵阅读推广小分队"正式成立。从建立之日起就明确了领导机制、运行体系和制度保障。具体工作由党支部书记亲自抓，支委成员为小分队各小组组长，活动辅导部为牵头部门，其他部门共同参与，确保其有序推进，齐抓共管，具体活动实行"精准对接、因地制宜、因事派员"的活动要求。每次活动开展之前，相关领导都要带领工作人员深入所在乡镇、村社，进行看实情、观民意、听呼声，切实摸清老百姓基层最缺、最急、最盼的文化需求，针对性制订"送文化、送知识、送信息"活动方案，为基层群众送去他们迫切需要的文化产品，实现补齐乡村精神文化短板。两年来，"区图书馆红色文艺轻骑兵阅读推广小分队"以轻车简从、短小精干的方式，走遍了全区 63 个贫困村和 27 个乡镇，有效地开展了送文化下基层活动，取得了显著的社会效益，彰显了图书馆人的作为和担当。

2. 全力打造百姓喜爱的阅读品牌

为将红色文艺轻骑兵阅读推广工作有效融合到馆内活动中一并开展，每年都要根据全年阅读推广活动需要，制订出切实可行的活动计划，为广泛扩大参与度和推广面，"红色文艺轻骑兵阅读推广小分队"不断探索，形成了品牌，催生了老百姓的学习激情，助推了红色文艺轻骑兵阅读深度推广。通过持之以恒的坚持，无论严寒酷暑，都按照既定计划坚持开展送文化活动，参与活动的小分队队员打趣地说："我们在活动开展过程中，原本是以品牌带动基层老百姓阅读的兴趣，然而我们鲜艳的队旗、不忘初心的执着，使我们自身也形成了一种品牌。"

针对时下农村以老年人和留守儿童为主、文化程度参差不齐的客观情况，"院坝读书会""纵览天下，我讲你听"等在日积月累中造就的活动品牌，受到乡镇、村居百姓和留守儿童的喜爱与热捧。角帮寨地处涪陵高寒山区的大木乡，山高路陡，交通、信息较为闭塞和不便。2018 年 1 月 5 日，天未放亮，城内绝大多数市民还在酣睡之际，红色文艺轻骑兵阅读推广小分队队员在尚未散尽的浓浓大雾中准时来到角帮寨居委会，早已等候在此的小朋友们迅速围在党员志愿者周围，针对留守儿童的"院坝读书会"拉开了架势，一个一个故事讲得留守儿童们非常向往大山外的世界，通过"院坝读书会"的方式，进一步激励了他们发奋学习的劲头。

"涪陵区红色文艺轻骑兵阅读推广小分队"全年奔波在全区的每一个乡镇，为了满足和解决基层老百姓文化所需，每次活动前不仅要经过仔细的调研，同时还通过图书馆网站、手机应用程序、微信公众号以及所在乡镇文化服务中心与所在村委会对接，及时掌握群众所需，活动后还要进行问卷调查，开展满意度测评，以便进行总结等。"涪陵区图书馆红色文艺轻骑兵"坚持以党建为引领，作为打通公共文化服务"最后一公里"的具体举措，时刻将老百姓所需、所急作为我们发展的方向，更是一种动力。为了及时有效地开展活动，全馆各相关部门紧密配合、协同发力，明确任务清单，分解细化工作任务，压紧压实工作责任，在全馆形成了整体联动、协同推进的工作格局。

两年多来，"涪陵区图书馆红色文艺轻骑兵"合计开展各项活动 267 场次，参与人员 1602 人次，充分结合图书馆资源优势，发放各种宣传资料 7 万余份册，参与群众 8.01 万人次。涪陵区图书馆以红色文艺轻骑兵为载体，自觉充当阅读推广人的角色，通过"聚民心、惠民生"的活动，增强了基层老百姓的文化自信，提升了获得感和幸福感。

3. 红色文艺轻骑兵常态化、制度化

不忘初心，是"涪陵区图书馆红色文艺轻骑兵阅读推广小分队"全体成员矢志不渝的追求，为老百姓送去最需要的精神文化产品，是他们最大的快乐。自 2017 年 11 月成立以来，无论工作日还是节假日，无论哪里有需要，随时都能看到图书馆红色文艺轻骑兵的身影，全体小分队成员走进农家院坝、贫困户家中、田间地头，及时传播党的声音，宣传党的政策，致力于知识输送；在偏远的山沟与老百姓互动交流，在寒冷的院坝义务书写春联，每到一处都与当地老百姓建立了深厚的情谊和血肉联系。每一次活动的开展，广大红色文艺轻骑兵小分队成员都自觉做到不扰民、不铺张浪费、不给对方增添麻烦，树立了良好的图书馆员形象，也激励了全体图书馆人奋发有为的拼搏、奉献精神。

2018 年 12 月 23 日一大清早，小分队来到紧邻南川区的龙潭镇聚宝村，这里距离城区 70 余公里，个别女队员由于长途山路出现晕车现象，当时的气温不到零度，天空飘着小雪，但看到乡亲们渴望的眼神，一个个顿时精神倍增，赶紧张罗着开展送文化活动。党员志愿者、小分队成员吴安祥不顾手被冻僵，一鼓作气为乡民书写了 224 副春联，村民王家胜很受感动，连忙端来热气腾腾的开水，动情地说："歇哈气，暖暖手！"来自读者借阅中心的窗口一线部门工作人员、党员志愿者、小分队成员黄丹松是第一批主动报名参加"红色文艺轻骑兵"的成员，在参加了几次活动后感慨地说："以前由于工作原因少有接

触乡镇，当看到我们的出现，为村民送去欢乐的那一刻，我真正体验到了我们的价值。"

经过持之以恒地开展送文化下乡活动，全体队员都有一句口头禅："我们红色文艺轻骑兵阅读推广小分队不管条件多么艰苦，再远再累都值得，真心希望我们走一路，就能温暖一处。"

4. 工匠精神铸图书馆员之魂

全民阅读推广，构建书香涪陵，是每一个涪陵图书馆员义不容辞的责任，今后将以"红色文艺轻骑兵阅读推广"为起点，扩大参与面，组织图书馆员、广大文化志愿者和社会公益人士，积极参与到全民阅读推广中去。同时还将整合人力、设备资源，将各社区分馆、乡镇直属分馆联合起来，形成以点带面，发挥公共图书馆知识推广的主渠道带动示范作用，以"择一事而终一生"的工匠精神，致力于实现知识的全覆盖，把先进的文化和群众需要的信息及时送到基层，为广大基层群众送去各类内容丰富、形式多样、受众面广、群众喜爱的文化惠民活动，进一步深化送文化下基层、到乡镇的服务内涵。紧密配合区内中心工作，积极开展"乡村振兴，文化先行"，实施精准扶贫，开展扶贫先扶志与扶智活动，使走出馆门举办活动成为常态，真正让基层群众感受到文化的魅力和感召力，努力打造一支业务精湛、信念坚定、乐于奉献、敢闯勇为的新时代"涪陵图书馆红色文艺轻骑兵"。

★作者简介

熊世琼，1977 年生，女，重庆市涪陵区图书馆党支部书记、副研究馆员。研究方向：读者活动与阅读推广，曾发表论文十余篇。

全民阅读汇聚前行力量　先进文化引领社会风尚

——以潼南区图书馆推进全民阅读活动为例

胡祖国（潼南图书馆　重庆　潼南　402660）

［摘　要］深入开展全民阅读活动，对提高国民的科学文化素质和思想道德素质，推动社会主义核心价值体系建设具有重要意义。潼南图书馆在全民阅读活动中创新服务，营造了书香社会的氛围。

［关键词］全民阅读　创新服务　书香社会

［分类号］G252.17

全民阅读活动作为一项惠民利民的文化民生工程，在党的十八大报告中首次将全民阅读写进中央决议，在 2014 年和 2016 年政府工作报告中把全民阅读作为政府的重要任务，表明了党和国家对推动全民阅读的重视程度和决心。深入开展全民阅读，对于推进社会主义核心价值体系建设，提高国民的科学文化素质和思想道德素质，推动社会主义文化强国建设具有重要意义。为点燃社会公众的阅读激情，有效推动全民阅读活动的深入开展，近年来，潼南区革新思路、创新机制，以民为本，以引导市民自觉阅读追逐梦想——共建共享书香潼南、书香社会为目标，以优化环境、强化宣传、丰富活动、创新服务为抓手，使全民阅读活动深入基层、扎根人民、广惠群众，并借全民阅读活动凝聚民心，弘扬正能量，培育和践行社会主义核心价值观，引领和构建文明和谐、健康向上的良好社会风尚。

1. 加大投入，构建完善阅读网络

为确保全县人民充分享受较为丰富的阅读文献资源，我区通过中央补贴、区级配套、社会筹资等方式，先后共投入千万余元，优化提升软硬件环境，实现公共图书馆、综合文化站、基层书屋、文化中心户、报刊阅览点等公共文化场所全覆盖，进一步构建完善的阅读网络，优化阅读环境，夯实阅读阵地。

1.1 公共图书馆提档升级

在建设规模、内部功能、外观形象和服务质量上不断提档升级，助力全民阅读。创建拥有面积 3 200 余平方米，内设阅览室、全国文化信息资源共享工程区级支中心等功能齐全的国家一级馆，分设江北和凉风垭两个图书馆分馆，弥补了城区文化功能的不足；从手工借阅模式到全部自动化系统的高效管理；从种类单一的纸质图书到包罗万象的电子阅读，拥有卫星接收装置、投影仪、电子借阅机、计算机阅览等多种多媒体阅读系统，让更多读者享受到数字信息时代资讯无所不在的便捷。

1.2 农家书屋优化配置

在对全区 281 个行政村实现了标准农家书屋全覆盖的基础上，采用区、镇、村三级联动机制和整合多方资源，统一按需配置，以配优、配强的要求建设书屋的硬件设施设备，现各书屋至少配有实用图书 1635 种，约 2220 册；电子出版物 91 种，200 余张；报刊 20 余种。同时把书屋的建设与文化共享工程、农村党员远程教育、老年活动室等项目进行配套建设，实现资源共享、优化利用。

1.3 阅读场所覆盖基层

根据需求，筹建了科学合理、方便实用的基层书屋 146 个、图书外借点886 个、图书流通点 15 个、文化中心户 30 户、报刊阅览点 32 处，覆盖了城区公共区域、场镇人群聚集地段、村社文化活动场所，进一步拓展了阅读阵地和宣传渠道，满足了广大群众的阅读需求。

2. 创新服务，营造浓郁阅读氛围

为充分调动广大群众参与阅读、热爱阅读的积极性，在全区营造了全民读书、终身学习的良好社会氛围，我区通过阅读亲民、乐民、惠民的"三民"服务措施，深入推进全民阅读活动，扎根基层，深入群众，营造浓郁的阅读氛围，激发社会公众的阅读激情。

2.1 阅读亲民营造和美氛围

以图书场所创新开展公益性文化事业为依托，以亲和、亲近、亲情、亲恩等主题实践活动为载体，努力营造了全民阅读"亲民"的和美氛围。常开展图书场所免费服务公益宣传活动，引领更多的读者走进图书场所；常召开读者服务恳谈会，有力促进读者服务工作和全民阅读活动；常组织留守儿童举行"共建亲情纽带，共享文化资源"等主题活动，让亲情在阅读交流中自然地流淌；常组织亲子互动活动，常举行"让家的温馨充满书的香味""小太阳"等亲子阅读系列活动，让亲情在互动体验中完美地升华。

2.2 阅读乐民培养阅读兴趣

以"培养全民阅读兴趣，营造全民阅读氛围"为主线，创新服务，推出二十余大项、百余小项读书文化活动，激发全民的读书兴趣。如经常性地举行"趣味英语""健康知识"等专题讲座，满足各类读者的需求；积极开展"暑期少儿志愿者招募活动"，组织少儿志愿者参加农家书屋和图书借阅室的管理，在实践中得到锻炼并促进其爱上阅读；连续举办"磨不灭的马掌铁"读书活动、"红岩少年"讲故事大赛、"我的读书故事"演讲比赛等各类主题演讲征文活动，引导大众多读书、读好书，形成积极向上的阅读氛围。

2.3 阅读惠民带动全民阅读

坚持"民生为本，阅读惠民"的原则，以"阅读获取知识、提升技能、富民兴潼"为动力，带动了全民参与阅读，共享全民阅读成果。常送图书报刊下乡，扎实开展"送图书、送故事、送展览"等文化下乡活动，让基层群众充分享受阅读的权利并开阔视野、增长知识、提高本领、陶冶情操；常关爱特殊群体，为全区视障人士提供"视障阅览室"，主动为视障人士及其他行动不便的读者送书"上门"，组织"关爱留守儿童"读书活动，满足他们的学习愿望并提高素质；常入校开展"知书达礼"活动，积极开展"爱在六一"送书、"中秋关爱"送书、"爱我潼南，礼进校园"赠书与"送书进校园"等活动，确保全县广大中小学生能够充分阅读并树立爱知识、讲文明、树新风的良好风尚。

3. 深化宣教，构建和谐书香社会

为切实做好全民阅读这项文化民生工程并取得成效，我区以全民阅读活动为依托，以提高全民素质为根本出发点，深化宣传教育，汇聚前行力量，引导全区群众共建、共享书香潼南，构建和谐书香社会。

3.1 主题宣讲传递好声音

结合时事开展"学习贯彻十九大，同心共筑中国梦""书香中国，领航未来"等主题宣传活动，充分阐释"中国梦"是实现国家富强、民族振兴、人民幸福的途径及宣传党的惠民方针政策等；结合县情开展"倡导全民阅读，构建书香潼南""三种精神""三种文化""说好潼南话，干好潼南事，做好潼南人"等主题宣讲活动，弘扬潼南人文精神，激发市民热爱潼南、建设潼南的热情；开展"中华魂""红岩少年"等主题教育读书活动，培养热爱中国共产党、热爱祖国、热爱人民的高尚情操。

3.2 公益活动弘扬主旋律

围绕"习近平总书记系列重要讲话精神""培育和践行社会主义核心价值观""庆祝新中国成立 70 周年"等重大主题，在机关、企事业单位、学校、镇街、村社、家庭、军营大力开展经典讲座、诵读、征文、展播、馈赠等公益活动，加强公民思想道德教育，促进公民综合素质提升；在潼南卫视制作播放公益宣传片，在潼南报刊登载公益宣传画，在各大路段投放公益广告牌，以及利用其他媒体渠道和人流量大的公共场所开展公益宣传，积聚社会正能量，弘扬社会主义核心价值观；领导干部、公务员、教师、作家、艺术家、科技工作者、新闻工作者和社会公众人物，带头发挥阅读示范作用和"强素质，做表率"的引领作用，激发全民自觉培育和践行社会主义核心价值观。

3.3 成效报道引领好风尚

通力报道全民阅读活动成效和亮点，发挥辐射作用，以典型引路，以点带面，以先进促后进，引领和构建文明和谐、健康向上的良好社会风尚。对桂林街道养鸡能手米爱民、新胜镇姜农龚先锋、藕农蒋吉财、群利镇果农吴国前、潘会兰等一批农工读书致富先进典型事迹进行宣讲，引导广大群众树立"富口袋必须先富脑袋"的思想，并带动农工致富；推广梓潼街道石盘村、桂林街道八角村农家书屋等一批"示范农家书屋"的创建活动，促进全区农家书屋作用的发挥；宣传全区"书香企业""书香校园""书香之窗""书香小区""十佳书香家庭""十佳读书人"等，发挥示范带头作用，推动社会和谐，促进城市文明。

4. 结语

"书香潼南，图书普惠群众；读润心灵，阅读成就未来。"知识经济时代需要创建阅读型社会，我区将继续深入推进全民阅读活动，引导、鼓励广大民众以阅读为契机，以阅读汇聚力量，以阅读为自豪，以阅读成就自我，以阅读追逐梦想！

★作者简介

胡祖国，1969 年生，男，重庆市潼南区图书馆馆长、副研究馆员。研究方向：图书馆管理与服务。

各抒己见

公共图书馆如何推广经典阅读的思考

王艳红（大渡口图书馆　重庆　大渡口　400080）

［摘　要］在数字新技术和多媒体快速发展的今天，在大众文化影响下的大众阅读重心也随之发生了明显的转移。本篇从重新认识经典的地位与经典阅读，以及在大众阅读语境中推广经典阅读的现实意义出发，提出了公共图书馆顺应时局，在推广和引领全民经典阅读方面的相关建议。

［关键词］大众阅读　经典阅读　公共图书馆　阅读引领

［分类号］G252.17

随着数字新技术和多媒体的快速发展，电视和网络阅读的普及在打开了民众眼界的同时，也带来了负面效应，即纸本阅读在衰退，特别是青少年读书的热情在下降，读书时间大大减少；大众阅读中心也发生了很大的转移，大众对那些曾经带给我们精神生活和文化营养的经典阅读及传统阅读方式已逐渐失去兴趣，大众阅读，特别是具有陶冶情操、洗涤心灵和建构精神等功能的经典阅读，以及传统的阅读形态正日趋消减。

大众阅读重心的转移与经典阅读的必要性问题，已引起国家领导人和政府的高度重视。比如，2007年由教育部等八部门联合主办的"中华诵"经典诵读活动，通过诵读经典，弘扬主旋律，展现出中国人的进取精神和宏伟志向；2009年5月13日，时任副主席的习近平同志就在中央党校2009年春季学期第二批进修班暨专题研讨班开学典礼上发表了重要讲话，提出领导干部"为什么要读书、读什么书、怎样读书"的一系列重大问题。经典阅读正在成为我国社会大众阅读中的发展方向和潮流。图书馆作为人类文明传播和文化教育的文化机构，在推动全民阅读活动开展，用经典阅读提升大众阅读品质上，就是要培养大众读者"读书好，好读书，读好书"的阅读习惯和阅读能力。

1.经典的本质与经典阅读

经典是人类文化的积淀和结晶，是在人类文化发展的历史长河中经过时空的锤炼、文化的整合而生成的一种跨越时空的文化存在、一种精粹的文化产物、一种纯美的文化构成，它在不断经受历史的考验中，为人们开启文化与精神的智慧，是人类文化中永恒的价值和主题。经典具有两个独有的特征：一是永久不衰的"文化经典的魅力"；二是不可竭尽的"文化经典的张力"。这两个特点决定了经典阅读不同于实用性、功利性阅读，也不同于大众阅读中的时尚阅读。经典阅读是一种体验性、对话性、陶冶性的阅读，同时更是一种开放性、构建性、智慧性的阅读。认识和把握经典和经典阅读的这些特征，对于在全民阅读背景下大力倡导经典阅读具有十分重大的现实意义。

2.在大众阅读中推广经典阅读具有的现实意义

"我拥有信息，但没有知识"，这是美国《纽约》杂志的电影评论家大卫·丹比作为媒体人表达的一句感言。因此，在他48岁时重新回到母校选修"文学人文"与"当代文明"这两门课，重读西方经典。如今，网络、媒体、现代技术虽然使人们的阅读变得多元化，但在阅读信息的同时，人们也深切感受到所获取的知识却越来越少，"知识危机"正威胁着人类社会。为此许多人认为，在当今这个信息极其丰富和阅读十分便利的时代，并不表明我们拥有的知识更加丰富，而我们的知识更多地源自严肃而持久的阅读，这就是倡导经典阅读的原因之一。

俄罗斯鲁巴金阅读基金会主席普洛特尼科夫教授认为：电视看多了，会使人注意力分散，思维没有系统，对世界的理解支离破碎，想象力水平大大降低。我国阅读研究专家王余光教授认为：阅读一些经典著作对人们思维的系统性和语言表达方面有很多好处；而看电视或者上网都没有这方面的帮助，反而起到反作用，从而导致表达困难、词汇量贫乏或词不达意的情况出现。

如今，电视、网络已成为人们生活、工作中不可或缺的部分，但人们更应该清醒地认识到，在电视和网络带给我们极大方便和快乐的同时，也不能因此而影响个人的成长和发展，特别是对青少年成长带来的负面影响不可忽略。研究表明，看电视、上网，不但不能替代读书，而且会因为阅读时间减少而导致思维缺乏系统性，语言表达困难。唤醒全民的阅读意识，倡导文化经典阅读，提高全民文化素养，已成为促进人类进步、社会和谐和国家发展的重大战略决策。

阅读传统经典还有一个更重要的作用是培养个人素质。经典文化作为一个民族文化中共同拥有的财富，凝聚着整个民族文化的精神与情感，它需要大众通过文化阅读加以传承，它更需要这个民族的精英分子了解熟悉它，它构成了进入这个民族的精英阶层的必要条件，这也是提升个人素质所需要的。为此，笔者认为，现代人文素质的培养、民族精神的塑造，正是从阅读传统经典开始的。

图书馆保存着人类大量丰富的文化典籍，其文献占有与经典文献入藏的全面而完整性是其他机构无法比拟的。公共图书馆以其社会文化的公益性、服务大众的普及性、设施设备和阅读环境与阅读技术的先进完备性，理应成为大众阅读的主阵地，成为推广全民阅读的助推器和倡导经典阅读的主导者，这是公共图书馆神圣的社会职责。

3. 顺应时局，对公共图书馆推广和引领全面经典阅读的建议

阅读将大众和图书馆连接起来，为大众提供阅读服务是公共图书馆服务工作的重点之一，推广经典阅读不但能提升大众阅读的品位，更能提高图书馆的阅读服务品质，充分发挥图书馆的社会文化教育职能。为了营造经典阅读的氛围，公共图书馆应按照中国图书馆学会阅读推广委员会经典阅读推广专业委员会统一部署与要求，结合本馆业务特色，联合社会力量，因地制宜，广泛深入地开展全民经典阅读活动，特别是在儿童和青少年群体中宣传、影响、培养经典阅读兴趣，充分发挥图书馆的教育阵地作用，产生积极的社会影响，吸引越来越多的人走进图书馆、利用图书馆，提高公共图书馆传播经典文化教育的社会效益。

3.1 开展主题阅读，加强宣传，营造全社会的经典阅读氛围

全民阅读活动的主题，反映了图书馆对时代发展特征的敏感度和适应度。每年图书馆围绕主题开展的一系列宣传和服务活动，把空洞的口号变为让公众看得见、感受得到的图书馆服务实践，在一定程度上提高了公众对图书馆的认知度，图书馆的社会价值也得到拓展和延伸。图书馆每年举办的"世界读书日""图书馆服务宣传周"和"全民读书月"等活动，是图书馆开展宣传、优化服务的良好契机。因此，公共图书馆在多角度、全方位地宣传全民读书

活动的同时，应加大经典典籍与经典阅读的宣传活动，有计划、有步骤地开展一系列内容丰富、形式多样的经典主题阅读宣传活动，营造浓厚的经典阅读氛围。

3.2 便捷的阅读条件和优越的读书环境助推经典阅读的开展

现代图书馆的建筑已成为一个城市文化的象征，其功能布局、环境布置、设施设备一定要处处考虑读者阅读服务的需要，为读者创造一个优良的读书环境，在提倡全民阅读经典中要发挥文化经典的作用。图书馆在馆藏经典典籍中应保持书籍的常换常新，放置于醒目显眼的位置，让读者一走进阅读区域，就能在第一时间吸引读者前往选择阅读；在宣传和推广经典典籍中，图书馆要营造阅读经典的氛围，对文化经典进行常讲、常诵、常谈与常传，感召和唤醒大众阅读经典的意识与行为。

3.3 倡导营造家庭经典阅读氛围

家庭是孩子成长的第一个环境，父母是孩子的第一任教育者和学习的榜样。营造家庭经典阅读氛围，无疑对孩子的成长和社会的和谐具有极其重要的意义。公共图书馆可组织和开展各式各样的家庭阅读经典活动，倡导每户家庭、每个家庭成员自觉培育学习意识，养成诵读经典的习惯，通过多读好书、常读经典，塑造家庭和全社会文明、健康的文化风尚。例如，指导家庭营造经典阅读氛围，组织家庭进行经典阅读心得交流活动，培养家庭经典阅读习惯，提高家庭经典阅读兴趣；举办"家庭读书进万家"大赛，开展"经典阅读伴我成长""家庭藏书展评"等活动，鼓励家庭读书，提倡学以致用；评选优秀藏书家庭，树立家庭读书典范。

3.4 着力培养少年儿童阅读习惯和经典阅读兴趣

教育心理学的研究表明，终身的阅读兴趣和习惯取决于有效的早期阅读培养。培养良好的阅读习惯可以促进儿童情绪的正常发展，产生阅读治疗的功效，启迪儿童健全人格、明确生活方向，所以从小要培养孩子的阅读习惯，如此代代相传，便会成就一个热爱阅读的民族。公共图书馆应充分培养少年儿童的阅读习惯，并将经典阅读活动的开展延伸到社会、社区和每个家庭，让经典阅读伴随孩子们一起成长，为培养少儿经典阅读创造一个良好的社会阅读保障系统，使孩子们在阅读中健康成长，担负起图书馆的社会教育责任。

3.5 帮扶和培养弱势群体走进经典阅读

弱势群体是党和政府、社会关心的大众群体，公共图书馆在为他们提供知识援助的同时，更要为他们送去健康丰富的文化精神食粮，培养弱势群体的阅读兴趣。帮扶弱势群体走进经典阅读，是公共图书馆义不容辞的职责之一。因此，开展弱势群体的经典阅读的指导要实行区别服务：为下岗职工服务，要加大宣传力度，争取更多的下岗职工认识图书馆、利用图书馆。有条件的公共图书馆可以建立下岗职工再就业培训基地，使他们在阅读中获取各种专业技能知识，激发创造力。对城市外来务工人员，可组织"外来工家园"，定期举办读书会、讲座、播放电影等，在工作之余为他们提供更多的经典书籍，通过阅读经典充实他们的业余生活，提高文化素养。

3.6 打造高素质的图书馆经典阅读服务队伍

公共图书馆倡导经典阅读，必须完善结构合理、分工明确的高素质阅读服务人才队伍的建设，打造一支高素质的图书馆经典阅读服务队伍。首先，要在公共图书馆行业内提倡阅读经典的风尚。作为一个为大众提供阅读服务的馆员，如果自己没有良好的阅读行为、阅读习惯和一定的经典阅读的兴趣，又如何能引领大众的经典阅读呢？要成为大众阅读的引领者，图书馆行业内部就一定要大力推行自律自行的阅读行为；其次，提高馆员的专业技能，除了图书馆专业知识外，面对经典阅读服务的需要，还要着重提高馆员的阅读信息素质和开展阅读服务的语言表达能力，以及计算机应用和网络技术运用的一般技能，为大众提供良好的经典阅读引领服务；第三，要提高馆员职业道德素质，馆员要具有强烈的事业心和爱岗敬业的精神，有全心全意为读者服务的职业意识和热情友善的服务态度；最后，馆员的团队精神的培养，是全馆上下团结协作，保障图书馆倡导和引领经典阅读各项工作的顺利开展的基本前提和必要条件。

4. 结语

让社会大众阅读重新回归经典，让人们在阅读中感悟知识的力量与人生的美好，逐步提升大众的人文素质，作为大众阅读和学习的公共文化场所——公共图书馆，在大众阅读语境下做好推广和引领大众经典阅读服务，还有更加长远和艰巨的路要走。

参考文献

［1］谢卫国."学科馆员"经典导读服务模式研究［J］.河南图书馆学刊，2011，（6）:6.

［2］沈玲.大众文化语境下的经典阅读——中学生课外阅读现状思考及对策［DB\OL］.万方数据.2007:4-5.

［3］王余光，王姗姗.传统经典阅读的当今意义［J］.中国图书评论，2004，（6）:4-5.

★作者简介

王艳红，1971年生，女，重庆市大渡口区图书馆馆长、研究馆员。研究方向:图书馆管理与服务。

"互联网+"时代公共图书馆的服务创新研究

胡祖国（潼南图书馆　重庆　潼南　402660）

［摘　要］在互联网信息和知识传播渠道多元化的冲击下，传统公共图书馆的地位受到了前所未有的挑战。而将"互联网+"的思维引入现代公共图书馆的管理，也不失为应对互联网知识多元化传播渠道"围剿"的一种有效手段，特别是对于其服务意识的创新以及促进图书馆事业的发展都具有积极的现实意义。为此，公共图书馆首先要在传统服务和管理的基础上，通过对互联网络的应用，加大对图书馆馆员的专业操作培训力度，同时结合互联网新技术，创新服务手段，在服务上，积极开展自助检索服务和自助借阅，方便用户；开通24小时社区流动自助图书馆服务、推行图书馆总分馆管理模式、图书馆区域联盟模式及"阅读+"模式。

［关键词］互联网+　公共图书馆　服务创新

［分类号］G252.0

互联网时代的显著标志，就是大数据、云计算及物联网等信息技术的突飞猛进，随着"互联网+"多媒体传播渠道的多元化，人们的阅读习惯也发生着悄然的转变。而公共图书馆引入"互联网+"思维，不仅创新了服务方式，扩大了服务范围，提升了公共图书馆的社会影响力，而且对于图书馆工作的转型升级也是一个积极的推动。本篇在"互联网+"理念下，阐释创新公共图书馆服务必要性的基础上，针对如何将"互联网+"思维更好地融入公共图书馆管理中进行了深入探讨，为促进我国图书馆走上科学化管理之路提供有益的借鉴。

1.公共图书馆的由来及服务创新的必要性

公共图书馆由来久矣，最早可追溯到公元前300年古希腊的柏拉图学园中设立的图书馆，这是人类最早的公共图书馆的雏形。欧洲文艺复兴时期，培根将公共图书馆与学校、文学、出版并列为人类传承文化的"四大发明"。可见，图书馆对于人类文明的传播发挥了巨大的、无可替代的作用。公共图书馆传统优势的消失是随着互联网时代多媒体传播渠道的出现，人们接受知识和阅读的习惯发生了革命性的变化，即习惯于依赖互联网多媒体接受各种信息和知识。

1.1 首先是来自读者阅读方式的转变

据调查数据显示，2014 年国民传统纸媒阅读率较 2013 年上升了 0.2 个百分点，数字化阅读率上升了 8 个百分点，这说明数字化媒体已经完全超越传统纸媒而成为一种新的阅读潮流。在这种发展形势下，如果公共图书馆不能根据读者阅读方式的变化转变而故步自封，那么，读者专业化、个性化、多元化的阅读需求根本无法满足，从而将彻底丧失存在的价值，至少将被置于"网络阅读"边缘化的尴尬境地而不能自拔。

1.2 提升公共图书馆内在竞争力使然

传统图书馆的优势在于基本信息资料的储存和垄断，特别是拥有一批业务熟练的能够提供参考和咨询服务的工作人员。随着互联网信息传播渠道的增多，其传播内容已延伸或者覆盖到图书馆的大部分领域，图书馆知识的垄断与核心地位、优势不复存在。因此，现代公共图书馆要突破这种境况，只有充分利用互联网信息技术平台，对其海量信息资源进行二次全面的收集、存储、检索与管理，才能更好地突出自身优势，为大众提供更高质量的服务，从而获得读者的青睐和认可。

1.3 民众日益增长的文化需求所决定

随着社会的发展以及人民群众日益增长的文化需求，人们对公共图书馆的服务质量要求也是与日俱增。目前，由于体制的原因，部分公共图书馆的服务手段和内容还停留在以往单一的层面和阶段，鲜有改进和提高，主要是收集、储存出版书籍，提供阅览场地、资料参考、文献检索与书籍外借等普通服务项目，这些都需要用户前往图书馆办理借阅证，然后才能获得服务或借阅书籍、资料，服务质量和效率大打折扣。此外，部分公共图书馆由于经费不足、设施简陋，特别是缺乏专业的图书管理人才，导致服务水平下降，难以满足公众的多元化阅读服务要求。

2."互联网＋"的内涵及对公共图书馆的影响

"互联网＋"并非互联网与某行业的简单相加，而是一种互相促进的深度融合。公共图书馆管理引入"互联网＋"思维，对于服务创新及自身的发展都具有积极意义。

2.1 "互联网＋"的内涵

"互联网＋"的内涵，是在市场经济条件下，通过互联网技术与传统行业的深度融合实现双赢的一种新的经营模式。简单来说，"互联网＋"就是指互联网和某个产业"1+1"产生大于2的结果，但这并不是简单的相加，而是要充分利用新的信息通信技术，从而推动传统行业创造出新的成果。目前，"互联网＋"已在多个传统行业，如网上银行、电子商务、旅游在线、成人在线教育等得到推广和应用并产生了积极的社会效果。

2.2 "互联网＋"对公共图书馆的影响

图书馆与"互联网＋"的深度融合将使公共图书馆转变服务意识、创新服务手段，从而推动传统公共图书馆从单一的服务向现代复合型图书馆转型。当前，公共图书馆传统的、落后的服务理念、单一的服务方式和僵硬的、官僚式的管理方式已经严重阻碍了图书馆的健康发展。从其自身发展角度出发，当务之急就是引进"互联网＋"思维，摆脱僵硬的官僚方式和服务形式，积极通过微博、微信等网络平台与读者进行互动，了解读者的需求，达到为读者提供多元化服务的目的。

3.对公共图书馆实施"互联网＋"战略进行服务创新的建议

鉴于目前国内部分公共图书馆引进"互联网＋"思维的成功经验，同时总结在实施过程中存在的突出问题，为了公共图书馆管理与"互联网＋"的更好融合，建议以下五个方面为切入点扎实开展工作。

3.1 尽快加速图书馆数字资源建设进程

图书馆引入"互联网＋"思维顺应读者阅读的"动态"需求并创新服务内容。

3.1.1尽快加速图书馆的数字资源建设,具体方法就是通过建立网络数据库，将馆藏的传统信息转化为数字资源，满足读者的信息化需求。公共图书馆要组织专业人员，对现有馆藏文献资源进行甄别，将其中大众感兴趣的、更有价值的，如地方志、家谱、人物年鉴等经典，通过扫描、压缩、字符识别等技术，制作为电子化、数字化的压缩光盘或网络信息文献，建立具有本馆特色的多媒体数据库，提高文献资源的利用率，实现馆藏文献资源的共享。

3.1.2 针对读者需求，建立专题网络数据库并设置目录式搜索引擎、应用式搜索引擎、元搜索引擎等网络信息搜索手段，查寻网上信息资源的分布情况，对收集到的综合信息进行分类、整理，分别建立网络专题数据库，方便读者的查询。

3.1.3 增加特殊群体阅读需求的数字资源。特殊群体往往因为身体因素不能经常到图书馆阅读，公共图书馆要对这些特殊群体提供针对性的阅读资源。比如，对于农民群体，可以更多地提供养殖、种植方面的信息；对老年群体，除了提供常见疾病防治及养生保健方面的知识外，随着网络的普及，还需要提供简单易懂的网络应用知识，如电脑基本操作常识等；对于少儿读者，可以提供儿童电子读物及经典动画，以差异化的服务满足不同群体和读者的需求。

3.1.4 利用互联网技术，充分整合图书馆的多方面资源，开通面向社会的网络公益大讲堂，有计划地开展社会教育，使读者能通过数字电视、手机、平板电脑及电子显示屏等多种服务载体进行在线学习，读者在学习过程中，还要达到与授课老师通过网络实时进行互动的效果，从而实现知识的隔空交流，充分发挥公共图书馆综合的社会教育职能，突出公共图书馆的社会服务价值。

3.2 加大对图书馆馆员和图书馆用户的培训力度

图书馆在"互联网＋"思维环境下，馆员的道德素养、服务意识及业务水准决定着图书馆社会职能的发挥，也决定了公共图书馆的整体服务水平。因此，图书馆的创新，首先应加大对图书馆工作人员的专业知识和互联网操作实践的培训力度。

3.2.1 加强对图书馆馆员的培训。由于"互联网＋"作为互联网技术的新生事物，公共图书馆实施"互联网＋"战略并推动图书馆走上科学的发展之路，专业的人才支持是基础。因此，公共图书馆应下大力气，通过对在职人员的培训，造就和培养现代图书馆发展所需的人才队伍。具体措施：一是针对图书馆业务知识展开培训。众所周知，随着社会的发展，图书馆学的内涵也越来越丰富。现代图书馆要求其馆员从思维方式上快速与经济发展接轨，在专业上要及时学习最前沿的专业知识，把握图书馆学专业发展动向，不断丰富和完善自己的知识体系；二是从专业技能入手加大培训力度。处在互联网信息时代，互联网信息技术是公共图书馆服务创新的最好支撑和平台。而信息技术具有日新月异的特点，这就对馆员的技术素质提出了更高的要求，比如学习网络计算机技术、网络和光盘的检索、国际联机检索、计算机标引、编目、数据库的建立以及先进的情报检索应用技术的掌握及实际操作应用，以便为用户提供更高效的优质服务。

3.2.2 要采取双管齐下的方针加大对用户的培训力度。为用户提供海量的信息资源和全方位的服务才是图书馆服务创新的原动力和终极方向。通过对用户进行有计划、有针对性的培训，达到了解图书馆的馆藏资源和所有的服务流程，是图书馆获得广泛用户的关键。要在市场调查，充分了解和掌握用户的需求的基础上，制订详细的培训计划，确定培训的节点目标和效果。在内容上，除了介绍馆藏资源分布及资源目录外，要将提升用户网络信息获取、信息资源检索、辨别及分析作为培训的重点，帮助用户在馆藏的海量信息中，高效地筛选、收集和分析并获取自己所需的资料。

3.3 从服务手段提升和内容创新入手强化图书馆的服务功能

我们知道，任何优质的服务内容都必须依托服务方式来实现，服务方式的创新与服务内容、服务范围，特别是服务理念息息相关，而图书馆的创新服务更是如此且迫在眉睫，这是其服务性质所决定的。应在传统的服务基础上，创新服务理念并大力依托互联网技术，具体包括以下几个方面的内容。

3.3.1 积极推动"移动"图书馆服务。"移动"图书馆的内涵，其实就是延伸了的"数字"图书馆，它引入了移动数字阅读方式和数字版权保护技术，将文字、声音、图像和视频等，通过互联网技术整合各种资源信息并利用 4G /5G 手机网络及各种通信网络，将这些信息实时发送，用户可通过手机、阅读器等移动终端设备随时随地、准确地获取信息，形成数字图书馆的数字服务与用户阅读的无缝对接。例如，用户检索图书馆馆藏书目信息、在线阅读都可以利用手机无线网络实现。

另外，在公共图书馆层面，可以建立一个移动图书馆服务器系统，面向所有手机用户，以便开展手机阅读服务、个性化知识推送、资料目录查询服务等。例如，国家图书馆开通的"掌上国图"服务，就包括了 WAP 网站、国图漫游和手机阅读及短信服务等版块,通过这些版块,读者对图书馆的综合服务动向可以随时随地地了解,图书馆的定制服务、图书检索及资源全方位导航等服务力度加大,突出了个性化服务的魅力。

3.3.2 开通城市社区 24 小时自助图书馆服务。在城市人口集中的大社区设立自助图书馆,为市民阅读提供方便的服务。社区图书馆占地面积小且便于移动,更重要的是无须专人管理,节约了社会成本,同时公共图书馆数量不足也得到了弥补,公共图书馆的服务辐射力也相应得到了增强,对于提升图书馆服务质量及服务外延都具有积极的促进作用。

4. 尽快建立并完善公共图书馆服务运作体系

针对"互联网 +"思维理念并为不同层次的用户提供个性化、差异化、多元化的阅读服务,公共图书馆应尽快建立并完善一整套服务运作体系,以适应社会、读者的文化需求。

4.1 使封闭的图书馆管理模式向开放的大图书馆模式转变

在"互联网 +"的阅读时代,资源共享、建立区域图书馆联盟是推动公共图书馆健康发展的首要原则。这种发展模式的实施,可以使各个图书馆通过互助合作、资源共享的方式,最大限度地获取和共享信息资源并破解图书馆在资金投入方面的不足造成的"举步维艰"的局面,最大的好处是满足读者阅读需求,扩大社会服务面。

4.2 推行图书馆总分馆管理模式

目前,欧美国家普遍实行图书馆总分馆制,并积累了丰富的经验,可以为我们所借鉴。近年来,我国针对公共图书馆总分馆制的探索步伐和研究力度也不断加大。北上广及南方一些城市都相继迈出了图书馆总分馆管理模式的步伐,并取得了积极的社会效果。

4.3 夯实"阅读 +"模式的文化土壤和群众基础

公共图书馆应从服务社会的角度出发,通过各种方式在社会中推行"阅读 +"模式,让更多的人加入阅读的行列,积累民族文化底蕴,这也是图书馆的根本价值所在,并通过努力,打造购物中心图书馆、机场图书馆、地铁图书馆、阅读主题餐饮和酒店图书馆等,最大限度地方便人们的阅读,调动全民阅读积极性,丰富全民文化精神生活,为中华民族的伟大复兴汇聚文化的能量。

5. 结语

综上所述，在日新月异的互联网时代，公共图书馆引入"互联网＋"管理思维模式，不仅要在管理意识上实现转变和创新，关键还要在图书馆的数字资源建设、服务运作体系的完善上下功夫，同时要采取"两条腿"走路的方针，加大对馆员及用户的培训力度，增强服务的主动性、专业性和针对性，为推动公共文化事业、提升全民文化素质夯实基础。

参考文献

［1］刘淑娥.网络环境下图书馆创新服务研究［J］.天津市财贸管理干部学院学报，2008，（10）.

［2］陈荧.移动互联网环境下公共图书馆的服务对策［J］.图书馆学刊，2014，（1）.

［3］吴慰慈.图书馆学基础［M］.高等教育出版社，2004:2.

［4］蒋蓓蓓，刘福祥.新时期公共图书馆员服务理念与服务心态研究［J］.科技情报开发与经济，2014，（7）.

［5］管翔.新信息环境下公共图书馆服务创新［J］.四川图书馆学报，2013，（2）.

［6］刘莉，郝志福.数字阅读环境下公共图书馆的服务创新［J］.农业图书情报学刊，2013，（3）.

［7］史建强.公共图书馆总分馆模式的实践与思考［J］.图书馆论坛，2014，（4）.

★作者简介

胡祖国，1969年生，男，重庆市潼南区图书馆馆长、副研究馆员。研究方向：公共图书馆事业管理与服务。

浅析现代公共文化服务体系中的公共图书馆

谢洪卫（永川图书馆　重庆　永川　402160 ）

［摘　要］文化是人类进步的阶梯，公共文化更是社会发展的根本动力，在物质生活日益满足的基础上，人们越来越追求精神文化上的高层次需求，因此公共文化服务体系的完善也应尽快提上日程。本篇主要从公共文化服务体系与公共图书馆的关系出发，探索公共图书馆在公共文化体系中的作用。

［关键词］公共文化服务体系　公共图书馆
［分类号］G258.22

1. 公共文化服务体系的内涵

公共文化服务体系的字面定义为主要由政府部门实施、面向大众、以文化为核心的公益性服务体系。其文化服务范围广泛，主要是优秀文化的普及、共享、传承等方面。需要着重强调的一点是，其提供的文化服务都是优秀文化，而并非所有文化。公共文化服务体系对于社会文化、经济、政治发展具有重要意义。从党的十八大以来，习近平总书记根据时代对文化的新要求，对现代公共文化服务体系建设做出了进一步的规划。围绕"四个全面"，对现有公共文化服务体系进行重大改革和调整，使其更符合时代要求，更利于我国全面建成小康社会。公共文化服务体系需要载体才能运行，公共图书馆便是一个强大的载体。

2. 公共文化服务体系与公共图书馆的关系

2.1 从公共文化服务体系与公共图书馆的主体方面分析

在公共文化服务体系的内涵中，我们说明了公共文化服务体系的工作对象是大众，公共文化图书馆的图书阅读者也是民众，二者的服务主体相同，同样为社会公众提供优质的文化服务，二者的共同服务主体决定其内在联系。而公共文化服务体系是由政府领导工作，其他公共文化机构起辅助作用。公共图书馆正属于公共文化机构，辅助公共文化服务体系更好地发展。我国有专门关于公共图书馆的法律，在法律中公共图书馆是公共文化服务体系不可或缺的一部分。简单来说，如果公共文化服务体系是月亮，那么公共图书馆便是它周边最亮的那一颗星。

2.2 公共文化服务体系与公共图书馆的职责方面分析

公共图书馆是一个专门为民众提供科学、文化的公益性文化机构。关于公共图书馆的职责，1975 年国际图书馆协会联合会在法国的图书馆职能科学研讨会上做出了详细解说。

2.2.1 公共图书馆是保存文化遗产的最佳场所。文化遗产可以通过公共图书馆得以保护和流传，丰富了我国的文化资源。

2.2.2 开展社会教育。图书馆存储着丰富的书籍，必然是文化资源的聚集地。有句俗语说得好："人往高处走，水往低处流。"书籍又是人类进步的阶梯，是促使人不断向上发展的动力。教育伴随人的一生，对人的发展影响重大。受教育权是公民的基本权利，人人都可以接受教育的洗礼。而公共图书馆更是对全社会开放，所有民众都可以在公共图书馆中享受知识带来的乐趣。

2.2.3 传递科学情报。公共图书馆为科学情报传递提供了良好的物质基础和储存空间。

2.2.4 开发智力资源。公共图书馆中的图书资料能为人类开发智力资源提供全面的、综合的、科学的支持。

2.2.5 开展人们喜闻乐见的文化活动。随着我国向小康社会的不断迈进，现在人们不再担心自己的物质生活，开始渴望精神生活上的提升。公共图书馆开展的阅读会、朗诵比赛和科学知识竞赛等深受广大民众的喜爱。

3. 公共图书馆在公共文化体系中的意义与作用

3.1 公共图书馆的公益性作用

公共图书馆的根本目的在于公益而非盈利。1975 年国际图书馆协会联合会在法国的图书馆职能科学研讨会上将公共图书馆的运营目的解释为免费提供服务。公共图书馆对入馆人员没有条件限制，无论是残疾人或是老年人，都可以进馆学习。这在一定程度上弥补了公共文化服务体系中其他组成机构的不足，有利于社会人文气息的构建，坚持"以人为本"的宗旨，保障每一位公民的基本权利。

3.2 公共图书馆促进社会文明和谐的作用

阅读不仅能增长科学知识，还能陶冶情操、修身养性。图书馆在阅读者的心中是一方"圣地"，人们都对它肃然起敬。在图书馆中，人们会不自觉地静下心来，遵守馆内秩序，没有人愿意去破坏它。在这种氛围下，有利于阅读者形成良好的行为习惯。另外，阅读书籍还有利于提高公民的思想道德素质。经典就好比是文化中的精华，通过品读经典，学习我国的优秀传统文化和思想品德，树立正确的世界观、人生观和价值观，引导国民积极培育和践行"二十四字"社会主义核心价值观，加快我国建设文明和谐社会的步伐。

4. 结语

总之，公共文化服务体系的建设已纳入国家文化建设的重点工程，公共文化服务体系的完善迫在眉睫。作为公共文化服务体系的中坚力量，公共图书馆的发展一刻也不容滞缓。应深化公共图书馆的文化内涵，调整图书馆的管理结构，丰富服务内容，发展创新民众喜闻乐见的新文化，为公共文化服务体系提供强有力的文化保障，以促进建设文明和谐的社会。

参考文献

[1]柯平，宫平，魏艳霞.我国基本公共文化服务研究评述［J］.国家图书馆学刊，2015，24（2）:10-17.

[2]徐益波.新形势下的现代公共文化服务体系建设与公共图书馆——基于《意见》和《标准》的文本分析［J］.图书与情报，2015，（1）:131-133.

[3]李国新.现代公共文化服务体系建设与公共图书馆发展——《关于加快构建现代公共文化服务体系的意见》解析［J］.中国图书馆学报，2015，41（3）:4-12.

[4]巫志南，冯佳.现代公共文化服务体系中的公共图书馆［J］.中国图书馆学报，2015，41（3）:34-41.

[5]王宏鑫.基层现代公共图书馆服务体系建设的整体化状况分析［J］.图书与情报，

2014（5）:70-74.

★作者简介

谢洪卫，1964 年生，男，重庆市永川区图书馆馆长。研究方向：图书馆事业管理与服务。

公共图书馆在阅读推广中的社会责任

何　斌（涪陵图书馆　重庆　涪陵　408000）

［摘　要］公共图书馆成为阅读推广的中坚力量是由图书馆的社会职能所决定的。图书馆作为公民终身学习的文化服务机构，具有公益性和社会性，理应承担起一定的社会责任。本篇阐述了公共图书馆在阅读推广中的社会责任以及承担社会责任的对策。

［关键词］公共图书馆　阅读推广　社会责任

［分类号］G258.22

国民的阅读水平是衡量一个国家社会文明程度的重要标志，是提高国民文化素质、增强国家文化软实力的有效途径，甚至直接关系到一个国家和民族的未来和命运。一个崇尚阅读的民族才是有希望的民族。中国作为一个正在崛起的大国，不仅在物质上要富足，在精神上也要强大，才能承担起它应承担的大国责任。图书馆本身就是因阅读而存在，提供阅读是图书馆的天职。阅读推广是图书馆服务的一种基本形式，十多年来，已发展为图书馆服务中最具活力、充分体现图书馆核心价值的自觉的图书馆服务。阅读推广日益成为图书馆服务的新常态，公共图书馆的公益性和社会性决定了它在阅读推广中应担负起一定的社会责任，从而促进国民整体素质的提高。

1. 公共图书馆的阅读推广是由图书馆的社会职能所决定的

图书馆是搜集、整理、加工、收藏、流通文献信息资料，供大众阅读研究的公益性文化机构，是公民获取信息资源的重要途径。具有保存人类文化遗产、传播先进文化、开展社会教育等重要职能，是公民的终身学校，尽管公共图书馆不是担负促进社会阅读使命的唯一机构，但它的形成机制赋予了自身特殊的地位，即保障全体公民的阅读权利。从这个意义上说，在促进社会阅读的责任方面，公共图书馆具有不可替代性和不可缺少性。

2.公共图书馆在阅读推广活动中的现实意义

世界各国普遍越来越重视公民的阅读推广工作，纷纷开展丰富多彩的活动，采取各项措施，甚至制定相关法律法规以倡导和保障公民的阅读活动。近年来，丰富精神文化生活越来越成为我国人民的热切愿望。人们通过阅读获取知识、更新知识、培养创造力，这也是构建学习型社会、建设和谐社会、提高国民素质最有效的途径。公共图书馆的阅读推广活动受到广泛重视，近年来全国各地图书馆通过"4·23世界读书日""图书馆服务宣传周"等，开展读书会、立体阅读、讲座展览、图书漂流等形式多样的阅读推广活动。作为公益性组织的公共图书馆已成为阅读推广的中坚力量，起着文化传承和创新知识的作用。

"阅读"不再是个人的零散的行为，而是有国家政策支持和鼓励、相关文化教育组织机构协助和促进的一项集体活动。在这场全民阅读革命中，图书馆应该充分重视起自身的价值和责任，以更有力的角色作用来凸显图书馆的存在使命。这也是提高图书馆形象和地位，实现图书馆自身价值的重要体现。

3.公共图书馆在阅读推广中的社会责任

图书馆担负着社会教育的重任，是为国民服务的终身学校。近年来，图书馆社会责任研究是图书馆界关注的新领域之一，现代图书馆学随着社会文化的发展，逐渐突破文献与信息的研究领域，与社会建立起了更加紧密的关系，而随着图书馆各项权利意识的增强，公共图书馆作为公益性的文化服务机构也在承担一定的社会责任。

华东师范大学信息学系主任范并思教授认为图书馆社会责任研究的目的应该是，使图书馆服务更加丰富多彩，使图书馆人有更多的责任担当，从而推动图书馆学理论向更深的层次发展。黑龙江大学信息管理学院副院长蒋永福教授认为图书馆的社会责任意义主要体现在三个方面：其一，图书馆承担社会责任是宣扬图书馆职业精神的重要表现。其二，图书馆承担社会责任是合理享有图书馆权利的重要前提。其三，图书馆承担社会责任有利于引领图书馆人走向自我完善。

人们孜孜不倦地追求物质财富，而放弃了对精神财富的追求，物质上富足了，却成了精神上的贫困户。读一本好书，就像我们认识了一个好人，可以净化心灵、开阔视野、丰富阅历、获益匪浅。图书馆作为一个公益性的文化教育机构和文献信息中心，要积极倡导和推广全民阅读活动，努力让阅读成为一个舒适的生活方式。2006 年 4 月 23 日，中国图书馆学会科普与阅读指导委员会在东莞图书馆成立，标志着图书馆阅读指导进入了一个新的发展时期。提高国民的阅读能力，满足其阅读需求，推动整个阅读社会的建设发展，这是新时期图书馆发展过程中需要关注的内容。阅读推广中的图书馆人的责任，就是应富有社会责任感和使命感，以培养公民的阅读兴趣和养成良好的阅读习惯为己任，尽力保障每一个公民平等使用图书馆并享有图书馆的优质服务。

4. 公共图书馆在阅读推广中如何承担社会责任

4.1 承担传播先进文化的社会责任

培养全民的阅读兴趣，不能一味迎合读者的阅读要求，阅读不仅仅是为了娱乐和消遣，反对低俗、迷信、宣扬不正确的价值观等给读者带来负面影响的读物，注重推荐高品质的读物，这是在阅读推广工作中应重视的问题。一个人的阅读趣味决定了他的精神品位，阅读好书就是让伟大的灵魂引领我们登上精神的高峰。

4.2 注重提倡积极、健康、向上的阅读习惯，促进全民树立正确的价值观

在社会转型期极其复杂的社会环境下，人们在浮躁的心理下的阅读可能过多地沉迷于快餐式、消极、投机、灰暗的氛围中，阅读情趣和品位低下。这样的阅读只有害处不会有益处，只有那些积极、向上、乐观、健康的好书，才能陶冶情操、净化心灵、开启智慧，从而提高素养，丰富内涵。

4.3 反对功利性的阅读倾向

功利性阅读是由急功近利的生活方式决定的，它会败坏读者的阅读品位和胃口，使阅读成为一种负担，阅读的乐趣就必定大打折扣。阅读选择过于功利，就会迷失方向，甚至误导人们的价值取向，偏离阅读的本质。

4.4 复杂的网络环境下应加强引导、宣传

随着数字技术的不断进步，纸质书籍已经不再是核心媒介，阅读途径已越来越多样化。网络阅读突出与传统阅读截然不同的特征，主要表现在阅读体验的多重性、阅读内容的丰富性、阅读环境的复杂性、阅读过程的互动性以及阅

读成本的低廉易得性，是阅读的一次革命性变化。但网络环境上的海量信息往往鱼龙混杂，良莠不齐，要引导受众自觉地抵制低俗、暴力、色情、迷信等不健康的信息。

4.5 积极开展延伸服务

大胆尝试，不断创新，开展形式多样的阅读推广活动，服务更多的受众，通过延伸服务，将公共图书馆服务辐射向全社会，使人民群众享受优质、高效、便捷的阅读服务。让服务走出图书馆，走向社区、农村、学校、厂矿、企事业单位等更广阔的天地，服务更多的受众。通过活动形式的创新，吸引更多的人（包括有阅读障碍的人）充分利用图书馆，培养国民的阅读兴趣并养成阅读习惯。

4.6 "以人为本"，提倡无障碍阅读，为弱势群体提供优质服务

弱势群体作为社会成员的组成部分需要全社会的关心和帮扶。公共图书馆应关注弱势群体，尤其是残障人士、留守儿童、农民工等群体的阅读需求，为构建和谐的阅读环境创造条件，这也是图书馆应尽的社会责任。有条件的图书馆可提供视障人士专用的多媒体设备，建立"盲人读物服务中心"，为城市留守儿童建立少儿图书室等，让图书馆的阅读服务惠及社会各阶层、各群体，真正做到"以人为本"，全民共享图书馆服务。

5. 图书馆馆员在阅读推广中应具备的素质

5.1 职业道德操守

良好的职业道德是图书馆馆员履行社会责任的根本保证，馆员应具有强烈的社会责任感和使命感，树立正确的人生观、世界观和价值观。坚持理想和信念，具有爱岗敬业、无私奉献的精神。

5.2 高度的社会责任感

采编人员按原则，制定《采选方针》，从源头上掌控馆藏的质量和品位，把好馆藏质量关，保障信息文献的优质。

5.3 广博的阅读面和视野

作为信息的领航员，馆员应注重自身的内涵修养的提高，应熟悉馆藏结构，具有较为丰富的知识结构，并以专业角色影响读者的阅读选择和阅读倾向。

5.4 推荐适合的读物

由于文化程度、阅读兴趣等因素，不同的读者需要不同的读物。馆员应了

解读者需求，积极引导、有针对性地为读者提供阅读服务。

6. 结语

为提高国民整体素质，推广阅读活动，到 2020 年，我国要基本实现全国年人均消费图书 6 册、期刊 3.2 册、报纸每千人日 130 份以上的目标。图书馆作为公益性的文化教育机构和文献信息中心，要担当起社会责任，积极倡导和推广全民阅读，努力提高全民阅读量。图书馆人应该集思广益，积极开拓创新，努力营造全民阅读的良好环境，掀起全民阅读的社会风潮，彰显图书馆的社会价值。

参考文献

［1］谢蓉，刘炜，赵姗姗．试论图书馆阅读推广理论的构建［J］.中国图书馆学报，2015，（9）:93.

［2］范并思．阅读推广与图书馆学：基础理论问题分析［J］.中国图书馆学报，2014，（9）:4.

［3］李超平．公共图书馆的阅读促进活动：重点目标人群与实施策略［J］.公共图书馆，2009，（3）.

［4］刘秋让，燕辉．论阅读社会构建中的图书馆价值定位［J］.图书与情报，2011，（3）:38-39.

［5］新年书目报．图书馆的社会责任．［2012-07-10］http://a.xhsmb.com/html/2010-08/06/content_8744.htm.

［6］李明华．倡导全民阅读——图书馆神圣的社会责任[J].江西图书馆学刊,2008,（4）.

［7］何斌．中小型公共图书馆拓展延伸服务探析［J］.图书馆工作，2009，（3）.

［8］王余光．图书馆与阅读推广［J］.公共图书馆，2009，（4）:67-68.

★作者简介

何　斌，1968 年生，女，重庆市涪陵区图书馆馆员。研究方向：图书馆阅读推广服务。

公共图书馆的和谐管理

肖　强（渝北图书馆　重庆　渝北　401120）

〔摘　要〕和谐理念具有系统性和人性化的特征，强调管理中柔性和非理性的成分，这些特征对公共图书馆的管理具有启发意义。合理、完善的规章制度为每一个人创造了公平的竞争环境，是和谐管理的保证。为了实现这一目标，就要通过管理手段激励人的高层次需求。

〔关键词〕图书馆法　规章制度　和谐管理　激励
〔分类号〕G258.22

公共图书馆的和谐管理，是指图书馆的管理者通过民主的、友好的办法来组织和协调馆员，使图书馆形成和谐、友爱、团结的人际关系氛围，最大限度地调动和发挥馆员的积极性、自觉性、创造性，较好地实现图书馆、管理者、馆员的目标的一种管理方法。实行和谐管理，能够最大限度地调动和发挥馆员的主观能动性，提高工作效率，提升图书馆的社会影响力。

1. 和谐管理理念的基本特征

1.1 和谐管理是一种因素管理

近现代自然科学的系统论强调，所有事物都是相互作用的，需要内部各要素之间的整体功能简单相加，整体功能可能大于也可能小于部分之和，要实现"整体大于部分之和"关键在于要素的整合，要素之间良性互动，即"和谐"；"协同"同样强调要素之间的相互关联的和谐问题，要素之间相互促进、减少内耗、实现管理目标。和谐理念就是关注事物内部诸多要素的协调问题，充分考虑组织各要素的整合、融合、创新和优化重组，追求人与人的融合及组织之间的动态平衡，在和谐运行中共享资源，最大限度地实现要素的价值。

1.2 和谐管理及人性管理

和谐理念把人的研究放在很特殊的位置，要求在尊重人、理解人的基础上，营造"人和"气氛，充分调动组织成员的主观积极性，最优化达成组织目标和满足人的需要。人性化管理必须弘扬人的主体性原则，以人为中心，突出"以人为本"，充分发挥其创造性与献身精神。要求处理好管理中的"被管理者"与"管理者"的关系，作为管理者和被管理者，都有参与管理的权利，同时作为管理者，都要接受上级的指导和群众的监督，以期实现更加人性化的管理。

1.3 和谐管理的柔性管理

管理应实现刚性管理向柔性管理的转变，促使管理者注意非权力影响力的运用。在传统的刚性管理中，主要运用权威、指令、法规对员工进行控制与惩罚，对客体缺少信任和感情交流，使其工作积极性、主动性受到压制。渗透了和谐管理思想的柔性管理，要求采取以激励为主的管理方式，运用品格、能力、情感等因素进行平等交往和感情沟通，让被管理者发自内心地信赖与认可管理者。注重对其工作性质、工作内容和工作价值的引导，满足其精神需求，多采用协调沟通的方式，真正让被管理者内心接受，形成团体的认同感，达到整体和谐状态。

1.4 注重管理中的非理性成分

20世纪末以来，美国管理学家彼得斯分析指出，过分拘泥于理性主义管理的缺陷，是一种见物不见人的管理方式，管理应当以人为核心，是带有感情色彩的管理。规范、程序、量化的理性管理过于依赖体制，而非理性管理则更重于感情投资，注重人的非理性因素，诸如兴趣、情感等，真正做到让其发挥主观能动性。要实现理性与非理性的融合、向理性和非理性相结合的方向转变，就要求管理者深入实际，注重个体差异，不断创新管理方式，充分把握有利因素，把"善用恩者"调整到最佳状态。

2. 图书馆实行和谐管理的必要性

图书馆管理的现代化是建立现代图书馆制度的重要内容，而和谐管理则是图书馆以人为中心，增强团队凝聚力的一种现代管理模式，和谐是图书馆凝聚力的源泉。任何单位都包括人和物两个因素，这两个因素又构成了三种关系：物与物的关系、人与物的关系、人与人的关系。长期以来，传统的图书馆管理是以工作任务为中心的，偏重于协调物与物、人与物的关系，管理偏重计划、组织、指导、监督，忽视了人的作用和人与人关系的协调，这样的管理就必然缺乏科学性和有效性。随着国家综合国力、经济文化的整体实力的提高，图书馆的管理者越来越认识到人是图书馆发展的根本，调动馆员的积极性，只靠优化制度管理不是唯一的办法，还应建立和谐的人际关系。了解馆员的思想感情，处理好管理者与被管理者之间的关系显得尤为重要，这也是当今图书馆发展的关键。当前我国第一部《图书馆法》已经发布施行，落实好、执行好《图书馆法》尤其重要，《图书馆法》对图书馆事业指出了发展方向，图书馆管理既要做到依法实行，又要在"以人为本"的前提下，以灵活的、创新的管理模式，发挥职工对工作的积极性与创造性，而积极性和创造性的发挥，又离不开"和谐"的环境。

显而易见，实行和谐管理，不仅是《图书馆法》的要求，而且是保障图书馆职工地位的需要。《劳动法》《工会法》都明确规定了职工的权利和义务，维护职工的合法权益，实现和谐管理正是确保员工的合法权益和主人翁地位的一个最有效的办法。

3. 规章制度，实现和谐管理的保证

提倡"和谐、仁爱"并不是不要规章制度，相反，要健全、完善规章制度，否则"和谐"就成了"和稀泥"。要创造和谐的图书馆环境，实现和谐管理，就必须首先解决冲突。解决冲突的办法有很多，如协商解决法、仲裁解决法、权威解决法、调整政策解决法、暂缓解决法、求同存异解决法等。但是，最好的解决办法，就是依据《图书馆法》制定一整套合理的管理规章制度，用制度法规来约束、规范馆员言行，规定工作的服务标准，规定馆员的角色地位（在单位中的地位等级），规定馆员的角色行为（按规章制度行事），规定馆员的权利和义务，规定馆员在图书馆的活动方式，等等，这样做有以下好处：一是规章制度是图书馆全体馆员的行为准则，使得馆员的行为有章可循，有利于馆员对自己的行为及结果准确地进行自我诊断、自我评价、自我控制，并不断地自觉改善自己的行为，达到行为规范化，减少人际冲突，实现和谐管理。同时，也有利于领导和群众之间的评价和激励，从而在和谐的气氛中实现严格管理，达到确保职工主人翁地位和严格管理的双重要求。二是在规章制度面前，人人

都是平等的，规章制度对每个人约束的尺度和硬度都是相同的。人人依法自我管理，在约束上就消除了亲与疏、厚与薄的这些人为的是非因素，为图书馆内部全体人员创造一个公平竞争的环境。三是因为同时把每个人都变成事实上的管理者，自然就使管理实现了经常化、普及化、深入化和持久化。

4. 激励，是实现和谐管理的重要手段

《图书馆法》为图书馆建设指明了方向，而图书馆发展的关键在于"人"这个要素，要管理好馆员，就要依据图书馆的发展定位，把握人性，制定一系列工作实施细则，促进图书馆的发展。

在实际工作和生活中，人们的需求是产生激励的条件，而需求又是分层次的，只满足人们低层次（生理、安全）需求的激励，不能最终解决思想上的问题，则和谐是不会持久的。只有同时满足高层次（社交、尊重、自我实现）需求的激励，才会使和谐持久，并且对低层次需求起制约和引领作用。和谐管理正是建立在满足馆员高层次的需求上，是和谐管理的思想基础。通过激励手段，使图书馆上下有了共同的追求，馆员有了自觉奋进的目标，从而实现馆员之间、上下级之间互相尊重、互相体谅、互相支持、互相帮助，达到增强图书馆凝聚力的目的。和谐管理的激励方式有以下几种。

4.1 目标激励

制订适当的目标，能够激发人的动机，调动人的积极性、自觉性、创造性。通过提出目标，让每个人都肩负与其能力相匹配的任务，给每个人提供发挥和施展才能的机会，激发其献身拼搏的精神，满足其成就感。当个人为图书馆做出贡献时，就给予其应得的荣誉和奖励。

4.2 危机激励

管理者经常让馆员了解图书馆的困难、不利因素、面临的困境等，使馆员有危机感，激发馆员产生坚强的毅力和不屈的意志，树立自我牺牲、战胜困难的决心，齐心协力推动图书馆事业的发展。

4.3 情绪激励

通过建立良好的内部关系，提高每个馆员的精气神，有效的情绪激励要求管理者做到：一是能够及时感受到馆员的思想变化和情绪变化，并根据这些变化采取相应的态度和措施；二是保证经常而及时地与馆员交流意见和相互沟通；

三是充分信任馆员。通过亲密、融洽、协调的内部关系，达到激励的目的。

4.4 参与激励

让馆员参与决策、管理和监督，鼓励和支持馆员提建议、出主意、想办法。尤其要鼓励和支持馆员提出不同意见和反对意见，尊重馆员的首创精神和独特见解，对馆员的合理意见和建议及其创造性见解，要积极采纳，并给予及时表扬，从而激发馆员的参与意识。否则，阻塞言路，就犹如阻塞决堤之水挫伤馆员的参与积极性。

4.5 荣誉激励

组织馆员开展"评先学优"的活动，唤起馆员的上进心和进取精神，使馆员学有方向，赶有目标，争当先进，充分发挥自己的才能，施展自己的本领，增强荣誉感、自豪感和责任感，自觉维护本部门或本单位的形象和声誉。

当然，人们对物质的需求同对精神的需求相辅相成，缺一不可，要利用物质激励来满足馆员物质利益的需求，调动职工的积极性。运用物质激励要体现效率优先、兼顾公平的原则和按劳取酬原则，不搞平均主义，贡献越大，奖励越多。同时，物质激励要与精神激励结合起来，才能收到事半功倍的效果。

参考文献

［1］周忠言.和谐图书馆管理应追求的一种最佳境界［J］.重庆师专学报（综合版），1998，（3）.

［2］席四民，尚玉钒.和谐管理思想与当代和谐管理理论［J］.西安交通大学学报（社会科学版），2011，（3）.

［3］徐华，和谐社会和谐中国［M］.西安：交通大学出版社，2006:6.

［4］胡正梁，王均文.构建社会主义和谐社会［J］.协商论坛，2005，7（3）:1-1.

★作者简介

肖　强，1972年生，男，重庆市渝北区图书馆网络数字部主任、助理馆员。研究方向：图书馆队伍建设与管理。

浅析新时代读者阅读方式多元化对图书馆员素养的要求

代小波（渝北图书馆　重庆　渝北　401120）

［摘　要］新时代随着信息技术的发展和计算机、移动网络技术的普及，读者获取图书馆信息需求的方式呈现出多元化的趋势。只有全面提升图书馆员的综合素质，才能更好地为读者服务，才能为公共图书馆在数字化背景下的可持续发展奠定基础。

［关键词］新时代　读者　多元化　馆员素养

［分类号］G251.6

随着改革开放的进一步深入，新的思想、新的知识、新的学习模式也在不断地发生着变化。在旧环境的变化过程中，使得读者与图书馆的关系、读者利用图书馆的习惯、读者对图书馆服务的期望都在发生变化；而移动互联网、数字图书和社交新媒体的发展给公共图书馆员的素质提出了新的要求和挑战。现就将新时代下读者阅读方式出现的新变化和如何提高图书馆员的素质为读者服务做一些粗浅的分析和探讨。

1. 新时代读者利用公共图书馆获取信息方式的转变

1.1 从传统的人工借阅方式向自动借阅方式的转变

传统的图书馆只收藏纸质图书和报刊，借阅方式也只是单一的手工借还，工作时间相对固定，这已不能满足更多读者的需求。随着电子技术不断发展，我们可以通过设置专用的借阅机器，进行全天候的借阅，满足不同群体读者的需求。

1.2 从传统纸质图书阅读向电子信息阅读方式的转变

以前的新闻传递都是通过电视、报纸和广播，时效性差。而随着电子技术的普及和移动网络的发展，我们在获取信息资讯时可以通过手机、电脑和视频阅读器，实时了解全国各地乃至全世界范围内发生的各种新闻。

1.3 从传统的纸质图书阅读向数字化图书阅读方式的转变

传统的纸质图书质量重、体积大、携带不方便，一本书所载内容有限，极大地限制了内容的存储量。而现代化的数字图书只需要一个小小的内存卡就可以装下数十本，甚至上百本书的内容。质量轻、内容存储量极大、便于携带，而且只需要一个很小的阅读器或者手机就可以进行阅读，为读者获取更多的知识带来了方便、快捷。数字图书还可以通过互联网平台进行访问阅读，极大地方便了读者足不出户就可以分享到图书馆的文献资源。

1.4 从传统的纸质图书阅读向真人图书阅读方式的转变

传统的阅读方式只是在书或报刊上进行文字的阅读，不能深刻体会作者的内心表达。而现在真人图书的出现，让读者能够现场体会到作者写一本书的内心情感，更能够深刻体会到书中的精髓所在，有身临其境的感觉。

1.5 从传统的中文阅读向外文阅读方式的转变

传统的阅读基本都是中文阅读，随着社会进步，人们知识文化的提升，大部分青少年都熟练掌握外语，为了能让自己的外语水平有进一步的提升，获取国外信息资源，就需要公共图书馆为其提供优质的外文图书信息及服务等。

1.6 从传统的纸质图书阅读向动漫视频阅读方式的转变

传统的纸质文字阅读比较单一，阅读时间久了容易厌倦。随着动漫视频阅读方式的推广，它能让少年儿童在娱乐中获取知识而且不容易产生抗拒心理，并且掌握知识的速度更快、更牢。动漫视频阅读更能让读者通过形象的画面加强记忆，比单一的文字记忆更加简单、直接。

1.7 从传统的纸质图书阅读向音频听书阅读方式的转变

纸质文字和视频阅读时间久了会使读者视觉疲劳，而音频听书阅读可以缓解这一问题，以弥补视觉阅读的不足。

随着读者阅读方式的急剧变化，使得图书馆的服务模式和服务手段正面临全新的挑战。无论是读者结构、信息需求或是文献信息载体、咨询服务内容和方式均突显出多元化，因此对图书馆员的职业素养提出了更高的要求。

2. 新时代公共图书馆馆员应具备的职业素养

新时代读者对利用公共图书馆获取信息的方式呈现出多元化趋势，这就向公共图书馆馆员在职业素养方面提出了新的挑战。

2.1 公共图书馆馆员良好的思想道德素质

思想道德素质起着统帅和主导作用。图书馆是宣传和建设社会主义精神文明的重要阵地，全馆工作人员都应成为体现社会主义精神文明的表率。图书馆馆员只有具备良好的思想道德素质，才能有激情去学好专业技术和业务知识。因此，图书馆在职工的日常管理中要加强馆员的政治业务学习，积极学习时事政治，及时了解社会的实时信息，跟上社会发展的节奏，用高度的社会主义事业心和强烈的责任感来武装头脑，用自己良好的思想道德素养强化责任心、强化服务意识。

2.2 公共图书馆馆员的业务素质

公共图书馆馆员的业务素质是其从事图书馆工作的主要条件。新时代公共图书馆馆员不只是一般的从业者，而应是具备较强业务素养的专家，其业务素质应体现在以下几个方面。

2.2.1 计算机技能。在计算机使用方面应会编目、标引、光盘检索、联机检索、建立数据库、熟悉网络软件等。要充分利用自身的分类、主题标引能力，通过对网络知识的学习及对网络信息的过滤和筛选，指导读者更方便、快捷地找到所需的信息。

2.2.2 图书情报专业知识。具备图书情报理论及实操技能是图书馆馆员做好日常工作最基本的条件，要在熟知并掌握图书馆学、分类学、目录学、信息情报学等多学科的基础上，能够独立地完成文献信息的采集、加工、整序、保管、流通等服务工作。

2.2.3 外语知识。新时代下科学技术飞速发展，国际间的合作及交流非常频繁，外语在各行业的日常工作中也越来越重要，图书馆馆员如果不能阅读外文信息，就缺乏一定的交流能力。因此，作为公共图书馆知识信息交流中介者的图书馆馆员必须具备相当的外语知识能力，才能为国际交流及特殊读者学习外语知识信息提供服务。

2.2.4 相关学科知识。新时代下开放的公共图书馆所需的是复合型人才，要求馆员必须具备相当的图书馆专业知识，还应具备较为系统的科学文化知识素养，才能具有对信息资源的收集、处理、综合评价的能力，并能准确地为读者提供服务。

2.3 公共图书馆馆员的社交素质

图书馆馆员不仅仅要掌握业务知识，而且还应具有良好的协调、交际能力，能够协调自身与读者、自身与部门之间的关系，并能为图书馆的工作创造良好的内部环境和外部环境。特别是在新时代下，读者阅读方式呈现多元化趋势，图书馆员要及时解决出现的新情况、新问题，与读者沟通就显得更为频繁和重要，所以提升图书馆员的社交能力迫在眉睫。

3. 培养新时代公共图书馆馆员素质的途径

3.1 制订切实可行的培养计划

公共图书馆要在最新的图书馆学科理论的指导下，根据本馆的实际情况，制订科学合理的培养计划，并认真做好实施工作，要在本馆选拔具备相当综合素质和可塑性较强的馆员，对其进行外语知识、图书馆专业理论、网络知识和计算机操作能力的培养，使其成为复合型的专业人才。

3.2 大力开展图书馆员专业知识及岗位技能的培训

专业知识及岗位技能的培训应定期安排进行，由本馆具有真才实学的图书馆馆员或业务骨干主讲，内容可包括图书馆各个岗位所需的基础知识及技能。

3.3 经常组织图书馆员参加专业学术活动，提高研究水平

公共图书馆要组织馆员参加图书馆学会组织的各种研讨会、知识讲座、学术交流活动，还要组织学有专长的馆员翻译国外学术信息和编写图书馆专业学术专著，通过以上活动才能拓宽图书馆馆员的视野，启发思路，使其研究水平和撰写学术论文的水平得到提高。

3.4 建立健全图书馆员人才成长的竞争机制

公共图书馆要建立健全、有利于人才成长的竞争机制。在用人方面要改革传统的论资排辈模式，建立有利于人才脱颖而出的用人机制，馆内要合理调配各专业人员，各个专业技术岗位可实行大循环及双向选择，实行竞争上岗，优化组合。在馆内营造出优胜劣汰的竞争环境，使全体馆员都有紧迫感、危机感

和责任感。

3.5 强化图书馆员继续教育

随着科学技术日新月异的发展，各专业人员所掌握的知识逐渐呈现出较陈旧、与社会发展脱轨的情况，只有不断地接受继续教育、积极进取、更新知识，才能立足于社会和适应形势发展的需要。在图书馆新增业务项目时，要重点推荐年轻有潜力的馆员进行业务知识的培训，达到培育一个就能用一个的目标。同时可通过鼓励自学成才和网络教育、岗位培训、脱产学习等方式来提高图书馆员的业务素质及技能。

4. 结语

总之，随着现代科学技术的发展，读者阅读方式的转变引发了一些新情况、新问题，给公共图书馆馆员职业素养提出了更高的要求和挑战。图书馆员必须通过自身的努力并刻苦学习来提高自己的综合素质，努力使自己成为新时代下公共图书馆所需的复合型人才。

参考文献

［1］叶小红.知识管理视阈下的图书馆员继续教育探析［J］.中国成人教育，2014，（3）.

［2］赖群.高职图书馆员职业认同现状分析——来自广西部分高职图书馆的调查［C］.广西图书馆学会 2011 年年会暨第 29 次科学讨论会论文集，2011:4.

［3］苏杰，基于岗位胜任力模型的图书馆员培训［J］.图书馆研究，2013，（6）.

［4］王伟平.公共图书馆阅读推广工作中存在的问题及对策研究［J］.农业图书情报学刊，2014，（1）.

★作者简介

代小波，1975 年生，男，重庆市渝北区图书馆阅读推广部主任、助理馆员。研究方向：阅读推广与辅导研究。

论著作权法对图书馆工作的积极影响

吕成伯（荣昌图书馆　重庆　荣昌　402460）

［摘　要］图书馆除从事文献借阅外，还要对文献进行开发，将更多的信息介绍给读者，为读者在浩瀚的书海中导航。著作权法的立法目的，还在于平衡协调作者、传播者之间的利益关系，推进作品的有效且广泛传播。图书馆是具有公益性质的传播者，随着数字技术的出现，侵权使用与合法使用的权利界限越来越模糊，对作品销售市场产生冲击。但是，正是各种传播机构广泛的有偿使用和图书馆等公益机构及其广大读者有限的无偿使用，促进了信息资源的合理分配和有效利用，使著作权人的财产利益得以实现。图书馆在开展文献资源共建、共享活动时，应符合法律规范，应充分利用著作权制度的积极作用，促进文献资源共享活动，发挥其推动文化科技交流与合作的作用。

［关键词］著作权　图书馆工作　影响

［分类号］D921

著作权法是指规定作者或其他著作权人依法对文学、艺术和科学作品所享有的专有权利的法律规范。立法目的是促进文化和科学事业的发展与繁荣、保障作者及其他主体的利益、鼓励作品的创作与传播、实现社会公平等。而图书馆是收集、整理、保管和利用文献资料，为一定社会的政治、经济服务的科学、文化、教育机构，其工作目标体现在：收集、整理和保存文献、交流思想、知识、情报、信息，提高社会成员的文化教育水平，提高全社会的科学能力，推动社会生产力的发展。从总体上看，著作权法的立法目的与图书馆的工作目标基本一致，它们之间存在着相互促进的作用。

在开展图书馆业务工作中，与著作权联系得最紧密的主要是文献资源的开发利用。其具体内容主要有以下几个方面：一是服务型，即通过借阅、咨询、检索、情报服务等方式，向读者提供文献及其知识信息；二是宣传型，即运用各种形式与方法将文献予以充分报道；三是整理型，即将无序文献资源有序化；四是编辑型，即编辑作品或数据库作品；五是熔化型，即将文献中的知识信息通过分析整理，加上自己的观点，写出综合性或述评性文章；六是教育型，即充分利用文献直接教育读者；七是转化型，即将文献的不同载体、不同文种进行相互转化，以便读者充分利用。在从事以上工作时，须做到既要保护著作人的合法权益，又要充分满足读者的需求。

1. 保护作者合法权益，促进科学文化事业发展

人类社会的进步有赖于知识的获得和积累。历史上灿烂的文化，是由各时代众多的文学、艺术和科学作品构成的。这些文学、艺术和科学作品能够启迪人们的思想，使人们获得从事各种社会活动的知识和本领，使人们的精神文明得以丰富，并获得艺术的享受，从而促进生产力发展和推动社会前进。因此，要获得并积累知识，就要鼓励人们从事创造性的智力劳动；要使文学、艺术和科学作品构成人类文化的历史长链，就要保护作者创造性劳动的智力成果，鼓励对这种成果的传播和使用。只有这样，人类文明才能得以发展，历史才会延续。民族科学文化的丰富程度取决于对它的保护水平，保护水平越高，对作者创作的鼓励就越大，其名望就越高，社会科学文化事业就越发达。可见，著作权担负着保护作者权益和促进社会科学文化事业发展的重要任务。

早在 1948 年，联合国大会《世界人权宣言》第 27 条就规定："每个人都有保护其创作的任何科学、文学或艺术作品所产生的精神与物质的权利。"这样将著作权作为基本人权确定下来。保护作者因创作文学、艺术和科学作品而享有的正当权益，促使作品的传播与使用，以推动社会科学文化事业的进步和发展，已成为当今世界各国著作权立法普遍认可的原则。

我国于 1990 年 9 月 7 日经全国人大常委会议审议通过了《中华人民共和国著作权法》，并于 1991 年 6 月 1 日正式实施，此后又颁布了《中华人民共和国著作权法实施条例》。该法明确了我国对文字作品；口述作品；音乐、戏剧、曲艺、舞蹈作品；美术、摄影作品；电影、电视、录像作品；工程设计、产品设计图纸及其说明；地图、示意图等图形作品以及计算机软件等法律、行

政法规规定的其他作品给予保护。根据相关法规，也对保护外国作品著作权依国际条约享有的权利做了具体规定。著作权法既规定了作者的精神权利又规定了经济权利，精神权利是：发表权、署名权、修改权和保护作品完整权，是永久性的；经济权利为：复制权、演绎权和传播权。随着形势的发展，我国将会进一步修改和完善著作权法，使之更好地为文化经济建设服务。

图书馆作为中介性的服务机构，除主要从事文献的借阅外，还要对其进行开发，将更多的文献信息介绍给读者，为读者在浩瀚的书海中导航。正是通过对著作权的维护，才有更多、更好的图书与广大读者见面，才能充分地满足读者需求，才能使图书馆事业日益繁荣。

2. 协调作者、传播者之间的利益关系，促使作品的广泛传播

著作权法的立法目的，还在于平衡协调作者、传播者之间的利益关系，促使作品的广泛传播。作者的作品创作完成后，需要传播才能实现其社会价值。在无传播即无权利的时代，传播是作者权利得以实现的主要途径。作品的传播范围越广泛，使用的方式与数量越充分，创作的收益就越丰硕。著作权法虽然授予作者某些专有权利，但是也对作者权利的行使进行了合理的限制，目的在于保证公众参与社会文化生活、分享科学艺术成果的权利，促使公众对作品的正常使用以及知识的广泛传播。

如果将著作权法仅仅理解为一种权利法，是作者对其创作作品权利的一种垄断，似乎只是加强对作者权利的保护，就能调动作者的创作积极性；似乎只要保护作品的源头，就能繁荣科学文化事业。实质上，如果一味强调作者的权利，对作者权利保护过头，垄断过多，任何其他人在使用作品时，都要受到限制或绝对不允许使用，那就限制了作品的传播，既不利于作者权利的实现，也不利于科学文化事业的发展。因此，著作权法一般这样配置权利：创作者享有复制、播放、发行、展览、演绎等独占使用作品并由此获得报酬的权利；传播者通过自愿交易或许可合同，在付酬的条件下以各种传播方式再现原创作品，并对自己的传播成果享有利益；社会公众作为消费者，可以通过各种途径，有偿或无偿地获得著作权作品，供个人学习、研究、娱乐之用，或满足文化教育、司法公务、慈善事业等公共利益的需要。这样既保护创作者的权利，又在著作权作品中划出范围，供非著作人无偿使用。

　　各国著作权法对公共利益的考虑都比较充分,如美国众议院在1886年《伯尔尼公约》实施法令所作的报告中宣称:"版权的根本目的不在于奖励作者,而在于保障公众从作者的创作中受益。"日本著作权法第 1 条规定:"本法目的在于确定与著作物、表演、唱片、广播和有线广播有关的著作人的权利及其邻接权利,在注意公正使用上述文化成果的同时,保护著作人权利,以促进文化的繁荣和发展。"这里的"公正使用"是指人民可以共同享受文化财产,在一定范围内免费使用这些财产。我国著作权立法目的则是为了"保护文学、艺术和科学作品作者的著作权,鼓励有益于社会主义精神文明、物质文明建设的作品的创作与传播,促进社会主义文化事业和科学事业的发展与繁荣。"显然,各国立法有所侧重,但在传播知识和促进文化发展方面的公益目标是一致的。

　　图书馆是具有公益性的传播者,它以国家投资的款项购进或接受赠送各种文献后,通过服务来满足读者的需要。图书馆与其他传播者(如出版社、表演者、广播组织等)相比,主要特点是无偿地为公众传播知识信息。随着方便快捷的复制技术的出现,侵权使用与合法使用的权利界限越来越模糊,对作品销售市场产生了冲击。但是,正是各种传播机构广泛的有偿使用和图书馆等公益机构及其广大读者有限的无偿使用,促进了信息资源的合理分配和有效利用,使著作权人的财产利益得以实现,使精神生产活动得以顺利进行。

3. 满足公共利益的需要,充分利用著作权的限制开发文献资源

　　著作权立法,不仅保护作者的正当权益,也保护广大公众获得知识、分享文化和科学技术成果的权利。正如《世界人权宣言》第 27 条宣称的那样:"每个人都有权利自由参与社会文化生活,以享受艺术和分享科学的进步与利益。"联合国教科文组织的《公共图书馆宣言》也规定:"公民有获得信息的自由。"在这里,每个公民的参与权、公民获得信息的自由权,就是使用作品、获取知识、传播信息、交流思想的自由。为此,必须对著作权人的权利进行限制。著作权的限制,是指有的行为本来应属于侵犯了版权人的权利,但由于法律把这部分行为作为侵权的"例外",从而不再属于侵权。图书馆出于公众利益的需要,应充分利用这一权利,为公众提供更多、更好的文献资源。

3.1 时间限制方面

法律对著作权人某些权利的保护不是永恒的，它要受到法定期限的严格限制，这就是所谓的时间限制。这里所说的"某些权利"是指著作权人的发表权以及财产权，包括使用权和获得报酬权。而著作权人的署名权、修改权与保护作品的完整权则是永恒的。

我国著作权法对作品的保护期限做了如下规定：对于公民的作品（含电影、电视、音像和摄影），其发表权、使用权和获得报酬权的保护期为作者终身及其死亡后50年；对于法人或者非法人单位的作品或著作权（署名权除外），由法人或非法人单位享有的职务作品，其发表权、使用权和获得报酬权的保护期为50年，截止于作品首次发表后第50年的12月31日，但作品自创作完成后50年内未发表则不再保护。对于软件作品，按《计算机软件保护条例》规定为25年，保护期满前，尚可续展25年，但保护期最长不超过50年。外国著作人，其软件著作权的保护期按《实施国际著作权条约的规定》为首次发表之年12月31日起50年。

从上述规定可以看出，图书馆在使用这类作品时，著作权已超过保护期的，不需要去征得著作权人的同意，也不需要支付使用费用，图书馆可以充分开发利用该类作品。即使未发表过的作品，只要保护期一过，同样可以合理使用。这对收藏有未发表过的作品手稿的图书馆来说，为使用和出版这类手稿提供了极为有利的条件。

3.2 合理使用方面

合理使用是指在某些情况下，法律允许他人使用享有著作权的作品，而不必征得著作权人的同意，也不必向其支付报酬，但必须指明作者姓名、作品名称，并不得侵犯著作权人依法享有其他权利的法律制度。

为个人学习、研究或欣赏，使用他人已发表的作品。这为图书馆进行服务型开发文献资源提供了方便，但不得以营利为目的。

为介绍、评论某一作品或说明某一问题在作品中适当引用他人已经发表的作品。这项规定为图书馆进行文献资源的宣传型开发和熔化型开发提供了保障。

为报道时事新闻，在报纸、期刊、广播、电视等媒体节目引用已发表的作品；报纸、期刊、广播电台、电视台等媒体刊登或者播放其他媒介已发表的社论和评论员文章，或者刊登或播放讲话人在公众集会上发表的讲话。这对图书馆办报纸、期刊、开设网络数据、摄制录像片等有着积极的作用。

为学校课堂教学或者科学研究，翻译或者少量复制已经发表的作品，供教学或者科研人员使用，但不得出版发行。图书馆为学校及科研机构所进行的课堂教学或科学研究进行文献翻译复制等转化型和教育型开发时，可以适用这项规定，但不得以营利为目的。

国家机关为执行公务在合理范围内使用已经发表的作品。图书馆虽不是国家机关，但可以为国家机关提供他们为执行公务所需的已发表的作品。

图书馆、档案馆、纪念馆、博物馆、美术馆等为陈列或者保存版本的需要，复制本馆收藏的作品。这项规定直接指出了图书馆等单位可以合理使用的一项内容，但法律只允许复制本馆收藏的作品而非他馆收藏的作品。

对设置或者陈列在室外公共场所的艺术作品进行临摹、绘画、摄影、录像。这项规定对图书馆扩大文献资源极为有利。

将已经发表的以汉语言文字创作的作品翻译成少数民族语言文字作品在国内出版发行，或将已经发表的作品改成盲文出版。有条件的图书馆可以做这种转化型的文献资源开发工作。但法律只允许将汉文字作品译成少数民族文字作品或改成盲文版，不能倒过来使用。如汉字作品系外国人所发表，应当事先取得著作权人的授权。

3.3 法定许可使用方面

法定许可使用是指根据法律的直接规定，以特定的方式使用已发表的作品，可不经著作权人许可，但应向其支付报酬的法律制度。如我国《著作权法》第4章规定："作品刊登后，除著作权人声明不得转载、摘编的外，其他报刊可以转载或者作为文摘、资料刊登，但应当按照规定向著作权人支付报酬。"这条规定对出版报刊的图书馆进行文献编辑十分有利。尽管还要给著作权人支付少量报酬，但也可以省去征得同意的人力与财力，降低文献开发成本。但上述规定不适用于对外国作品的使用，因为我国著作权法关于法定许可的一些具体规定与一些国际著作权条约相冲突。作为国际著作权条约的成员国，有义务避免这种冲突。

3.4 强制许可使用方面

强制许可使用是指如果作品的著作权人在作品已发表后的一定时期内，没有授权他人以某种方式使用其作品，作品使用者可以向政府有关部门提出使用作品申请，政府部门根据申请颁发许可证，但使用人应按规定向著作权人支付报酬。这在我国著作权法中还尚未规定，但在《伯尔尼公约》和《世界版权公约》中，都规定了发展中国家在行驶其他公约成员国作品的翻译权与复制权的强制许可方面，均可有一定的优惠。对我国来说，这种优惠表现在：

两个公约其他成员国的有关作品出版一年后，版权人未授权他人将其作品译成中文，则我国任何使用单位均可向国家版权局申请获得该作品译成中文出版的强制许可证。

两个公约的其他成员国以印刷形式或类似形式出版的作品，自出版后满五年仍未在我国市场发行，我国任何使用单位均可向国家版权局申请复制出版该作品的强制许可证。如果是数学、自然科学或技术领域的作品，时间可缩短为三年。小说、诗歌、戏剧和音乐作品，或以印刷形式（图书形式）出版的美术作品，时间由五年延长为七年。上述两项规定还适用于为系统教学所用的视听作品。

我国是发展中国家，1992年先后加入了《伯尔尼公约》和《世界版权公约》，作为两个公约的成员国，当然可以享受上述有关优惠。因此，有条件进行翻译与复制出版工作的图书馆，可充分利用上述有关规定，更好地开发外国文献资源，以满足广大读者的需求。

4. 发挥国际间文化科技交流与合作的作用，促进文献资源共享

国际间的文化和科技交流涉及著作权法的地域限制问题。地域性是知识产权的一个重要的法律特征，即知识产权的保护受到地域的严格限制。著作权作为知识产权之一也同样如此。一项作品能否获得著作权法的保护，完全取决于作品所在国的法律规定。某一个国家认可的著作权，只受该国法律的具体保护，只在该国有法律效力，其他国家无保护义务。除非其他国家与该国有保护著作权的双边协议，或共同参加了某一个保护著作权的国际公约。这就是说，未颁布著作权法的国家，该国的作品无著作权可言，即使颁布了著作权法的国家，如与我国未签订保护著作权的双边协议，也未共同参与某个保护著作权的国际

公约，那么，对该国的作品，我国可无偿使用。

我国于 1992 年颁布了《实施国际著作权条例的规定》，同年加入了《伯尔尼公约》和《世界版权公约》，此后又加入了《保护录音制品作者防止未经许可复制录音制品公约》。1996 年 12 月，我国派代表参加讨论通过《知识产权组织版权条约》和《世界知识产权组织表演和录音制品条约》，主要解决网络技术所引起的著作权问题。为适应我国加入世贸组织的需要，我国对著作权法进行了修改。以上这些都是为搞好国际间的科学文化交流合作所采取的有效措施。

通过双边协定或国际公约来谋求本国作品在国外受到保护，是各国之间进行文化和科学技术交流的重要手段。从创作者的角度而言，有了这种保护，能鼓励作者从事文学、艺术创作和科学研究；从国家的角度而言，可将本国有代表性的作品传播到国外，弘扬本民族文化，增进各国人民之间的相互了解，促进文化科学事业的发展。

5. 结语

在社会信息化、信息社会化的今天，信息经济日益成为创造社会财富的主要形式，作为社会信息存储和传递工具的文献，已成为社会经济发展中一种重要的战略资源。现代科学研究的明显集约化和生产技术的高度信息化，使社会对文献的需求日益增长。而当今文献数量的急剧增加，又使任何国家的任何一个图书馆都不可能将世界上所有文献都收集齐全以满足整个社会广泛而复杂的文献需求。于是文献资源共享作为一种思想被提出，作为一项运动正在开展。文献资源共享在一定程度上也是为了国际文化科学的交流与合作，但著作权制度对文献资源共享来说，如同一把双刃剑，它一方面会促进文献资源共享活动，另一方面又对文献资源共享有制约和限制作用。因此，图书馆在开展文献资源共建、共享活动时，应符合法律规范，应充分利用著作权制度的积极作用，促进文献资源共享活动，发挥其推动国际间文化科技交流与合作的作用。

参考文献

[1] 蒋茂凝，戴军，著作权法实例说 [M].长沙：湖南人民出版社，2005.

［2］吉宇宽.图书馆享有著作权豁免法理基础探析［J］.情报资料工作，2007，（3）:32-35.

★作者简介

吕成伯，1964年生，男，重庆市荣昌区图书馆古籍保护中心主任、馆员。研究方向：知识产权保护，曾发表论文十余篇。

论创新与体验的时代给图书馆的启示

王 海（涪陵图书馆 重庆 涪陵 408000）

［摘 要］时代在发展，社会在进步，各种先进的思想、技术不断出现，给我们的生产生活带来了深刻的影响。当今社会，创新和体验已经成为一种潮流，创新意识无处不在，创新成为一个国家持续发展的不竭动力，已经上升到国家意志方面。每天世界上都会出现很多新鲜事物，提高了人们的体验性，增加了社会大众的认同感。图书馆作为时代发展的产物，应该紧跟时代发展进程，在图书馆服务方面强化创新，提升读者的良好阅读体验，从而更好地吸引读者群体参与到图书馆工作中，提高图书馆服务质量和效率。本篇主要结合实际情况，就图书馆创新进行了分析，希望通过本次研究对同行有所助益。

［关键词］创新体验 图书馆 启示

［分类号］G250.15

当今，创新发展已经成为时代发展的主旋律，且不论未来的走向如何，创新对一个国家、一个民族乃至一个地区的发展都会产生深远的影响。图书馆是时代发展的产物，是一个地区的文化中心、服务中心，其承担着重大的教育职能和服务职责。因此就需要图书馆紧跟时代发展进程，顺应时代发展潮流，通过思维创新和技术创新，不断改变图书馆过去传统的服务模式，提高为读者服务的质量，这样能够更好地促进图书馆向前发展，保证自身能够拥有更为广阔的发展空间。在创新和体验时代的背景下，图书馆要对整个行业进行全面反思，结合时代发展特征为图书馆行业今后的发展重新定位，积极应用新技术，建立全新的读者服务平台和服务体系，给广大读者群体营造全新的感受和体验。

1. 新时期图书馆面临的挑战

1.1 构建学习型社会和图书馆事业发展相对滞后之间的矛盾

在全新的历史时期，我国要想实现国家创新、民族发展，就需要积极构建学习型社会，只有做到不断学习才能实现创新发展。但是现阶段，图书馆事业和学习型社会构建之间还存在不少突出问题。

1.1.1 对图书馆事业发展认识不足。一些领导和管理人员认为发展图书馆事业并不是那么重要，目前的重要任务是以经济建设为中心，其他事情可以放一放、缓一缓。对图书馆投入所取得的效益并不像其他项目建设那样立竿见影，是一个漫长的过程。有不少图书馆内部设备陈旧、空间狭小，图书馆工作人员的工资得不到切实保证。

1.1.2 图书馆事业发展呈现条、块状分割趋势。不同类型的图书馆之间不能密切开展合作，各自为政，共享和开放程度不足，图书资源浪费现象十分严重。

1.1.3 图书馆网络化建设不够健全。在全新的历史时期，以网络技术为代表的信息技术不断应用和发展，逐渐对人们的阅读习惯和阅读行为产生了深刻的影响，但是很多图书馆不能紧跟时代发展进程，图书馆网络化建设严重滞后，不利于全民学习和终身学习活动的开展。

1.2 图书馆事业面临新观念、新任务中的挑战

首先，随着社会经济不断发展，文化交流日益频繁，我国的图书馆事业如何和世界接轨，如何创新发展，如何发展有中国特色的图书馆事业，是现阶段图书馆事业发展面临的巨大挑战。在市场经济条件下，图书馆事业如何协调社会效益和经济效益之间的关系，是新时期图书馆事业发展必须面对的问题；其次，随着全球一体化不断发展，图书馆要承担自己的社会责任，参与市场竞争，为我国经济发展提供强有力的信息支撑；最后，在我国成功加入世贸组织后，图书馆在进行文献信息服务的过程中，如何应对服务贸易总协定的制约，如何开展文献资源建设、文献采访，如何加强知识产权保护管理等都是图书馆事业发展所要面临的全新挑战。

2. 图书馆创新思路分析

2.1 对图书馆社会功能和角色进行重新定位

准确的定位才是提升图书馆竞争能力的关键。图书馆事业已经存在了几千

年，传统的社会功能和服务角色已经不能满足新时代发展的需求。在未来几十年间，随着新技术和新设备的应用，图书馆的社会功能角色面临着全新要求。在未来，图书馆是图书馆，又不全部是图书馆，其社会功能逐渐得到拓展和延伸。

图书馆就是图书馆，是图书馆行业的存在形式。图书馆经历了收藏馆、藏书室、借阅处等几种形态的变革，这些不同的形态都揭示了图书馆传统的社会功能，即文献储存、文献传播和大众教育等功能。其次，图书馆不全部是图书馆，这主要是从图书馆现在运行的方式去认识的。现代化的图书馆具备多种功能和角色。在现代图书馆中有多种形式、多种类型的图书文献，能够供读者自由阅览，方便快捷地开展自助式借阅。在全新的借阅模式下，图书馆更像是一个展厅或者一所博物馆，能够满足读者多样化的需求。今天的图书馆因为融入了太多的时代元素，具备了多种社会功能，图书馆社会功能的范畴得到了广泛的延伸。最后，从未来图书馆的存在形式上讲，图书馆依然是图书馆。在未来，不管图书馆承担了多少新的社会职能，图书馆的核心社会功能是永远不会改变的。图书馆依然是社会大众受教育的文献基地，是信息资源的集散地，也是学习、工作、生活的重要场所。

2.2 实现图书馆的创新发展

2.2.1 革新发展理念。未来图书馆发展要向着以读者为中心的方向转变，要系统地改进图书馆服务模式，并将其作为图书馆今后发展的核心理念。以读者为中心就要求图书馆的服务工作要有针对性、多样性和简洁性，确保读者使用起来人性化。因此，需要从专业角度对图书馆进行最简单的设计，将图书馆自然地融入人们的日常生活当中，保证图书馆活动真正成为社会大众的生活习惯。

2.2.2 实现技术创新。最近几年，随着以互联网为代表的信息技术不断发展和应用，对图书馆的发展产生了深刻的影响，图书馆的发展形式也在发生着变化，每一种图书馆的形态都存在着技术创新。在图书馆创新发展过程中要充分利用好 Web 技术，这是一种简单化的系统，其显著特点就是汇集性、主动性和交互性。在 Web 技术中，Web 3.0 是一种高度智能化的开发性网络系统，能够利用复杂的语义关系进行知识推理和学习，在图书馆系统中有着很高的应用价值。

2.2.3 还有无线射频技术。在最近几年间，该项技术在图书馆领域得到了很好的应用。无线射频技术是物联网技术体系的一个分支，在图书馆管理系统中实现了信息采集、信息加工、流通服务、安全保障和联机服务等方面的应用，具有很强的实用价值。

2.2.4 还有云计算技术。云计算技术是一种基于互联网的、虚拟化的资源共享方式，能够实现储存和资源按照需求进行动态部署，优化控制；能够针对不同读者群体的需求，随时对读者服务模式进行调整。云计算技术的应用进一步提高了图书馆资源共享程度和读者服务质量。

2.2.5 创新图书馆服务体系。在全新的历史时期，图书馆要为读者提供个性化服务。个性化服务体现了以读者为本的服务理念。未来图书馆竞争的核心就是为读者提供个性化服务，满足读者的多样化需求。此外，近些年随着无线射频技术在图书馆领域的应用，读者可以不受时间、空间的限制随时自由借阅自己想要的图书文献。

2.3 积极营造全新体验模式

首先是互动式体验。保证读者全面参与到图书馆工作中，对于促进图书馆事业发展起着很好的推动作用。在图书馆应用 Web 技术之后，所提倡的重要理念就是图书馆无处不在，邀请读者群体全面参与到图书馆工作中，其目的就是不断搜集读者需求，开展广泛的交流和讨论。读者是图书馆的重要服务对象，也是图书馆发展的参与者和合作者。互动式体验是"以读者为本"理念的直接体现，通过读者参与，给读者以全新的体验模式，激发读者的兴趣，保证读者全面参与到图书馆建设当中。其次是免费体验。对于大多数读者群体来说，最吸引人的就是免费活动。创新服务是公共图书馆事业发展的永恒主题，公共图书馆目前面临的是大数据、云计算、人工智能的新观念、新任务形式下的文献资源如何建设的挑战，图书馆员们必须在发展方向、服务思路、角色转化方面重新定位，更多地融入一些体验式发展模式，才能更好地引导公共图书馆健康发展。

参考文献

［1］张志强，方曙，张智雄，初景利.在创新变革中实现图书馆的自我超越——IFLA2011 年会各专题内容解读［J］.图书情报工作，2011，（21）.

［2］王树乔.门户和个性化：图书馆 2.0 嵌入式服务［J］.图书馆学刊，2011，（9）.

［3］黄浪.WEB2.0 在图书馆的应用［J］.内蒙古科技与经济，2011，（3）.

［4］初景利，许平，钟永恒，杨志萍，秦聿昌，宋亦兵，薛慧彬，阎军，周津慧，张小云.在变革的环境中寻求图书馆的创新变革——美国七大图书情报机构考察调研报告［J］.图书情报工作，2011，（1）.

［5］初景利，吴冬曼.图书馆发展趋势调研报告（二）：总体发展趋势［J］.国家图书馆学刊，2010，（2）.

［6］初景利，吴冬曼.论图书馆服务的泛在化——以用户为中心重构图书馆服务模式［J］.图书馆建设，2008，（4）.

［7］李辉.信息世界与信息社会视阈下图书馆社会功能三重模式理论探讨［J］.图书馆工作与研究，2016，（11）.

［8］何德兵.图书情报业社会功能与新时期创新组织战略［J］.内蒙古科技与经济，2009，（8）.

- -

★作者简介

王　海，1973 年生，男，重庆市涪陵区图书馆助理馆员。研究方向：图书馆事业创新发展。

新型阅读模式——阅报栏与直属图书分馆建设的探索

文志刚（潼南图书馆　重庆　潼南　402660）

［摘　要］本篇就潼南区图书馆以阅报栏、直属分馆模式开启新型阅读模式、推进总馆的延伸服务、拓展公共图书馆功能等方面进行了分析，总结了多项阅读模式并进后取得的成绩，对多种阅读模式进行了论述。

［关键词］阅读模式　分馆建设　探索

［分类号］G252.1

推行新型阅读模式，拓展公共图书馆服务空间，不再固守传统的旧有模式，而是以一种全新的思维对其重新建构。公共图书馆，作为提供全民阅读服务的主要阵地之一，也在这种趋势下积极转变，寻求推进阅读的新思路。

1. 新型阅读：阅报栏和分馆

阅报栏在很多地区都有开设，大都是机关、企业、学校对内的设施，面对市民开设的阅报栏也有，不过基本上是邮政局在管理。以上的阅报栏管理模式都存在报纸更新不及时、工作不够细致的问题。潼南区图书馆自 2012 年在镇街和城区共设阅报栏 32 处，特别城区 6 处，均设置在公共广场内，人员密集，服务人群众多。

报纸不仅是大众日常生活的精神食粮，也是对市民开展思想品德教育的有效途径，设立阅报栏是推进全民阅读建设的重要措施，对于广大市民了解国家大事、了解国情、形势与政策、方针、获取新知识、扩大信息来源等有着非同寻常的作用。因此，设立阅报栏并及时更换报纸内容，为群众了解世界打开了一个窗口。

这种做法主要有以下好处：有了阅报栏，市民就有驻足了解天下事的地方，而且与图书馆不同，在这里大家能够相互交流，没有图书馆密闭、安静方面的要求，是老年人最为喜闻乐见的阅读场所和方式。再者，经常阅读报纸，可以培养市民关心国家大事，及时了解国家政策的习惯，丰富生活，开阔视野，增长知识。其次，在公共区域营造了一种良好的文化氛围，读报的市民多了，阅读氛围浓厚了，也让阅报栏成为推进全民阅读建设的重要措施。

现在很多公共图书馆开设分馆的举措一般是与其他单位共建，仅提供图书或少量设施，人员由相关单位派遣，这样的分馆很多无法保证开放时间，借阅量小，读者很少。同样，有部分公共图书馆也建立直属分馆，但开设区域过于偏僻，同样也没有保证较多的开放时间。

区图书馆迄今共开设三个直属分馆，分别于 2013 年 8 月 30 日开设江北分馆、2015 年 2 月 10 日开设梓潼分馆、2016 年开设滨江路分馆。江北分馆位于区奋进广场左侧，环境幽雅，书籍容量 8000 余册，读者座席 60 余个，电脑 2 台，面积 80 平方米，日均可接待读者 500 余人次；梓潼分馆位于凉风垭片区政治、经济、文化中心，紧邻梓潼街道办事处、金竹商业广场、潼南一中等市民集散核心区，辐射人口 60000 余人，面积 150 平方米，配备图书 8000 册、期刊 300 种、报纸 40 种、电脑 8 台；滨江路分馆位于区滨江路外滩国际城西路，占地 200 余平方米，配置 10000 多册图书期刊，6 台电脑，面积 200 平方米。分馆内均设移动数字图书借阅机 1 台（提供在线网络海量图书，每月 100 种图书更新，用手机"扫一扫"就可将图书借回家）。

2. 新型阅读：服务触角延伸

所谓"公共图书馆延伸服务"，就是在公共图书馆体系之外，以馆设点，建立以分馆或其他流动服务为主要形式，将传统借阅服务方式和多种服务方式相结合的，在外延上扩大服务范围，在内涵上强化服务功能和提升服务等级的拓展性服务。

利用延伸服务，一方面，通过设立分馆方式，可无偿享用总馆大量的文献资源；另一方面，可在外延上扩大服务范围，以阅报栏为载体，扩大阅读范围。

2012 年我区首批 14 个阅报栏正式启用；到 2013 年底，城区和各镇街共建设 32 个阅报栏，实现党报阅报栏的全市覆盖。阅报栏的建设拓展了阅读传播阵地和空间，极大地扩大了舆论阵地的建设，提高了广大市民、读者免费读报的便利性。

我区总分馆，从严格意义上来说，不是通常意义上的总分馆，分馆人员和经费均由总馆统一管理、调配；统一使用图书馆网络管理平台，共享总馆的服务器、技术和部分设备；使用借书一卡通，享受全区范围内图书馆通借通还。图书馆工作是个集科学性、技术性于一体的工作，各分馆由总馆派遣专业图书管理人员，利用了其人员专业性较强的优势；分馆人员还组织附近社区图书管理员进行业务培训，通过一对一教学、集中培训、开设讲座等形式进行图书编目分类、借还流通等专业培训，提高全区图书管理员的业务素养。

阅报栏和图书直属分馆模式进一步改善了文化基础设施和公共文化服务供给，丰富了群众的业余文化生活。

3. 新型阅读：走进百姓身边

一直以来，阅报栏由于地处学校、单位内，存在着这样的窘境：养在深闺人不识。由于常年无专人维护，再加上报纸更新慢、阅读环境差强人意等问题，一般少有人问津和光顾。所以，阅报栏要想有效地服务读者，即使设在居民生活区，也需要考虑人气等问题。因此，区图书馆应尝试在人口密集的场所开设阅报栏，由图书馆直接负责报纸更新、运营经费等。阅报栏采用了不锈钢主架与塑胶玻板制造，美观大方，而且覆盖面广，张贴每天出版的《人民日报》《重庆日报》《参考消息》等，每日更新，24小时供人阅读；阅报栏旁还专门设置了路灯照明，夜晚市民也能无障碍地阅读报纸，确实为市民阅报提供了很大方便。

分馆建设也同样面临服务受众群体少的问题。区图书馆建设三个分馆以来，服务面扩大，市民反响良好。特别是梓潼分馆地处高速公路入口主通道，在近几年的问卷调查中，市民被问及区图书馆的场所，都不约而同地说出梓潼分馆或江北分馆的所在位置，直属分馆的影响力由此可见一斑。每个直属分馆均配置有自动电子图书借阅机，免费提供全文下载。分馆除能无偿享用总馆的纸制图书、数字图书资源外，还能无偿享用总馆的电子图书、期刊、学位论文等学术、教学、地方数字资源。

直属分馆地处城区奋进广场、凉风垭广场、三色公园，交通便利，是市民平时休闲、健身和锻炼的重要场所，加强了区图书馆网络覆盖面，大力推广了全民阅读工作，也丰富了周遭的文化氛围，最大限度地方便广大读者的文化需求，为区域内居住和游玩的市民提供优质的阅读服务。

4.结语

从图书馆总馆走进社区，到今天的阅报栏、直属分馆的服务模式，我们可以看到图书馆服务已融入百姓生活的方方面面。应该说，通过不断的努力，图书馆为市民提供了更舒适、更方便的公共阅读空间。开展"阅报栏""直属分馆"等新型阅读方式，也是不断创新、探索实践的结果。对潼南区图书馆而言，以公共图书馆为依托，增设阅报栏和直属分馆，倡导阅读，方便群众，取得了良好的实践效果。

参考文献

［1］余子牛.图书馆总馆/分馆制的研究与实践［J］.图书馆，2006，（3）:16-22.

［2］王以俭.公共图书馆实行总分馆制管理模式研究［J］.绍兴文理学院学报，2010，（1）:107-111.

［3］李果.延伸服务:界定、意义、创新［J］.图书馆理论与实践，2010，（1）:75-77.

［4］杜洁芳.全新模式"图书馆+"使阅读无处不在［N］.中国文化报，2016-03-23.

★作者简介

文志刚，1976年生，男，重庆市潼南区图书馆助理馆员。研究方向：新型阅读服务模式。

云计算模式下的图书馆信息共享空间发展

李　杰（潼南图书馆　重庆　潼南　402660）

［摘　要］随着图书馆空间的变革和演进，空间的功能定位也随之不断发生变化，从传统的文献借阅服务发展到信息知识服务，并延伸到信息空间服务。无论哪种服务，都离不开具体的服务空间和场所。随着"以学习为中心"教学模式的兴起，图书馆的空间布局和服务方式都发生了重大变革，共享空间服务成为现代图书馆服务发展的新趋势，也是未来图书馆服务的重要定位和主要内容。

［关键词］图书馆空间　共享空间　空间服务

［分类号］G258.91

1. 信息共享空间的优势分析

1.1 结合了虚拟与现实的两维空间

虚拟空间与物理空间的结合构成了一种新的信息环境，物理空间和虚拟空间是信息共享空间不可或缺的两个重要组成部分。物理空间是灵魂，没有一定的物理空间，就没有信息共享的空间。其中，物理空间是信息共享空间的实体，包括个人工作站和小组工作站、会议室、无线网络、写作实验室和休闲室。另外，还应配有图像扫描仪、彩色打印机等硬件设施。虚拟空间着重于"开放"，即开放存取空间。虚拟空间主要是指数字网络环境用户通过友好的图形用户界面，利用搜索引擎从各个工作站点获取数字信息服务，服务的内容不仅包括本馆的馆藏书目信息，更多的是各种数字信息资源。

1.2 最大化满足用户需求

传统图书馆主要是针对用户需求提供服务的，再加上设备、服务人员数量、服务能力等方面的限制，用户很难从图书馆中获取自己所需的全部信息资源。在信息共享空间里，用户可以享受来自各个方面的信息服务，获得各类形式的信息资源，直接得到各种问题的解答。

1.3 实现研究与学习的合作化

在信息共享空间里，读者可以共同学习和研究，并能得到图书馆员和技术人员的帮助。信息共享空间顺应了读者人际交往和共同学习的需要，在空间中，可以充分享，有研究、讨论和学习的自由。在大学中，尽管多数学生都自备电脑，但他们更喜欢到一个集中了各种资源的信息共享空间里学习，这个空间为师生或学生之间的研究、教育及学习提供全面的服务。

2. 云计算模式下图书馆信息资源共享的发展对策

与传统图书馆相比，云共享服务模式改变了面向用户的计算服务方式，也带来了诸多云计算的安全问题，开放的接口为非法访问提供了可能。从云存储系统建设、云安全维护策略制定及安全防范、管理制度上入手，有针对性地采取有效的安全措施，才能确保云共享的安全、可靠与长久运行，更好地为用户服务。

2.1 协商制定科学有效的云信息资源共享相关准则

图书馆信息资源进行云共享的相关准则，除参考和依据有关国家、行业标准外，一些具体的准则如权益分配、维护权限等，则要根据共享的服务内容、服务方式及服务范围等，双方进行科学协商，制定出科学有效的云共享相关准则，以便对双方的权利、职责与权限进行划分，以防出现问题时责任难划分。同时，在选择云服务的同时，依据云共享的规模和建设思路，要选择安全性较高、信誉度较高、安全防护体系较完善的供应商。

2.2 提高云共享资源的威胁监测能力

为了提高云端所存数据的安全性，目前部分供应商已采取了一些检测手段，如数据审计等，以便能高效、准确、快速地检测到存储数据存在的可能威胁，这种检测已成为云安全防护体系的重要部分。在云环境下，云共享为图书馆用户利用云平台提供了开放的接口，对客户端存在的威胁进行检测和防护，并利用病毒行为监控技术防范未知威胁。客户端可将本地不能识别的可疑流量及时送到云端检测中心，利用云端计算能力快速分析安全威胁，并将获取的威胁特征推送到全部客户端和安全网关，使云共享系统和客户端都具备云安全监测和防范的能力。此外，还可建立专门的云安全集中中心，以保障云图书馆核心业务安全，有效地节约云图书馆安全建设经费。

2.3 在云共享的信息传输中采用数据隐藏技术

云的开放性与云共享信息资料传输过程中可能存在的信息截取、修改与替换等威胁，使得图书馆与云之间的信息交互过程成为最有可能遭到信息破坏的环节之一，一些供应商要求用加密的手段以防数据在传输中遇到种种威胁。在云安全体系的检测保证下，采用加密存储能够保证所存数据的安全与运行。对于图书馆的核心数据，如财务信息、读者信息等，可采用目前在军事方面应用较为广泛的信息隐藏技术。信息隐藏是将机密信息秘密隐藏于另一公开信息（载体、宿主、掩体对象）中，即将秘密信息（嵌入对象）嵌入到另一表面看起来普通的信息载体中，然后通过该公开信息（隐藏对象）的传输来传递秘密信息，第三方（攻击方）很难从公开信息中判断机密信息是否存在，即无法直观地判断他所监视的信息中是否含有秘密信息，降低了机密信息的截获率，也从根本上降低了传输中数据遭到破坏的威胁性。

2.4 建设两个云共享中心

利用云进行图书馆信息资源的共享，具有低成本、快速部署、管理简便、可靠性高及数据灾难备份等优势。但为了保证云共享的可靠性和持续性发展，图书馆云共享建设中，需要建设主云共享存储服务中心和备份云共享存储服务中心两个跨地域云存储数据中心，形成一个跨地域的统一安全存储平台。图书馆云共享主存储服务中心和备份存储服务中心以负载均衡方式工作，并定期由主中心向备份中心进行数据备份迁移。于是，当主中心遭受攻击或因不可抗拒因素停止工作时，备份中心就能保障图书馆云共享存储中心的数据安全及服务不间断，解决以往困惑人们的持续性和可靠性问题。

3. 结语

信息共享空间作为面向用户的信息服务模式，是图书馆服务模式的一种创新，同时也为图书馆的发展提供了良机。在实际工作中，不同的图书馆可以根据自身的硬件设备、数字资源、服务及管理机制、人员素质和知识结构等，灵活地进行集成，最大限度地满足用户需求，从而推动信息共享空间模式的快速发展。

参考文献

［1］郭海明.资源共享理念下的图书馆空间服务［J］.图书馆理论与实践，2011，（7）:1–4.

［2］张春红.新技术、图书馆空间与服务［M］.北京:海洋出版社，2014:47.

［3］段小虎，张梅，熊伟.重构图书馆空间的认知体系［J］.图书与情报，2013，（5）:35–38.

★作者简介

李　杰，1974 年生，男，重庆市潼南区图书馆助理馆员。研究方向：信息资源建设。

后　记

长期以来，公共图书馆从业者们把主要精力和时间放在基层服务工作上，无暇顾及自身的专业成长，随着公共文化服务的快速发展，业务研究和学术研讨已经成为基层图书馆必不可少的重要工作之一。

一分耕耘，一分收获，重庆市区域性公共图书馆联盟北碚、长寿、大渡口、涪陵、合川、荣昌、沙坪坝、铜梁、潼南、万盛经开区、永川、渝北12个成员馆在2016年编辑出版了第一辑《蕴籍——重庆市区域性公共图书馆联盟文集》的基础上，再次共建共享、协调协作、互补多赢，以业务研究、学术探讨为契机，以共同助推重庆市公共图书馆事业均衡发展为目标，编辑出版这本《蕴籍——重庆市区域性公共图书馆联盟论文集》（第二辑）。这是12个基层公共图书馆馆员们利用业余时间注重专业学习、不断提高专业理论知识及前沿知识，把业务工作中的实践经验、创新思路进行回顾、总结和反思，汇集成这本论文集作为改进和完善公共文化服务工作的依据，对提高馆员们的业务水平起到很重要的促进作用。

本书编委会成员由杨毅、蒲克玲、刘格、邓玉兰、胡祖国、刘争、张雪梅、石仕荣、王艳红、吴密、谢洪卫、喻平12个联盟成员馆馆长组成。在编委会成员们的共同努力下，从征稿、催稿、遴选、编辑到审稿、定稿，历时一年多时间，收录了12个联盟成员馆馆员们撰写的论文，涉及服务研究、工作探索、理论探讨、他山之石、各抒己见等多个研究领域方面的内容。在此，首先要感谢馆长们对本单位论文的基础资料进行了初步审核和校对；其次要感谢杨毅同志从零散稿件交稿到修改到校对都全程参与；最后要感谢刘格同志编审全书付出的辛勤劳动，论文集才得以顺利出版。

重庆市区域性公共图书馆联盟的抱团发展、共同进步的道路将一如既往地走下去，我们的业务研究和学术研讨将永无止境，我们的明天一定会更美好！

编　委　会

2019 年 7 月 5 日